高等院校"十三五"规划教材·经济管理类

物流管理

王柏谊　王新宇　主编

哈尔滨工业大学出版社

内 容 简 介

本书以物流管理作为研究对象,全面介绍了物流各个职能环节的基本运作过程。全书分为十章,主要内容可分为两部分:第一部分主要讨论物流管理学的发展过程、基本概念和基础理论以及物流活动的基本功能要素;第二部分主要讨论现代物流学,包括物流企业、物流信息管理和供应链管理。每章后面都附有本章小结、案例分析和思考与练习。

本书可作为普通高等院校物流类专业的教材和参考书,也适合管理科学与工程、工商管理、市场营销等专业的学生使用,还可供企业管理人员尤其是物流从业人员阅读参考。

图书在版编目(CIP)数据

物流管理/王柏谊,王新宇主编. —哈尔滨:哈尔滨工业大学出版社,2016.6
ISBN 978-7-5603-6066-9

Ⅰ.①物… Ⅱ.①王… ②王… Ⅲ.①物流-物资管理 Ⅳ.①F252

中国版本图书馆 CIP 数据核字(2016)第131170号

策划编辑	杨秀华
责任编辑	苗金英
封面设计	刘长友
出版发行	哈尔滨工业大学出版社
社　　址	哈尔滨市南岗区复华四道街10号 邮编150006
传　　真	0451-86414749
网　　址	http://hitpress.hit.edu.cn
印　　刷	哈尔滨工业大学印刷厂
开　　本	787mm×1092mm 1/16 印张15.25 字数349千字
版　　次	2016年6月第1版 2016年6月第1次印刷
书　　号	ISBN 978-7-5603-6066-9
定　　价	36.00元

(如因印装质量问题影响阅读,我社负责调换)

前　言

自20世纪90年代，物流热已经开始在中国大地上蔓延，物流与供应链管理的相关知识与理论给中国带来了巨大变化。无论是在生产制造领域还是在流通领域，物流管理效率直接影响着企业绩效。纵观中国的发展现状，物流业在快速发展的同时也面临着不少突出问题，其中最重要的是物流各层次的人才分布不均，尤其是物流中高级管理人才匮乏。高等教育旨在为社会储备与输送更多优秀的中高级物流人才，以迎接未来在物流业的新挑战，所以全面提升高等院校物流教育的教学质量具有重要的现实意义。

多年的教学实践，使编者有机会与同行们在此领域进行多角度的切磋，在教学过程中，也与多届学生进行相关调研，在结合我国物流业发展现状以及国家对物流人才的培养模式的层面，以物流管理的最新理念，系统地阐述了物流的基本概念、物流活动涉及的基本要素、物流管理的基本理论和方法、供应链管理的相关知识等，注重理论联系实际，并通过引入案例进行相关理论的剖析，为培养物流各层级人才服务。本书适合物流管理专业以及经管类相关专业的学生使用，也可以作为热爱物流管理的有识之士的参考书。

本书秉承着优秀教材是知识性和可读性的结合体，尽可能将深奥的知识融于浅显易懂的文字中，在强调物流学科的知识性、实用性以及探索性的同时，积极响应党中央国务院对"提高自主创新能力，建设创新型国家"的号召，满足国家对培养创新人才的要求。

本书由王柏谊、王新宇主编，具体编写分工为：王柏谊编写第一、二、六、七、八章；王新宇编写第三、四、五、九、十章。本书在编写过程中，参考了相关的文献资料，在此向有关专家、学者表示感谢。

由于物流相关知识理论在不断更新，加之编者学识有限，书中难免出现不足之处，希望广大读者批评指正。

编　者
2016年3月

目　　录

第一章　导　　论 ………………………………………………………… 1
　　第一节　物流的概念、分类与构成要素 ………………………………… 1
　　第二节　物流的地位与作用 ……………………………………………… 8
　　第三节　物流系统 ………………………………………………………… 12
　　第四节　物流管理 ………………………………………………………… 19

第二章　物流战略管理 …………………………………………………… 27
　　第一节　物流战略概述 …………………………………………………… 27
　　第二节　物流战略环境分析 ……………………………………………… 32
　　第三节　物流战略规划 …………………………………………………… 36
　　第四节　物流战略的实施与控制 ………………………………………… 40

第三章　运　　输 ………………………………………………………… 46
　　第一节　运输概述 ………………………………………………………… 46
　　第二节　运输方式 ………………………………………………………… 48
　　第三节　运输技术与管理 ………………………………………………… 55
　　第四节　合理运输 ………………………………………………………… 64

第四章　储存管理 ………………………………………………………… 72
　　第一节　储存概述 ………………………………………………………… 72
　　第二节　储存作业管理 …………………………………………………… 76
　　第三节　库存管理 ………………………………………………………… 82
　　第四节　储存合理化 ……………………………………………………… 90

第五章　配送及配送中心 ………………………………………………… 96
　　第一节　配送概述 ………………………………………………………… 96
　　第二节　现代配送模式及其选择 ………………………………………… 103
　　第三节　配送管理 ………………………………………………………… 109
　　第四节　配送中心 ………………………………………………………… 117

第六章 包 装 …………………………………………………… 126
第一节 包装概述 ………………………………………………… 126
第二节 包装材料与包装技术 …………………………………… 131
第三节 包装管理 ………………………………………………… 141

第七章 装卸搬运与流通加工 …………………………………… 147
第一节 装卸搬运概述 …………………………………………… 147
第二节 装卸搬运管理 …………………………………………… 151
第三节 流通加工 ………………………………………………… 156

第八章 物流企业 …………………………………………………… 166
第一节 第三方物流 ……………………………………………… 166
第二节 第三方物流的选择与实施管理 ………………………… 173
第三节 国内外第三方物流的发展状况 ………………………… 176
第四节 第四方物流 ……………………………………………… 180

第九章 物流信息管理 ……………………………………………… 189
第一节 物流信息概述 …………………………………………… 189
第二节 物流信息系统 …………………………………………… 194
第三节 物流信息系统的主要技术 ……………………………… 199
第四节 物流信息技术开发与设计 ……………………………… 207

第十章 供应链管理 ………………………………………………… 213
第一节 供应链的产生与价值 …………………………………… 213
第二节 供应链管理的内容与设计 ……………………………… 217
第三节 供应链管理的方法 ……………………………………… 224
第四节 供应链绩效评价 ………………………………………… 229

参考文献 ……………………………………………………………… 237

第一章 导 论

【学习目标】
- 理解物流的概念与构成要素；
- 了解物流在国民经济与企业经营中的地位与作用；
- 掌握物流管理的定义与体系框架；
- 了解物流管理的历史沿革与发展趋势。

第一节 物流的概念、分类与构成要素

一、物流概念的产生

物流概念的发展经历了一个漫长而曲折的过程。回顾物流的发展历程并理解历史上经典的物流概念，不仅有利于人们了解物流的发展规律，更有利于全面深入地理解物流的内涵。

物流的概念最早来源于 Distribution 一词。1912 年，美国营销学者阿奇·萧(Arch Shaw)在《经济学季刊》(*Quarterly Journal of Economics*)发表了《市场流通中的若干问题》(*Some Problems in Market Distribution*)一文。文中指出，分销(Distribution)是与创造需要所不同的一个问题，并认为：物资经过时间或空间的转移，会产生附加价值。1935 年，美国市场营销协会(American Marketing Association) 把 Physical Distribution 定义为从生产地点到消费地点或使用地点对货物的移动和处理。1968 年，Dean Ammer 对物料从供应商到生产地点的过程进行了详细的描述，称之为物料管理(Materials Management)。

现在广泛使用的物流(Logistics)一词最初来自于第二次世界大战期间美军从事采购、保障和运输军事物资活动的后勤保障。第二次世界大战以后的一段时间里，军事上的后勤概念逐渐被引入社会经济生活，但是物流仍然是以 Physical Distribution 的形式出现的。20 世纪 60 年代，Physical Distribution 的概念从美国引入日本，日本人最初把它翻译成"物的流通"，后来日本学者平原直将它的翻译改为"物流"。1979 年，"物流"这个词从日本传入我国。20 世纪 90 年代初，Logistics 的概念直接从欧美传到中国，但仍沿用了"物流"的译法。1991 年，美国物流管理协会(the Council of Logistics Management, CLM)对 Physical Distribution 一词进行了重新修订，并正式替换成为 Logistics 一词。

长期以来，由于学者们不同的学科背景和学术偏好，形成了不同的物流学派，如军事学派、企业学派、工程学派、管理学派等。这些学派对物流的定义都有各不相同的提法，

即便是在同一学派内,也经常会出现不同的物流定义。事实上,随着实践的发展和认识的深入,某些学术机构也会对其所下的物流定义进行修订和改进。

二、物流的定义

1. 美国的物流概念

自从阿奇·萧提出物流的概念以后,美国学者与研究机构对物流进行了各种定义。其中最具代表性的是康伯斯、阿罗特、斯马耶克与拉罗蒂等学者的定义,以及美国市场营销协会、美国物流管理协会的定义。

康伯斯认为,物流是指商品或服务由生产领域向消费领域的物理性移动过程。

阿罗特认为,物流是指根据营销策略将生产资料或消费品由生产或储存地向顾客需要地转移的订、发货过程。

斯马耶克与拉罗蒂认为,物流是指为使生产目标与销售目标相一致而进行的各种必要的支援活动,也就是以适当的价格将适当数量的商品供应到适当场所的过程。为此,需要实现仓库选址、运输方法、储存方法及信息流通等的最佳组合。

美国市场营销协会的定义是:物流是指对商品从生产时点到消费或使用时点转移、分类、保管过程的管理与控制。

美国物流管理协会于1963年将物流定义为:制造业和商业有效地将商品由生产末端转移到消费终端的过程,或者指原材料由供应地转移到生产线前端的各种活动。这些活动包括运输、保管、装卸、包装、库存管理、工厂或仓库选址、订发货管理、需求预测、顾客服务等。1976年,美国物流管理协会又将物流的定义修改为:对原材料、半成品、成品由发生地到消费地的有效移动进行的计划、执行、控制等各种活动的集合。这些活动包括顾客服务、需求预测、信息流通、库存管理、装卸、订发货管理、售后服务、工厂或仓库的选址、采购、包装、退货处理、废弃物处理、运输仓库管理与保管等。

由此可见,美国学者与专业协会对物流的定义是不同的。前者的定义是"中性"的,即多侧重于对物流活动的客观性描述,并不涉及物流互动的目标或有效性问题;相反,美国两个专业协会对物流的定义则更强调物流活动的有效性,也就是说,未将物流与物流管理加以区分,物流即物流管理,物流管理也就是物流。这一点是特别需要读者注意的。

2. 日本的物流概念

日本从美国引进物流的概念以后,学者、研究机构及政府部门对物流进行了各种定义。下面主要介绍几种较具代表性的定义。

日本流通问题专家原东京大学教授林周二、原早稻田大学教授阿保荣司认为,物流是指有形或无形商品及废弃物克服时空矛盾、连接供给者与需求者的物理性经济活动,包括运输、保管、包装、装卸等流通活动及与此有关的信息活动。

日通综合研究所对物流的定义是:物流是指商品由供给者向需求者的物理性转移,从而创造时间与空间价值的经济活动,包括包装、装卸、保管、库存管理、流通加工、运输、配送等各种活动。

日本统计审议会流通统计分会将物流定义为:物流是指有关"物"的物理性流动的所有经济活动,这些活动主要包括运输、通信活动。同时,这里所说的"物",既包括有形物,也包括无形物,其中的无形物主要是指信息。

日本产业结构审议会流通分会对物流的定义是:物流是指有形及无形商品由供给者向需求者的实体流动过程,具体包括包装、装卸、运输、保管及信息等。

可见,日本各界对物流的定义多属"中性",即主要侧重于描述物流是一系列有关有形与无形商品从供给者到需求者的实体转移过程,并不涉及这一过程是否是有效的。因此,日本是将物流与物流管理相区别的,对物流与物流管理具有不同的定义。

3. 我国的物流概念

由于我国是从日本引进物流概念的,因此,长期以来,我国各界一直沿用日本的物流定义,虽然版本不同,但差别不大。同时,我国也很少有组织或机构对物流进行定义或规范,因此,关于物流概念的定义主要以研究者个人的定义为主。2001年8月1日,我国首次颁布并实施了国家标准《物流术语》。从此,我国开始出现了相关机构对物流的定义,进而提高了物流定义的权威性。2006年12月4日,我国实施的国家标准《物流术语》(GB/T 18354—2006)将物流定义为:物品从供应地向接收地的实体流动中,根据实际需要,将运输、储存、装卸、搬运、包装、流通加工、配送、信息处理等基本功能有机结合起来实现用户要求的过程。为了准确理解物流的定义,应把握以下几点:

(1)物流是一个系统,是各种物流构成要素的集成,运输、装卸、储存、包装、流通加工、配送、物流信息是物流的基本构成要素,而不是完整的物流。

(2)定义中的"物品"不只是最终产品,还包括生产所用原材料、零部件、半成品和伴随商品销售的包装容器、包装材料,以及生产和消费过程中所产生的废弃物。

(3)这里所说的"用户",除一般意义上的消费者外,还包括制造商、供应商、批发商、零售商等"中间需求者"。

(4)物流不是传统的"物资流通"的简称。在我国,长期使用"物资流通"这一用语,它是指传统的生产资料流通,主要是指生产资料从生产领域到消费领域的转移过程,虽然也包括物流活动,但更强调生产资料的所有权转移,即物资(生产资料的约定俗成用语)的"商流"。

三、现代物流

随着经济的发展,特别是经济全球化及企业竞争战略的变化,物流在企业经营乃至整个国民经济中的地位与作用越来越重要,物流概念的内涵与外延也随之发生了变化,物流用语也由传统物流(Physical Distribution)转变为现代物流(Logistics)。由于我国物流概念引进得较晚,而且长期以来没有引起足够的重视,直到最近几年全社会才逐渐产生并增强了物流意识,物流才被社会各界所重视。

1. 现代物流的含义

现代物流与传统物流有着本质上的差别,现代物流以满足消费者和市场的需求为目标,以第三方物流为基础联合供应商和销售商,把战略、市场、研发、采购、生产、销售、运输、配送和服务各个环节的活动整合在一起,作为现代经济领域的新兴产业,支撑国家和世界的发展;而传统物流则把它简单地视为一种"后勤保障系统"。

物流是社会经济发展的产物,随着社会经济的发展,现代物流在运作上表现出以下

特点:
(1)将向顾客提供的物流服务目标体现在现代物流的定义中,强调了物流顾客服务的重要性。

(2)现代物流的活动范围极其广泛,既包括原材料采购与供应阶段的物流,也包括生产阶段的物流、销售阶段的物流、退货阶段的物流及废弃物处理阶段的物流等整个生产、流通、消费过程的全部物流活动。

(3)现代物流不仅重视效率,更重视效果,即强调物流过程中的投入(成本)与产出(增加销售额或利润)之间的对比关系。

(4)现代物流不仅强调物流各构成要素的整体最佳,而且强调物流活动与其他生产经营活动之间的整体最佳。

(5)现代物流更强调库存的一体化管理、信息管理及按需生产。

(6)现代物流强调生产、销售、物流是企业经营的三大支柱,并将物流视为与生产、营销并列的企业经营战略之一。

但是,不论美国还是日本,对现代物流的定义都强调了物流活动的"有效性",以及对物流活动的"计划、执行与控制"。这种定义实际上是对物流管理的定义,而不是对物流本身的定义。根据各国对现代物流的定义,结合我国的语言习惯,本书将现代物流定义为:现代物流是指基于满足顾客需求,以及成本与效益的考虑而进行的涉及生产、销售、消费全过程的物品及其信息的系统流动过程。

2. 传统物流与现代物流的区别

传统物流与现代物流的区别见表1.1。

表1.1 传统物流与现代物流的区别

区别项目	传统物流	现代物流
范围与边界	强调销售物流与生产物流	强调供应、生产、销售等全过程的"大物流"
系统概念	强调运输、储存、包装、装卸、流通加工、配送、信息等构成要素的系统最佳	强调物流系统与其他经营系统的"大系统"最佳
性质与地位	企业或组织体的"后勤","内部事务";成本支出项目	企业或组织体的"先锋","外部事务";价值创造事业
目标与理念	效率与成本的均衡	效率、成本、服务与收益的均衡
服务对象	企业或组织体内部的生产或销售部门	企业或组织体外部的顾客
功能定位	节约成本的"手段"与"策略"	扩大销售、增加利润的"战略"

(1)传统物流虽然也认为物流活动领域包括原材料供应物流、生产物流、销售物流、退货与废弃物流,但是更强调销售物流与生产物流;现代物流则进一步强化了"大物流"的理念。

(2)传统物流强调物流是由运输、储存、包装、装卸、流通加工、配送、信息等要素构成的系统,因此,谋求物流构成要素的系统最佳是传统物流管理追求的重要目标;现代物流不仅强调物流系统本身的最佳,更强调物流系统与生产、销售等整个经营系统的协调与最佳。

(3)传统物流认为物流是"内部事务",只对组织体内部产生影响,其服务对象是企业或组织体内部的生产或销售部门;现代物流则认为物流是"外部事务",其服务对象是企业或组织体外部的顾客,从而把满足顾客对物流的服务需求作为组织物流的首要目标。

(4)传统物流强调的是效率与成本观念,认为物流只是提高效率、节约成本的手段,因此,物流成本最小化是组织传统物流的重要目标甚至是唯一目标;现代物流强调的则是效率、成本、服务与收益的均衡,物流成本最小化不是组织物流的重要目标。

(5)传统物流认为物流是企业或组织体的"后勤",即从属于生产与销售,是后发的,从而是成本支出项目,因此,如何组织物流是节约成本的"手段"与"策略";现代物流则认为物流是企业或组织体的"先锋",是决定生产与销售的价值创造事业,因此,如何组织物流不仅是节约成本的"手段"与"策略",更是扩大销售、增加利润的"战略"。

四、物流的分类

物流概念虽然产生于20世纪初,至今也不过百年的历史,但是,作为企业与国民经济重要组成部分的物流活动却是与人类共生的。以"物的流动"为本质特征的物流活动存在于各个领域,具有不同的表现形式,也有不同的种类与层次。因此,为了全面地认识物流,有必要对存在于各个领域的不同层次、不同表现形式的物流进行分类,这也是进行物流研究的基本前提。通常可以按以下5种分类方法进行分类,见表1.2。

表1.2 物流的种类

分类标准	物流的种类
空间范围	国际物流、国内物流、区域物流、城市物流、企业物流
物流主体	制造商物流、中间商物流、专业化物流、消费者物流
物流业种	铁路物流、公路物流、航运物流、航空物流、邮政物流
物流阶段	供应物流、生产物流、销售物流、退货物流、回收物流、废弃物流
物流客体	生产资料物流、消费品物流、散装货物流、包装货物流
其他	宏观物流、中观物流、微观物流

1. 按空间范围分类

按物流活动的空间范围,可将物流划分为国际物流、国内物流、区域物流、城市物流、企业物流等。国际物流是指跨越国境的物流,即国与国之间的物流;国内物流是指发生在一国之内的物流,是存在于一国国民经济各个领域的物流;区域物流是指在一国之内的一定地理区域内所发生的物流,如东北区域物流、长江三角洲区域物流、珠江三角洲区域物流、沿海区域物流、内陆区域物流、东部或西部物流等;城市物流是指在一个城市之内所发生的物流,如上海市物流、北京市物流、大连市物流等;企业物流是指发生在一个企业内部或者由企业组织的物流。

2. 按物流主体分类

按物流活动的实施主体,可将物流划分为制造商物流、中间商物流、专业化物流、消费者物流等。制造商物流是指制造企业实施的物流,也称生产企业物流;中间商物流是指由批发商或零售商组织实施的物流,也称流通企业物流;专业化物流是指由专业化物流组织或企业实施的物流,也称第三方物流或第四方物流;消费者物流是指发生在消费者与消费者之间、消费者与生产或流通企业之间的物流,如消费者因搬家或邮寄包裹而发生的物流,以及消费者因退货或废旧物资的回收利用而发生的物流等。

3. 按物流业种分类

按专业化物流事业者的行业不同,如铁路运输行业、公路运输行业、水上运输行业等,可将物流划分为铁路物流、公路物流、航运物流、航空物流、邮政物流等。

4. 按物流阶段分类

按物流在生产经营过程中所处的阶段不同,可将物流划分为供应物流、生产物流、销售物流、退货物流、回收物物流、废弃物物流等。供应物流(Supply Logistics),是指企业采购的原材料、零部件由供应商到厂内的物流;生产物流(Production Logistics),是指企业采购的原材料、零部件,以及企业生产的半成品、成品在企业内部的物流;销售物流(Distribution Logistics)是指企业将生产的产品由厂内(仓库或物流中心等)到需求者(用户)的物流;退货物流(Rejection Logistics)是指因退货而产生的物流;回收物物流(Returned Logistics)是指企业在生产经营过程中产生的包装容器或包装材料的物流;废弃物物流(Waste Material Logistics),是指企业在生产经营过程中产生的废弃物的物流。

5. 按物流客体分类

按物流的对象物,即物品不同,可将物流划分为生产资料物流、消费品物流、散装货物流、包装货物流等。根据需要也可做进一步的分类,如将生产资料物流进一步划分为金属材料物流、机电产品物流、化工产品物流、危险品物流等;将消费品物流进一步划分为加工食品物流、生鲜食品物流、纺织品物流、家电产品物流等。

此外,出于研究与实践的需要,有时也从宏观、中观与微观的角度对物流进行分类,从而将物流划分为宏观物流、中观物流与微观物流。宏观物流主要是指国际物流与国民经济物流;中观物流主要指区域物流与城市物流;微观物流一般指企业物流或法人组织物流。

五、物流的构成要素

由前述定义可知,物流是由各种要素构成的系统,这些要素可分为两大类:一类是基础要素;另一类是活动(功能)要素。

1. 基础要素

基础要素是维系物流活动得以运行的基本条件,没有这些基本条件,物流就无法发生,也无法运行。这些基础要素就是与物流活动有关的"人、财、物"三要素。

(1)"人"的要素。

"人"的要素是指与物流活动相关的人力资源,包括物流作业人员与物流管理人员。

物流活动的开展首先要有一定的物流人力资源作为保障,物流人力资源的状况决定着物流活动效率的高低。

(2)"财"的要素。

"财"的要素是指与物流活动相关的资金。物流活动的开展需要相应的资金投入,因此,一定的资金投入是物流活动得以正常运行的必要条件。

(3)"物"的要素。

"物"的要素是指与物流活动相关的设施、设备与工具。例如,运输、储存、包装、装卸设施、设备与工具等都是开展物流作业活动的必要条件。

2. 活动(功能)要素

活动(功能)要素是指与物流有关的各种作业活动(功能),包括运输、储存、包装、装卸、流通加工、配送、信息等。

(1)运输。

运输是利用设备或工具,在不同地域范围内(如两个城市、两个工厂之间),完成以改变人和物的空间位移为目的的物流活动。运输是物流的主要功能之一,也是物流的基本活动要素。物流是物品实体的物理性运动,这种运动不但改变了物品的时间状态,也改变了物品的空间状态。运输承担了改变物品空间状态的主要任务,是改变物品空间状态的主要手段;运输再配以搬运、配送等活动,就能圆满完成改变空间状态的全部任务。

(2)储存。

储存即对物品(商品、货物、零部件等)的保存与管理,具体来说,是在保证物品的品质和数量的前提下,依据一定的管理规则,在一定期间内把物品存放在一定的场所的活动。在物流系统中,储存起着缓冲、调节和平衡的作用,是物流的一个中心环节。

(3)包装。

包装是物流系统的构成要素之一,是指在物流过程中保护产品、方便储运、促进销售,按一定技术方法采用容器、材料及辅助物等的总体名称;也指为了达到上述目的而采用容器、材料和辅助物的过程中施加一定技术方法等的操作活动。简言之,包装是包装物及包装操作的总称。在现代物流中,包装与物流的关系,比其与生产的关系要密切得多,其作为物流始点的意义比作为生产终点的意义要大得多。

(4)装卸。

装卸是指随物品运输和保管而附带发生的作业。具体来说,它是指在物流过程中对物品进行装运卸货、搬运移送、堆垛拆垛、旋转取出、分拣配货等作业活动。装卸是物流系统的一个重要构成要素。运输能产生空间上的效用,储存能产生时间上的效用,而装卸本身并不产生新的效用和价值。但是,装卸作业质量的好坏和效率的高低不仅影响物流成本,还与物品在装卸过程中的损坏、污染等造成的损失成本及保护物品的包装成本相关,并与是否能及时满足顾客的服务要求相关联。

(5)流通加工。

流通加工是指在流通阶段进行的不以改变商品的物理化学性能为目的的简单加工、

组装、再包装、按订单做的调整等作业活动。比如,遵照顾客的订单要求,将食肉、鲜鱼分割或把量分得小一些,家具的喷涂、调整,家用电器的组装,衣料布品陈列前的挂牌、上架,礼品的拼装等。简言之,在流通过程中辅助性的加工活动都称为流通加工。

(6)配送。

在国家标准《物流术语》中,配送的定义为:在经济合理区域范围内,根据用户要求,对物品进行拣选、加工、包装、分割、组配等作业,并按时送达指定地点的物流活动。配送处于现代物流的末端,是现代物流的一个重要构成要素,并且在企业的物流系统中占有重要地位。配送的实质是送货,但不是简单的送货。从配送的实施过程上看,配送包括两个方面的活动:"配"是对货物进行集中、拣选、包装、加工、组配、配备和配置;"送"是以各种不同的方式将货物送达指定地点或用户手中。可见,现代意义上的配送不同于一般性的运送或运输,是建立在备货和配货基础上的满足客户灵活需要的送货活动,是一种以社会分工为基础的、综合的、现代化的送货活动。

(7)信息。

信息是能反映事物内在本质的外在表现,如图像、声音、文件、语言等,是事物内容、形式和发展变化的反映。物流信息就是物流活动的内容、形式、过程及发展变化的反映。物流信息是物流活动的前提,也是物流管理的基础,只有掌握信息,才能进行有效的物流活动。因此,物流信息是重要的物流活动要素。

第二节 物流的地位与作用

一、物流与企业经营

1. 企业经营

企业经营既是一个价值创造过程,也是一个开发并满足顾客需求的过程。这个过程的完成体现为企业将自己的产品或服务最终提供给消费者,消费者通过对企业提供的产品或服务的消费,而获得满足。如果企业从 A 企业获得的满足优于或大于从 B 企业获得的满足,那么企业 A 可以在竞争中战胜企业 B。但是,企业的价值创造过程是由生产、营销、物流 3 个过程共同构成的,如图 1.1 所示。

物流过程的输出(成果)是向顾客提供物流服务,即通过从原材料的采购供应到产品到达消费者手中的整个物流过程的统一管理,使顾客最经济地获得所需要的商品。

无论是生产过程还是营销与物流过程都要投入一定的资源,从而形成企业的生产成本、营销成本与物流成本,除此之外,企业还要投入其他基础费用,这些成本与费用共同构成企业的经营总成本。企业的目的就是通过顾客对上述 3 个过程成果的认知、评价和回报,以补偿企业的投入并获得剩余。企业能否获得补偿与剩余,主要取决于顾客对上述 3 项服务是否满意。

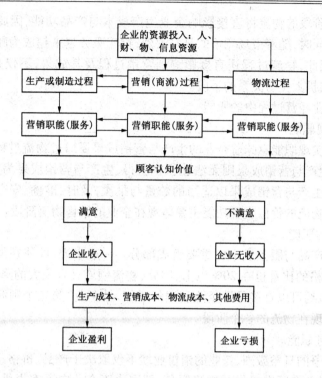

图 1.1　企业的价值创造过程（顾客满足的创造过程）

　　首先,顾客根据以往的经验或企业的宣传信息、销售人员的说明及其他方面的信息,对企业提供产品的功能形成预期,并对预期与实际进行比较,如果实际功能不低于预期功能顾客就满意,否则,顾客就不满意。如果顾客对生产过程的成果评价不满意,不论提供怎样的营销与物流服务,顾客都不会购买企业的产品,从而使企业投入的所有资源(成本)都无法得到补偿(无收入),更无法获得利润。

　　然而,顾客对生产成果的认知评价,往往是通过对营销过程的认知评价来进行的,也就是说,如何向顾客表现、说明、宣传产品的功能与价格,将直接影响到顾客对生产成果的认知与评价,即使生产成果在客观上是可以使顾客满意的,但是,如果不能进行有效而令顾客满意的营销活动,顾客也不会对生产成果满意,从而也不会购买企业的产品,企业也不会获得收入与利润。不仅如此,营销过程是否有效并令顾客满意还直接影响到顾客与企业长期而稳定的交易关系的形成。显然,顾客对企业的营销过程满意,不仅可以持续进行交易,而且会扩大交易量,从而增加企业获利的可能性。

　　顾客对生产过程与营销过程的满意,并不是顾客对企业的最终评价或最终满意。顾客即使对生产成果与营销成果满意,也并不意味着顾客最终满意。因为如何使得生产成果(产品功能)与营销成果(价格、销售方式等)在顾客期望的时间、地点、批量且安全、准确、经济地变成顾客的实际可得,还要取决于有效的物流服务。如果企业不能将生产成果与营销成果以适当的数量与批次,及时、准确、安全、经济地送达顾客期望的场所,那么顾客就不会满意,从而顾客就不会购买企业的产品或服务,企业也不会获得利润。不仅如此,由于物流过程不限于销售物流阶段,而涉及供应、生产、销售、退货等各个阶段,特别是供应与生产阶段的物流将直接影响企业生产成本与产品功能,因此,物流过程甚至决定生产过程。同时,随着市场竞争的日益激烈,物流服务越来越成为顾客评价、选择企业的重要标准,因此,物流过程还直接影响到营销过程及其成果,不仅是促进销售的手段,而且是稳定与扩大交易关系的手段。

2.物流在企业经营过程中的职能

(1)价值实现职能。

物流的价值实现职能意味着企业的生产与营销成果要通过物流过程来实现,没有有效的物流过程,生产与营销成果则无法让顾客获得,生产与营销成果为零,甚至为负值。有效物流是指将生产与营销成果以适当的数量与批次,及时、准确、安全、经济地送达顾客期望的地点。物流的价值实现功能主要体现在企业的销售物流阶段。

(2)成本节约职能。

物流成本是产品与服务成本的重要组成部分。一般来说,即使在发达国家,物流成本占产品最终价格的比重也在20%以上,因此,物流领域具有很大的降低成本空间与潜力,物流成本的节约可以直接导致企业利润的增加,是企业"第三个利润来源"。物流成本节约的职能体现在物流的各个阶段。

(3)销售促进职能。

随着市场竞争的日益激烈,企业的销售业绩不仅取决于产品、价格、营销渠道与营销方式,更取决于企业向顾客提供的物流服务,即取决于企业向顾客提供的可得性。顾客越来越重视企业的物流服务,物流成为顾客选择企业、维持交易关系的重要条件,也是企业扩大销售的重要手段。物流的销售促进职能主要体现在销售物流阶段。

(4)竞争战略职能。

在经济全球化、快速化以及消费需求多样化的今天,企业面临范围更大、速度更快、种类更多的生产要素组合与产品组合。特别是一些大型企业或跨国公司,不仅产品与服务的销售范围是全球化的,生产或原材料供应也是全球化的,这就要求企业必须在更大的范围内组织供应、生产、销售等阶段的物流,以获得产品、价格、服务等竞争优势,因此,物流已不仅仅是实现价值、降低成本、促进销售的手段,而且直接决定产品、价格与销售,从而直接参与价值创造过程,是决定企业经营成败的战略问题。物流的战略职能体现在物流的各个阶段。

二、物流与国民经济发展

1.物流与国民经济

一般认为,物流需求是国民经济的派生需求,既随着国民经济的增长而增长,也随着国民经济的负增长而萧条,与国民经济发展具有很高的相关度。此外,物流规模与发展速度也直接制约着国民经济的发展速度。这一结论得到了国内外经济发展实践的充分证明。我国在20世纪80年代,物流业,特别是运输业制约国民经济发展的事实更为明显。

物流对国民经济的影响与作用包括两个方面:一是外部经济的,即对国民经济发展的正面影响或积极影响,具体体现在物流规模、速度、效率与质量,直接影响甚至决定国民经济发展的规模、速度、效率与质量;二是外部不经济的,即对国民经济发展的负面影响或消极影响,具体体现在物流所产生的交通拥挤、噪声等环境污染。

2. 商品价格构成与物流成本

所谓物流成本是指为组织、实施、管理物流活动所发生的各种费用及其物资消耗的货币表现。由于物流活动不仅存在于商品销售领域,而且存在于原材料的采购、生产制造领域,因此,在生产经营的各个阶段都存在着大量的物流活动,消耗大量的物流资源,形成规模可观的物流成本,从而使物流成本成为影响商品价格高低的重要因素。当然,商品不同,其物流活动的规模与难易程度也不同,进而所消耗的物流资源、生产的物流成本也不同,但是,从总体上看,物流成本无疑是商品价格构成的重要组成部分。根据有关研究成果,假设商品的零售价格为100元,那么,制造成本(包括厂商的平均毛利)大约为50元,流通费用(包括中间商的平均毛利)大约为50元,其中,物流费用为20～30元。也就是说,在商品的零售价格中,有20%～30%为物流成本。显然,不论对经营者,还是对消费者来说,物流成本都具有重要意义。

从整个社会来看,物流成本也是国民经济总成本的重要组成部分,进而对国民经济运行绩效产生重大影响。当然,经济发展水平不同,物流成本占国内总产值的比重也不同。一般来说,经济发展水平越高,全社会的物流管理水平也就越高且越有效率,全社会的物流成本占GDP(国内生产总值)的比重也就越低,从而意味着物流活动所消费的资源也就越节约,国民经济运行绩效也就越高;反之亦然。从世界范围来看,不同国家的物流成本占GDP的比重不尽相同,即发达国家的物流成本占GDP的比重低于发展中国家的物流成本占GDP的比重;同一国家或地区在不同时期,其物流成本占GDP的比重也不同,即随着经济发展水平的提高,物流成本占GDP的比重不断降低。

3. 物流与居民生活

物流不仅对企业经营与国民经济发展具有重要作用,对居民生活质量的提高也具有重要贡献。物流技术水平的提高和物流方式的创新,大大降低了消费者的成本负担,增加了消费者的福利;还极大地满足了消费者准时、便利的物流需求,从而提高了消费者的生活质量。例如,低温冷藏物流系统,以及快速、安全、方便的配送体系,不仅保证了商品的新鲜度与质量,而且大大节约了消费者的时间,方便了消费者的生活,成为现代消费不可或缺的生活内容。

4. 物流与外部不经济

随着物流规模的扩大,物流服务水平的提高,特别是准时、快捷式物流方式的普及,物流对交通、环境等的负面影响日益增大,不仅是经济上的黑暗大陆,而且是环境上的黑暗大陆。人们不仅十分关注物流的经济功能,更关心物流的环境效应。因此,重视物流、改善物流,不仅是出于经营与经济方面的考虑,更是出于环境保护与可持续发展的需要。许多国家分别从环境保护与可持续发展的高度来关注物流、发展物流,认为物流领域在缓解交通拥挤、减少污染、改善与保护环境方面具有巨大的潜力。物流对环境的外部不经济影响主要体现在以下几个方面:

(1)交通拥挤。物流的发展,特别是公路物流的发展,对城市交通的压力越来越大,道路堵塞、拥挤、事故频发等,成为困扰世界各国的主要难题。

（2）噪声与大气污染。随着汽车保有量的增加，特别是伴随着小批量、多批次物流方式的普及，汽车流量大大增加，噪声与大气污染日益严重。

（3）物流网点密度不断增大，一方面对城市建设、人文景观产生了越来越大的负面影响；另一方面，物流网点的增加，也促使地价上升，从而增加了消费者的空间成本，挤压了消费者的生活空间。

（4）物流设施与设备的能源消耗，对人类的可持续发展构成了威胁。

第三节 物流系统

系统工程是当今正在深入发展和日趋完善的一门综合性管理工程技术。系统工程的理论和方法为解决复杂的社会经济问题、提高管理系统的工作效率，提供了科学的分析方法。系统工程已成为实现管理现代化的重要技术手段和工具。物流是一项系统工程。物流科学的研究采用系统工程的方法，已成为物流研究发展的必然。

一、物流系统的概念

所谓物流系统，是由多个互相区别又互相联系的单元结合起来，以物资为工作对象，以完成物资流通为目的的有机结合体。最基本的物流系统由包装、装卸、运输、储存、流通加工及信息等子系统中的一个或几个有机结合而成。每个子系统又可以按空间和时间分成更小的子系统。物流系统本身又处在更大的系统之中。

物流系统的目的是实现物资的空间和时间效益，在保证社会再生产顺利进行的前提下，实现各种物流环节的合理衔接，并取得最佳的经济效益。

二、物流系统的构成

1. 物流系统的构成要素

物流系统和一般的管理系统一样，都是由人、财、物、信息、任务目标等要素组成的有机整体。

（1）人。

人是物流系统的主要要素，是物流系统的主体。提高物流专业队伍素质，是建立合理化的物流系统并使之有效运转的根本。

（2）财。

财是指物流活动中不可缺少的资金。物流系统建设是资本投入的一大领域，离开资金这一要素，物流便不可能实现。

（3）物。

物包括物流系统的劳动对象、劳动工具、劳动手段，如原材料、成品、半成品，各种物流设备、工具，各种消耗材料等。没有物，物流系统便成了无本之木。

（4）信息。

这里是指与物流活动相关的信息，包括反映物流活动内容的知识、资料、图像、数据、文件等。在物流活动全过程中,始终贯穿着大量的物流信息。物流系统要通过这些信息把各个子系统有机地联系起来。

(5)任务目标。

这里是指物流活动预期安排和设计的物资储存计划、运输计划以及与其他单位签订的各项物流合同等。

上述要素对物流发生的作用和影响称之为外部环境对物流环境的"输入"。物流系统本身所拥有的各种手段和特定功能,在外部环境的某种干扰作用下,对输入进行必要的转化活动,如物流管理、物流业务活动、信息处理等,使系统产生对环境有用的生产成品,提供给外部环境,这称之为物流系统的"转换处理"。物流系统的"输出"是物质产品的转移,而大量的物流信息则贯穿于整个输入、转换和输出过程。

2.物流系统的功能要素

物流系统的功能要素是指物流系统所具有的基本能力,这些基本能力的有效组合、联结便形成了物流的总功能。一般认为,物流系统的功能要素有运输、储存、包装、装卸搬运、流通加工、配送、物流信息服务等,具体可划分为以下几个层次:

(1)基本物流环节。

如门到门运输、储存保管、配送等,这些要素分别解决了供给者及需要者之间场所和时间的分离,其主要功能是创造空间效用和时间效用,在物流系统中处于主要功能要素的地位。

(2)商务附加价值。

伴随物流发生的订货、结算、单证处理、财务服务等,如有些物流中心或配送中心兼具一些商流功能,这些功能为企业增加了商务附加价值。

(3)劳动服务价值。

如包装、装卸搬运、流通加工(加标签)、分拨等。这些功能追加了商品的价值。

(4)信息服务价值。

信息服务价值即对内或对外的各种物流信息服务,这些信息也同样创造价值。

(5)物流控制系统。

物流控制系统即对物流过程的动态管理和控制,通过管理和控制为物流总成本的降低和服务水平的提高创造条件。

三、物流系统的支撑要素

物流系统处于复杂的社会经济系统中,必然要受到其他系统的限制和制约,因此,物流系统的建立需要许多支持手段,主要包括以下几种:

(1)政府政策支持。

如体制、制度;法律、规章;行政、命令和标准化系统。国家的体制、制度决定物流系统的结构、组织、领导、管理方式。有了政府的政策支持,物流系统才能确立在国民经济中的地位。

(2)物流基础设施。

它是保证物流系统运行的基础物质条件,主要包括:①物流设施,如物流站、场,物流中心、仓库,物流线路,建筑、公路、铁路、港口等;②物流装备,物流系统的建立和运行,需要有大量的技术装备。

(3)物流人才培养。

高素质人才是物流系统高效运行的关键。随着物流业的发展,需要大量的专业物流人才。

(4)信息技术及网络。

现代物流业作为一个新兴行业,需要高科技的信息技术作支持。因此要大力加强物流信息平台的建设。

四、物流系统的模式

一般来说,物流系统具有输入、处理(转化)、输出、限制(制约)和反馈等功能,其具体内容因物流系统性质的不同而有所区别,如图1.2所示。

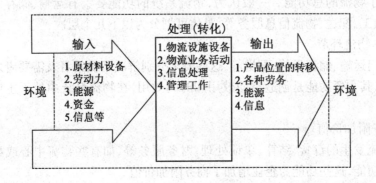

图1.2 物流系统的模式

物流系统具备输入、处理(转化)、输出、限制(制约)、反馈等功能。结合物流系统的性质,具体内容简述如下:

(1)输入。

通过提供原材料设备、劳动力、能源、资金、信息等手段对某一系统发生作用,统称为外部环境对物流系统的输入。

(2)处理(转化)。

处理(转化)是指物流本身的转化过程。从输入到输出所进行的生产、供应、销售、服务等活动中的物流业务活动称为物流系统的处理或转化。其具体内容有:物流设施设备的建设;物流业务活动,如运输、储存、包装、装卸、搬运等;信息处理及管理工作。

(3)输出。

物流系统与其本身所具有的各种手段和功能,对环境的输入进行各种处理后所提供的物流服务称为系统的输出。其具体内容有:产品位置的转移;各种劳务,如合同的履行及其他服务等;能源;信息。

(4)限制(制约)。

外部环境对物流系统施加一定的约束称之为外部环境对物流系统的限制和干扰。

其具体内容有:资源条件,能源限制,资金与生产能力的限制;价格影响,需求变化;仓库容量;装卸与运输能力;政策的变化等。

(5)反馈。

物流系统在把输入转化为输出的过程中,由于受系统各种因素的限制,不能按原计划实现,需要把输出结果反馈给输入进行调整,即使按原计划实现,也要把信息返回,以对工作做出评价,这称为信息反馈。信息反馈的活动包括各种物流活动分析报告、各种统计报告数据、典型调查、国内外市场信息与有关动态等。

五、物流系统的目标

物流系统作为社会经济系统的一部分,其目标是得到宏观和微观两个效益。具体来讲,物流系统要实现以下5个目标:

(1)服务性(Service)。

在为用户服务方面要求做到无缺货、无货物损伤和丢失等现象,且费用低。

(2)快捷性(Speed)。

要求把货物按照用户指定的地点和时间迅速送到。因此可以把物流设施建在供给地区附近,或者利用有效的运输工具和合理的配送计划等手段。

(3)有效地利用面积和空间(Space Saving)。

虽然我国土地费用比较低,但也在不断上涨。特别是对城市市区面积的有效利用必须加以充分考虑。应逐步发展立体化设施和有关物流机械,求得空间的有效利用。

(4)规模适当化(Scale Optimization)。

应考虑物流设施集中与分散的问题是否适当。机械化与自动化程度如何合理利用,情报系统的集中化所要求的电子计算机等设备的利用等。

(5)库存控制(Stock Control)。

库存过多则需要更多的保管场所,而且会产生库存资金积压,造成浪费。因此,必须按照生产与流通的需求变化对库存进行控制。

上述物流系统化的目标简称为"5S",要发挥以上物流系统化的效果,就要进行研究,把从生产到消费过程的货物量作为一贯流动的物流量看待,依靠缩短物流路线,使物流作业合理化、现代化,从而降低其总成本。

六、物流系统功能要素的目标冲突

物流系统的各功能要素在要素之间、要素内部、要素外部都存在目标的冲突。

1. 各物流要素之间的目标冲突

物流系统中各功能在独立存在时,各自的目标有互相冲突的地方。比如,运输功能要素的目标一般是追求及时、准确、安全和经济。为达到这些目标,企业通常会采用最优的运输方案,但是在降低运输费用、提高运输效率的同时,可能会导致储存成本的增加。

从储存的角度来看,为了达到降低库存水平的目的,企业可能会降低每次收货的数量,增加收货次数,缩短收货周期;或者是宁可紧急订货,也不愿提前大批量订货。但这样就无法达到运输的经济规模,会导致运输成本增加。

从上面的分析可以清楚地看出，物流系统的运输子系统的目标与储存子系统的目标是冲突的。但是运输与储存是物流系统的两个重要组成部分，运输与储存的冲突是运输要素与储存要素的一种联系，在物流系统还没有形成的时候，它们都在追求着各自的流过程中避免损坏，同时要降低包装成本。因此，在包装材料的强度、内装容量的大小等方面就会考虑以能够确保商品安全为第一目标，但这常常会导致"过度包装"，结果不仅增加了商品物流包装成本，同时由于物流包装过大、过重、过于结实，增加了无效运输的比重；并且在包装回收系统不健全的情况下，当商品抵达收货人时，收货人往往还要专门处理这些物流包装。如果能将物流包装要素的目标与运输要素的目标进行协调，就可以既实现包装的目标又实现运输目标，从而实现这两个要素目标的协同。

2. 物流要素内部的目标冲突

物流系统的要素可作为系统来分析。物流系统的功能要素都是物流系统的子系统，如果将物流系统内部功能要素之间的目标冲突应用于任何一个功能要素，那么，物流系统要素内部也将存在类似的目标冲突。

以运输功能为例，各种运输方式都存在各自的优势和劣势。比如采用铁路运输，成本比较低，但不够灵活；采用公路运输，灵活性强，可以提供"门到门"的服务，但长距离运输运费相对较高，且易造成污染和发生事故；采用航空运输，速度快，不受地形的限制，但成本较高。因此，如果追求速度快、灵活性强，就要付出成本高的代价，各目标之间必将存在冲突。由于任何运输方式都有其特定的目标和优势，各种运输方式的优势不能兼得，所以在选择运输方案时就要综合权衡。

3. 物流要素与外部系统之间的冲突

当物流系统本身也是一个更大系统的低一层次的子系统时，物流系统就要与外部系统发生联系，而构成物流系统环境的就是这些与物流系统处在同一层次的子系统。与物流系统一样，环境中其他系统都有着特定的目标，这些目标之间的冲突也是普遍存在的，物流系统以这种方式同环境中的其他系统发生联系。但是，物流系统要素之间的目标冲突不能在要素这个层次得到协调，必须在比要素高一个层次的系统才能解决。

从一个制造企业来看，物流系统是与生产系统、销售系统等系统并列的系统，它们都是企业经营系统中的要素或者子系统。生产系统、销售系统和物流系统都有很多各自的目标，这些子系统之间的目标冲突是普遍存在的，物流系统以这种方式同环境中其他系统发生联系。生产系统的目标和销售系统的目标还可能会对物流系统目标产生夹击。在传统的企业组织中，没有一个部门对全部物流活动承担管理责任，只是分别单独担负物流某一方面的责任。这样，物流的各种因素包含在销售、生产、财务会计等各种活动之中，各部门的管理人员有各自的利益目标，而且这些目标之间往往会发生矛盾。例如，销售部门为了保证销售要增加在库商品量，而财务部门要减少在库商品以降低成本；销售部门要以少量成品迅速发货并快速处理订单以满足客户的需求，而生产部门要批量发货以降低运费，财务部门要仔细审核订单，确保货款回收；销售部门希望在销售地建立仓库，而生产部门则希望在工厂建立仓库，财务部门则要减少仓库数量和库存量。这些目标的冲突不能在物流或生产、销售、财务等单个系统的层次上解决，而必须在整个企业的层次上对冲突的目标加以协调和权衡才能解决。

总之，物流系统要素之间、要素内部、系统与环境的冲突广泛存在，冲突是物流系统要素的重要联系，建立物流系统就要解决这些冲突。

七、物流系统分析

所谓物流系统分析是指从物流的整体出发，根据系统的目标要求，动用科学的分析工具和计算方法，对系统目标、功能、环境、费用和效益等进行充分的调研，并收集、比较、分析、处理有关数据和资料，建立若干拟订方案，比较和评价结果。

1. 物流系统分析遵循原则

(1) 以整体为目标。

在一个系统中，处于各个层次的分系统都具有特定的功能及目标，彼此分工协作，才能实现系统整体的共同目标。比如，在物流系统布置设计中，既要考虑造价，又要考虑运输、能源消耗、环境污染、资源供给等因素。因此，如果只研究改善某些局部问题，而其他分系统被忽略，则系统整体效益将受到不利影响。所以，进行任何系统分析，都必须以发挥系统总体的最大效益为基本出发点，不能只局限于个别局部，否则会顾此失彼。

(2) 以特定问题为对象。

系统分析是一种处理问题的方法，有很强的针对性，其目的在于寻求解决特定问题的最佳策略。物流系统中的许多问题都含有不确定因素，而系统分析就是针对这种不确定的情况，研究解决问题的各种方案及其可能产生的结果。不同的系统分析所解决的问题当然不同，即使对相同的系统所要解决的问题也要进行不同的分析，寻求不同的求解方法，所以，系统分析必须以能求得解决特定问题的最佳方案为重点。

(3) 运用定量方法。

解决问题，不应单凭想象、臆想、经验和直觉。在许多复杂的情况下，需要有精确可靠的数字、资料，并以此作为科学决断的依据；在某些情况下，利用数字模型有困难，还要借助于结构模型、解析法或计算机模型等进行定量分析。

(4) 凭借价值判断。

从事系统分析时，必须对某些事物做某种程度的预测，或者以过去发生的事实进行对照，来推断未来可能出现的趋势或倾向。由于所提供的资料有许多是不确定的变量，而客观环境又会发生各种变化，因此在进行系统分析时，还要凭借各种价值观念进行综合判断和优选。

2. 影响因素

影响物流系统分析设计的因素通常有以下几个方面：

(1) 物流服务需求。

物流服务项目是在物流系统的分析与设计的基础上进行的。由于竞争对手、物流服务市场在不断地发生变化，为了适应变化的环境，必须不断地改进物流服务条件，以寻求最有利的物流系统，支持市场发展前景良好的物流服务需求项目。物流服务需求包括服务水平、服务地点、服务时间、产品特征等多种因素，这些因素是进行物流系统分析与设计依据的基础。短的交货周期，意味着需要采用快捷的运输方式或配置更多的仓库，服务地点和服务时间直接决定物流系统的物流网络配置以及运输方案设计，产品特征影响仓储设备、搬运设备、运输设备等选择。

(2)行业竞争力。

为了成为有效的市场参与者,应对竞争对手的物流竞争力,如竞争者的服务水平、物流资源配置情况、服务方式及理赔情况等进行详细分析,从而掌握行业基本服务水平,寻求自己的物流市场定位,以发展自身的核心竞争力,构筑合理的物流系统。

(3)地区市场差异。

物流系统中物流设施结构直接同客户的特点及状况有关。地区人口密度、交通状况、经济发展水平等都会影响物流设施设置的决策。

(4)物流技术发展。

在技术领域中,对物流系统最具影响力的是信息、运输、包装、装卸搬运、管理技术等。其中,计算机信息和网络技术的应用对物流的发展具有革命性的影响,及时、快捷、准确的信息交换可以随时掌握物流动态,因而不但可以改进物流系统的实时管理与决策,还可以为实现物流作业一体化、提高物流效率奠定基础。

多式联运、新型车辆、优化运输路径选择等,提高了运输衔接能力和运输效率。机器人、自动化仓储系统、自动导向系统、自动分拣系统等的纷纷使用,提高了物流节点的生产能力,增加了物流节点的物流输入和输出能力。

包装的创新,有利于提高物流操作效率(便于物流的运输、搬运、分拣等),增加货物安全保护能力,增加信息传递的载体(包装货品识别的跟踪和管理)。

(5)流通渠道结构。

流通渠道结构由买卖产品的关系组成,一个企业必须在渠道结构中建立企业之间的商务关系,而物流活动是伴随着一定的商务关系而产生的。因此,为了更好地支持商务活动,物流系统的构筑应考虑流通渠道的结构。

(6)经济发展。

经济发展水平、居民消费水平、产业结构等直接影响着物流服务需求的内容、数量和质量。为了满足用户的需要,物流业的内容也在不断地拓展和丰富,运输、配载、配送、中转、保管、倒装、装卸、包装、流通加工和信息服务等构成了现代物流活动的主要内容。为此,物流系统应适合物流服务需求的变化,不断拓展其功能,以满足经济发展的需要。

(7)法规、税收政策、工业标准等。

运输法规、税收政策、工业标准等都将影响物流系统的规划。在分析设计时,要考虑政策性因素,如政府的方针、税收政策、法令以及法律、法规和发展规划等方面的要求,还要考虑环保因素,如废物排放量、污染程度、生态平衡等方面的要求,同时,还要遵循国家标准与行业标准。

3.物流系统分析的内容

(1)物流系统外部环境的分析内容。

①物资生产状况。

②物资的流通。

③物资的消费。

④财政信贷状况。

⑤国家方针、政策、制度,也影响着物流。
(2)物流系统内的具体分析内容。
①物资需求变化的特点、需求量、需求对象、需求构成,以及所涉及的需求联系方法。
②物流系统各作业部门的有关物流活动的数据,如市场分布状况、供货渠道、销售状况等。
③构成物流生产的新技术、新设备、新要求、新项目等。
④库存物资的数量、品种、分布情况、季节性变化、质量状况等。
⑤运输能力的变化、运输方式的选择、运输条件和要求等。
⑥各种物流费用的占用、支出,社会经济效益等。

4. 系统分析的步骤

物流系统分析的步骤通常为:问题的构成→收集资料→建立模型→对比可行性方案的经济效果→判断方案的优劣。对物流系统进行分析必须回答以下 6 个问题:

(1) 目的,why,为什么?
(2) 对象,what,是什么?
(3) 地点,where,在何处做?
(4) 时间,when,何时做?
(5) 人,who,由谁来做?
(6) 方法,how,怎样做?

第四节 物流管理

一、物流管理的概念

《物流术语》(GB/T 18354—2006)中对物流管理的定义为:物流管理是指为了以最低的成本达到客户所满意的服务水平,对物流活动进行的计划、组织、协调与控制。换句话说,物流管理是根据物质实体流动的规律,应用物流管理的基本原理和科学方法,对物流活动进行计划、组织、指挥、协调、控制和监督,使各项物流活动实现最佳协调与配合,通过降低物流成本和满足市场需求来提高社会效益和经济效益的过程。

现代营销之父菲利普·科特勒在《市场营销管理》一书中对物流管理做了这样的表述:物流是物的流通工程,是指计划、执行与控制原材料和最终产品从产地到使用地点的实际流程,并在盈利的基础上满足顾客的需要。

综上所述,本书认为,物流管理(Logistics Management)是指为了以合适的物流成本达到用户满意的服务水平,对正向及逆向的物流过程及相关信息进行的计划、组织、协调与控制。

二、物流管理的目标

现代物流管理的目标主要表现在以下几个方面:

（1）现代物流管理以实现客户满意为第一目标，这里的客户不仅指物品的需求方，还包括物流服务的接受方，即物流业务的委托方。客户满意是一个综合指标，具体包括效率、质量、速度、成本、安全等。

（2）现代物流管理以整体最优为目的，这里的整体最优表现为对运输、储存、装卸、包装、配送、信息等基本功能要素实施优化管理，处理好物流各要素之间的"二律背反"关系，在保证物流系统效率与质量的前提下，实现物流成本的最小化。

（3）现代物流管理不但重视效率更重视效果，即在确保整体最优的基础上充分重视环保、公害、交通等因素，积极发展符合21世纪发展潮流的绿色物流。

三、物流管理的原则

（1）在总体上，坚持物流合理化的原则，这是物流管理的最根本原则。所谓物流合理化，就是在兼顾成本与服务的前提下，对物流系统的构成要素进行调整改进，实现物流系统整体优化的过程。

（2）在宏观上，除了完善支撑要素建设外，现代物流管理更强调政府以及有关专业组织的规划和指导的原则。事实上，宏观物流发展需要科学的规划和指引，这一点应该被纳入现代物流管理的原则中并加以重视。

（3）在微观上，除了实现供应链的整体最优管理目标外，现代物流管理更在服务的专业化和增值化发展等层面上有了新的要求。现代物流管理的永恒主题是成本和服务，即在努力削减物流成本的基础上，努力提升物流增值性服务。

（4）在服务上，具体表现为"7R原则"，将适当数量（Right Quantity）的适当商品（Right Product），在适当的时间（Right Time）和适当的地点（Right Place），以适当的条件（Right Condition）、适当的质量（Right Quality）和适当的成本（Right Cost）交付给客户。

四、物流管理的特征

1. 重视顾客满意度

顾客的高度满意是现代物流管理各项活动的基本目标。具体来讲，物流系统必须做到：第一，物流中心网络的优化，即要求商品集中配送，工厂、仓库、加工等中心的建设（规模、地理位置等）既要符合分散化的原则，又要符合集约化的原则，从而使物流活动能有利于顾客服务的全面展开；第二，物流主体的合理化，生产阶段到消费阶段的物流活动主体，常常有单个主体和多个主体之分，另外也存在自己承担物流和委托物流等形式的区分，物流主体的选择直接影响到物流活动的效果或实现顾客服务的程度；第三，物流信息系统的高度整合，即能及时、有效地反映物流信息和顾客对物流的期望；第四，物流作业的效率化，即在配送、装卸、加工等过程中应当运用安全快速高效的方法、手段使企业能最有效地实现商品价值和客户价值。

2. 强调整体性

现代物流管理是强调整体性的，首先是实现企业内部运作的整体性。现代物流所追求的费用观、效益观，是针对采购、生产、包装、运输、仓储、销售等整体最优而言的。在企业组织中，以低价格购入为主的采购理论，以高效优质化为主的生产理论，以追求合理绿色化为主的包装理论,以低成本为主的传统流通理论,以增加销售额和扩大市场份额为主的销售理论等之间仍然存在着分歧与差异,跨越这种分歧与差异,力图追求最优,正是现代物流管理理论的内涵。除了实现企业内部运作的整体性,现代物流管理还要追求外部物流同盟之间的整体效益优化,现代物流管理的范围不仅包括销售物流和企业内物流,还包括采购物流、退货物流以及废弃物流等。这些物流活动往往涉及较多的企业,需要这些企业进行相互之间的沟通协调和高效整合。可见,现代物流管理强调的是在内外物流环节高效合作基础上的整体最优。

3. 高度信息化

现代物流管理的整体性运作使得高度信息化成为必要。既然建立物流管理活动不是单个生产、销售部门或企业的事,而是包括供应商、批发商、零售商等关联企业在内的共同活动,这种供应链系统必然要求企业进行经营计划的连接、企业信息的连接、在库风险承担的连接等机能的结合,从而使物流管理成为一种建立在信息技术基础上的供应链管理,即从供应商开始到最终用户,整个供应链网络中商品运动的信息化综合管理。另一方面,伴随着企业经营方式的改变,即从原来的投机型经营(根据市场预测来生产)转向实需型经营(根据市场实际需求来生产),同时增加了信息化的重要性。显然,在现代物流管理过程中的经营管理要素上,信息已成为物流管理的核心,没有高度发达的信息网络和信息的支撑,实需型合作性经营是无法实现的。

4. 服务社会化

现代物流管理越来越走向物流服务的社会化,即企业根据市场业务细分情况,把更多的仓储、运输、配送等物流业务外包给专门的物流公司来承担。这种由独立于供方和需方以外的第三方来完成物流服务的方式称为第三方物流(3PL)。第三方物流是一种实现物流供应链集成的有效方法和策略,它可以通过协调不同地域、不同领域企业间的物流业务来提供后勤服务,使供应链企业能够把时间和精力集中在自己的核心业务上,提高这些企业的物流管理水平和运作效率,使这些企业对其物流环节中低库存、低成本、高效率的积极控制成为现实。这种社会化的现代物流运作模式在整合物流资源、降低物流成本、快速响应市场、提高相关企业的生存和竞争能力等方面存在明显的优势,具有十分重要的理论与实际意义。

五、物流管理的现状及发展趋势

1. 物流管理的现状

20世纪初至今,物流管理经历了巨大的变革。20世纪初至第二次世界大战结束初期的近半个世纪,现代物流管理都处于一种萌芽阶段,物流管理的内涵仍是从有利于商品销售的角度,对"实物分拨"和"实物分布过程"进行管理与运作,物流管理仍然只是市场营销的功能之一,此时人们只是孤立地看待搬运、仓储、运输等各项物流活动,系统管理的概念尚未建立。第二次世界大战中,军事后勤借助战争在观念上、实践上得到迅速发展。出于保证战争胜利的目的,美国军事部门为解决军需品的供应问题,运用当时新兴的运筹学方法与电子计算机技术对军需品供应、运输路线、库存量进行科学规划。再结合战时发展起来的叉车技术等众多学科的支持,物流管理体系逐步形成。第二次世界大战以后，众多在战时发展起来的技术渐渐走向民用化，推动了系统化企业物流管理的发展。20世纪80年代以来，越来越多的西方企业将物流管理战略视为其获得市场竞争优势的重要依据，越来越重视对物流全过程实施统一管理。同时，科学技术的进一步发展、政府管制的变化、市场竞争的加剧等又不断地促进物流管理思想进一步发展，一体化物流管理思想开始逐步形成。

在物流管理实践方面，西方发达国家起步较早，发展得更为完善。比如美国企业物流管理就发展得较快，表现在物流管理设施现代化程度较高；物流管理规模化、信息化和网络化程度较高；物流运作管理模式不断创新，如第三方物流公司发展较快，第四方物流服务商也已凸现市场等。这些发展能较好地为社会提供有效的运输、仓储乃至咨询、信息和管理等各种服务，降低社会物流成本。我国目前在物流管理方面发展迅速，但总体状况仍然是较为落后的，表现在物流管理体制不健全、物流管理信息化和标准化程度不高、物流管理人才欠缺等。当然，随着我国经济的发展，在物流需求的带动下，我国的物流产业和物流管理水平必将得到更好的发展。

2. 物流管理的发展趋势

现代物流管理水平的发展日新月异，呈现出以下趋势：

（1）系统化。

现代物流管理的一个重要趋势就是越来越系统化。物流管理系统化一方面要求企业物流过程的各个环节要统一管理，同时要求企业物流向两头延伸，使企业物流与整个社会大物流有机结合在一起。可以这样说，物流系统化包含了产品从形成到消失的整个物理性的流通全过程。通过统筹协调、合理规划，控制整个商品的流动，达到利益最大或成本最省，同时满足客户需求不断变化的客观要求。物流系统也就成了一个社会性的大系统，企业物流系统只是这个大系统中的小系统，它标志着企业物流管理走出了传统的后勤管理模式，更多地考虑整个流通渠道的物流管理全过程所有要素和环节的系统整合和优化。

（2）社会化。

物流管理社会化是指将原先由企业内部完成的物流过程通过合约的方式外部化，即企业将分销、生产、供应等过程需要的运输、装卸、保管等职能交由专业化的公司完成，从而形成企业间紧密的联系。将原来属于企业内部职能的活动通过市场来完成，这既是一种企业概念的创新，又是一种企业流程的创新，也是一种市场组织的创新。物流社会化的原因，主要是信息技术的发展，使企业的优势不仅体现在资金上，更表现在知识技术上。企业的优势在于拥有其他企业所没有的核心能力。这就要求企业在自身有优势的方面不断发展，而对自身没有优势的方面，采用外包的方式来解决。因此，对核心能力的追求使企业将物流活动外部化，这便出现了一种新型的专门化物流行业。

（3）一体化。

传统的物流网络是一个高度分散的网络，各成员各自为政，追求自身利益的最大化，结果使整个物流网络效率低下。为了适应激烈的市场竞争，物流管理人员将互联网技术、电子技术、现代通信技术应用到物流管理中来，将制作商、中间商和客户连接起来，通过成员收购或相互合作方式实现物流管理的一体化，统一市场策略和战略，相互协调，形成了相互紧密联系的供应链网络,追寻共同的市场目标,制订适当的计划、策略与战略,实行综合化管理和经营,追求信息共享、利益共享、风险分担,减少由于彼此不信任造成的矛盾和冲突,以达到有效的物流整合,同时使整个物流网络处于动态优化中,以适应以竞争激烈、变化快速为特征的现代市场环境。物流网络各环节成员相互沟通,相互适应,通过规模经济和减少重复服务获得收益,达到整体最优。

(4) 自动化。

由于现代生产销售的复杂性和产品的多样性,人工处理不但缓慢而且容易出错。高新技术的引入正在使物流管理发生新的变革,计算机的普遍使用,条码射频技术的引入,立体自动仓库、自动化分拣系统、无人驾驶叉车的采用等构成了物流管理的高度自动化趋势。物流各环节成员都开始利用计算机和自动化设备来管理原材料的供应、库存、订单处理等,这些自动化的设施减少了物流作业的差错率,提高了物流管理的作业能力,极大地提高了工作效率,加快了反应速度,能适用多变的市场环境。

(5) 信息化。

现代物流管理中,融入了大量的信息技术,如数据库技术、条形码技术、电子订货技术、电子数据交换技术等高新技术。信息化是物流管理的基础,没有物流的信息化,任何先进的技术装备都不可能用于物流领域。信息技术在物流领域中的应用彻底改变了物流管理的面貌。物流管理的信息化趋势,将越来越提高物流速度,降低库存成本、人员成本,使企业加快订单处理速度,提高顾客满意度,赢得竞争优势。

(6) 智能化。

智能化是自动化、信息化的一种高层次应用。物流作业过程涉及大量的运筹和决策,如物流网络的设计与优化、运输(搬运)路径的选择、每次运输的装载量选择、多种货物的拼装优化、运输工具的排程和调度、库存水平的确定、补货策略的选择、有限资源的调配、配送策略的选择等问题都需要进行优化处理,这些都需要管理者借助智能工具和大量的现代物流知识来解决。同时,近年来,专家系统、人工智能、仿真学、运筹学、智能商务、数据挖掘和机器人等相关技术在国际上已经有成熟的研究成果,并在实际物流作业中得到了较好的应用。因此,物流的智能化已经成为物流发展的一大趋势。

本章小结

1. 物流概念源于美国,1979 年,我国从日本引进了物流概念。

2. 物流的种类很多,可以按空间范围、物流主体、物流业种、物流阶段、物流客体等分类标准对物流进行分类。物流由基础要素与活动(功能)要素构成,基础要素包括人、财和物;活动(功能)要素包括运输、储存、包装、装卸、流通加工、配送和信息。物流对企业经营、国民经济及国际经济的发展具有十分重要的作用。

3. 物流学属于经济学、管理学、工学和理学等互相交叉的新兴学科。

4. 不同国家的物流管理经历了不同的发展阶段,具有不同的发展特点。我国的物流管理起步较晚,美国、欧洲、日本的物流管理发展历史可以为我国的物流管理提供有益的经验。

5. 物流创造空间效用和时间效用。

【案例分析】

可口可乐的物流包袱

案例背景：

在竞争激烈而残酷的饮料市场，可口可乐勇立潮头，靠的已不只是口味和神秘的配方，其独特的商业运作正在不断勾兑出取胜的新配方。这也被一些人称为可口可乐为长期把控市场而隐藏的一记重拳。

雪碧与七喜的味道差异几乎为零，但两者全球销量却有着天壤之别，可口可乐战胜对手的法宝究竟在哪里？地处北京东郊定福庄的"家人乐"小店是北京郊区再典型不过的夫妻店，店内只有可口可乐和雪碧，而没有百事和七喜，对于这一点，老店主觉得很正常，"都是一样的东西，可乐（可口可乐）和雪碧拿货容易。"虽然这只是可口可乐战胜对手的微微一角，却折射出中可（中国可口可乐公司）国内市场操作成功的精髓——利用强大的物流销售网络直接触及市场终端。

1. 可口可乐的法宝

可口可乐在中国拥有三大合作伙伴——嘉里、太古和中粮，共36家灌装厂，分布在全国不同区域，而相应灌装的产品也在各自划分区域内销售，严格禁止串货（跨区销售）。同时三大合作伙伴除了经营各厂生产，还要负责每个分厂所处地区的销售工作。可口可乐会给三大合作伙伴规定产品的最低限价，但是其不参与分配每瓶饮料的利润，只收取"浓缩液"费用，因而对于各合作伙伴分厂来说，卖得越多赚得也越多。

可口可乐针对销售终端把控极严，竞争对手在饮料零售市场稍有动作，立刻可以第一时间察觉，这主要归功于严格的渠道销售管理。可口可乐在全国推行GDP管理方式开发合作伙伴，把中间商一层一层地剥离掉，推行直销。虽然销售网络中，仍然存在批发，但批发商不是垄断性的大批发，而是采取肢解措施将批发商控制到很小的规模上，所有的超市全部直接送货。可口可乐对超市、大中型零售商的直销方式，大大提高了其市场感应能力。

营销和物流总是矛盾的，如果在销售环节设立大批发商，生产出的可口可乐全部送到批发商，再由批发商销售，这样做，可乐公司物流成本很低，但是公司无法完全控制市场。为了全面控制市场，可口可乐物流全部由自身灌装厂完成。秉承一个理念——决不放弃任何一个小的零售商，哪怕是最小型的夫妻店。为此，可口可乐推行了GKP（金钥匙伙伴）计划，在一定区域内找一家略大的零售商，可口可乐将货物直接运送给GKP，再由GKP完成最后对超小型零销商的配送工作，GKP送货费用由可口可乐及其合作伙伴支付。GKP负责的全部是规模低于两三人的夫妻式小店，而所有的超市和大一点的零售商全部掌握在可口可乐手中。超市的数量以及名单在公司内部也是限级别掌握的，一些副总裁级的员工甚至不清楚合作商的大体数字。

一句直销说来容易，但真正能够完成，并且在有效控制成本的前提下完成，就相当不容易了。能看到直销优势的饮料业国际国内巨头不在少数，敢于染指的却屈指可数。目前，国内饮料巨头乐百氏、娃哈哈、康师傅、统一等，基本无人敢效仿可口可乐的做法。

2. 物流是饮料企业的包袱

饮料业的天然特性制约着自办物流,物流甚至成为一些饮料厂急于甩掉的包袱。这是为什么呢?可乐等饮料属于典型的快速消费品。对于快速消费品的特点是生产集中,销售分散。生产集中考虑到规模效应,制造成本减低,但消费人群覆盖面积最为广泛,导致物流成本剧增。

此外,在产品特点上,饮料物流成本非常大,体积庞大,单位货值较小,以一辆8吨的运输卡车为例,拉一车可乐可能只有8 000多元的货值,与彩电、冰箱或者手机相比有天壤之别。

饮料运输损耗更大,快速消费品对消费及时程度要求极高。运输过程中对货龄(从生产日期到目前的时间)要求已经发展到近于苛刻的地步。一般大型超市,如果饮料货龄超过1周就不会要了,超过1个月货龄的雪碧会成为滞销品。可口可乐与大的超市销售商有一个约定,超过一定时间的货可以免费更换,这也造成了很大的损失。2001年,可口可乐一家中国灌装厂因为产品货龄超期,一次就销毁了价值80多万元的饮料。外部要求苛刻,内部同样严格,目前可乐使用PET瓶(塑料瓶),根据PET材料的特性,会跑气,里面二氧化碳压力随保存时间增加会逐渐降低,货龄越长品质越低,口感越差。为了保证质量,公司会到市场进行抽检,抽检到不合格的产品,会对灌装厂提出警告。但是真正做到货龄不过1周,难度相当大。

如此等等一系列因素,造成"做水的不愿意运水"。但这些同时也为一些"做水"的,提供了千载难逢的好机会,例如可口可乐。当它解决了全行业的包袱,并且将包袱转变为核心竞争力后,它的行业地位还有谁能撼动呢?

3. 可口可乐的成本经——物流的"利润源泉"作用非常明显

将物流树立为公司市场竞争力,并非天才空想之举,而是在商务运作中,一步步总结而来。每瓶可乐的成本构成主要有生产成本、销售广告成本和物流运输成本。其中,对于嘉里集团这样的合作伙伴,生产成本最高;销售广告成本与中可共同承担,是第二大成本;物流运输成本作为第三大成本存在,但依然不容忽视。根据可口可乐原高层员工估算,物流运输成本约能占到一瓶可乐成本的20%~30%,如果按照这样推算,目前每瓶2.25升可乐利润在几毛钱,而销售价格接近6元,粗算物流运输成本超过1元,成本之高,相当惊人。

学会控制成本,首先要找好压缩成本的空间,第一大成本是可口可乐公司的主要利润来源(可口可乐向合作伙伴销售的浓缩液利润),对于嘉里这样的大合作伙伴,机器生产设备、检测设备等,全部从可口可乐规划的全球厂商订购,价格相当高。可口可乐对灌装厂生产工艺流程要求非常严格,品质控制超乎普通品牌饮料要求。灌装厂很难在生产环节做"节流"文章,同时随着饮料市场的发展,饮料业在生产环节开始推行柔性化生产,一方面适合市场竞争要求,而另一方面却会在一定程度上破坏规模化生产带来的成本效益。市场要求的敏捷物流,使得单次生产批量越来越小,规模效应优势越来越小,生产成本只能在管理环节控制。

随着可口可乐生产柔性的增加,生产成本反而会上升,但是最终灌装厂采取了一些新的管理方式抵消了这种成本上升。生产规模效应下降,提高生产管理系统的柔性,来牵制成本上升。原来每条生产线配置一班工人，没有生产，人员只能闲置，现在3条生产线配置两班工人，大大提高了员工的工作效率。此外，在第一线生产流程中，还采取了大量的生产管理技巧，哪两个产品线在一起做，成本会比较低？哪两个产品先后做，成本低？这些精细化措施有效地控制了生产成本的提高。

在生产中无法节省，在营销费用上就更加艰难，因为竞争越来越激烈，导致可口可乐的促销活动越来越频繁，售价又不可能提升，相当于隐性降价。大量的品牌都出来，在日益被瓜分的这一市场，要保持市场地位，就要不断增加这部分投资。

算来算去，物流成为唯一可以降低的成本，但相比前两者不能不花的钱，物流的紧缩更为艰难，因为要降低物流费用，更要牢靠地控制好销售群体。于是，可口可乐开始考察第三方物流服务商，考虑将物流业务外包。

4. 可口可乐的外包物流业务

经过一系列的谈判，可口可乐与招商物流达成合作协议，由招商物流全面负责可口可乐自昆山发往全国的瓶坯分发业务及"泛中国区"饮料成品的全国物流业务。同时，可口可乐还加强了信息系统的建设。在物流业不断发展的今天，物品在流通过程各个环节的信息比以往任何时候都更加重要，这包括每种物资到达每个地点的时间和数量、离开每个地点的时间和数量、在途时间和数量、生产量和需求量等各种信息。这些信息对整个生产过程的控制和管理起到至关重要的作用。可口可乐公司的物流主管在这方面提出了更加具体的设想：可口可乐的经理们在美国亚特兰大总部的计算机前就可以了解法国一个可乐铝罐的运转情况。到那时，可口可乐跟百事可乐的竞争，也许就会见分晓。

问题分析：

1. 通过这个案例，讨论物流对于制造企业的重要性究竟应该如何描述。
2. 制造企业内部的各个部门之间应该保持什么样的关系，才能求得企业的顺畅运作？物流部门在其中处于什么样的位置？

【思考与练习】

1. 什么是物流？传统物流与现代物流的主要区别是什么？
2. 简述现代物流的含义与特点。
3. 简述物流的构成要素及分类。
4. 结合实际谈谈现代物流在企业经营中的地位与作用。
5. 试述国内外物流管理的历史发展。

第二章 物流战略管理

【学习目标】
- 了解物流战略的含义、要素和目标;
- 掌握物流战略环境的分析;
- 掌握物流战略的规划;
- 掌握物流战略的实施、评价与控制。

第一节 物流战略概述

"战略"一词原为军事用语,其本意是对战争全局的谋划和指导。随着人类社会的发展,"战略"一词后来又先后被应用到政治领域和经济领域。特别是 20 世纪 50 年代以后,社会经济活动日益复杂,对全局性的、长远性的发展方向和指导思想的研究显得越来越重要。因而,社会经济发展战略也逐步引起人们的重视。20 世纪 60 年代以后,西方又将"战略"一词用于企业。总之,第二次世界大战之后,"战略"一词已经从传统的狭义的军事领域扩展到其他领域,出现了诸如世界战略、国家战略、地区战略、经济战略、外交战略、能源战略、教育战略、企业战略等用语和概念。战略也就演变为"泛指重大的、带有全局性或决定全局的谋划"。"战略"一词与物流联系起来就形成了物流战略,物流战略被广泛使用是近几年的事情。

一、物流战略的概念

物流战略是指企业或其他组织为了适应未来环境的变化,谋求物流的可持续发展,就物流发展目标以及达到目标的途径与手段而制订的长远性、全局性的谋划与策略。

对于一些企业而言,物流战略是其总体战略的重要组成部分。换句话说,将物流上升到战略层次来考虑的企业,其所制订的物流战略至少与生产、营销和财务等职能战略并列,成为企业总体战略的重要支撑点,甚至在有些企业,物流战略要高于其他职能战略。因此,应将企业的物流战略上升到运营战略的角度来理解,其在企业中的地位越来越重要。

二、物流战略的特征

物流战略是指导企业物流走向未来的行动纲领,它一般具有以下特征:

1. 全局性

物流战略是根据企业总体发展的需要而制订的,它以全局去实现对局部的指导,发挥战略的整体优化效应,追求的是整体效果和综合效益。

2. 长远性

物流战略考虑的不是企业物流管理中一时的得失,而是企业在未来相当长一段时间内物流的总体发展问题,通常着眼于未来较长时期内的发展目标。

3. 纲领性

物流战略所制订的战略目标、战略重点、战略发展方向等属于方向性、原则性的,它是企业物流发展的纲领,对于企业物流活动具有权威性的指导作用,它必须通过分解落实等过程才能变为具体的行动计划。

4. 适应性

物流战略的适应性是指所制订的物流战略要与外部环境和内部条件相适应。在实施物流战略过程中,要根据环境变化,适时地加以调整,使物流战略适应环境的变化。同时,利用可能发生的变化和新的发展机会,制订新的物流战略,达到组织的目的。

5. 风险性

物流战略的制订,必须十分重视物流领域的风险。风险既可能是超出预期的损失,也可能是超出预期的收益。所以,作为物流管理者,必须树立正确的风险观。在制订物流战略时,要勇于面对风险,审时度势,掌握应对风险的本领和技巧,在瞬息万变的市场环境中实现物流战略目标。

三、物流战略的分类

企业物流战略主要可以从4个角度进行分类:按照发展方向分类、按照企业战略层次分类、按照物流功能分类、按照业务流程分类。

1. 按照发展方向分类

按照发展方向分类,企业物流战略可以分为稳定型发展战略、扩张型发展战略和收缩型发展战略。

(1)稳定型发展战略。

稳定型发展战略是指企业在原来经营领域中逐渐取得优势地位,内部条件和外部环境没有发生重大变化的一种巩固成果、维持现状的战略。

(2)扩张型发展战略。

扩张型发展战略是指企业在现有基础水平上向更高一级的方向发展的战略。扩张型发展战略包括增值战略、多样化或专业化战略(设置产品宽度)、增长战略(追求规模经济和大规模生产的改进服务)、全球化战略(在全球市场上购买、储存和运送物料)等。

(3)收缩型发展战略。

收缩型发展战略是指企业在一定时期内缩小物流规模或取消某些物流服务项目的一种战略。

2. 按照企业战略层次分类

按照企业战略层次分类,企业物流战略可以分为公司层级战略、事业层级战略和职能层级战略。

(1)公司层级战略。

公司层级战略是物流企业最高层级的战略,是为实现企业总体目标,对物流企业未来发展方向所做出的总体性战略。它是统筹物流企业各项分战略的全局性指导纲领,包括扩张型战略、稳定型战略、收缩型战略。

(2)事业层级战略。

当一个物流企业从事多种不同的物流服务时,建立战略事业单元便于计划和控制。物流战略事业单元代表一种单一的物流服务事业或相关的业务组合,每一个事业单元都应当有自己独特的使命和竞争对手。因此,物流公司的经营可以看作一种事业组合,每一个事业单元都有明确定义的物流服务和细分市场,并制订明确的战略。事业组合中的每一个事业单元按照自身能力和竞争的需要开发自己的战略,这些可供选择的战略包括总成本领先战略(如精益物流战略)、差异化战略(如敏捷物流战略)、集中战略(如即时物流战略,包括即时采购与即时销售)等。

(3)职能层级战略。

物流职能层级战略是指物流企业中的各职能部门制订的用以指导职能活动的战略。职能层级战略一般可分为营销战略、人事战略、财务战略、生产战略、研究与开发战略等。物流职能层级战略是为企业总战略和事业层级战略服务的,所以必须与公司层级战略和事业层级战略相配合。例如,物流企业确立了精益物流的发展战略,要以低成本来获得优异的客户服务质量,企业的研究与开发战略就要树立低成本目标,在物流服务研发上体现出总成本领先的优势,针对物流服务的各个环节制订精益的物流战略。

3.按照物流功能分类

按照物流功能分类,企业物流战略可以分为物流运输战略、物流配送战略、仓储管理战略、物流信息战略和客户服务战略。

(1)物流运输战略。

物流运输战略是指以最少的时间和费用完成物品的运输任务。

(2)物流配送战略。

物流配送战略的核心是对物流配送各功能环节的战略管理。

(3)仓储管理战略。

仓储管理战略是对仓库及仓库内的物资进行的管理,是仓储机构为了充分利用所具有的仓储资源和提供高效的仓储服务所进行的计划、组织、控制和协调过程。具体来说,仓储管理战略包括仓储资源的获得、仓储商务管理战略、仓储流程管理战略、仓储作业管理战略、保管管理战略、安全管理战略等。

(4)物流信息战略。

物流信息战略是指运用计划、组织、指挥、协调、控制等基本职能对物流信息进行搜集、检索、研究、报道、交流和提供服务的过程,并能够有效地运用人力、物力和财力等基本要素以便达到物流管理的总体目标的活动。

(5)客户服务战略。

在物流业的竞争中,由于技术和管理方法的水平差异有限,物流企业的核心竞争力在于提供高水平的、差异化的物流服务,从而吸引新客户,留住老客户。因此,必须重视提高物流服务的水平和层次,竞争的重点要从服务价格转移到服务内容的非同质性上来。对于物流企业来说,制订合理的客户服务战略是必要的,对物流需求的了解和认识应当是长远的、战略层次上的。

4. 按照业务流程分类

按照业务流程分类,企业物流战略可以分为供应物流战略、生产物流战略、销售物流战略和逆向物流战略。

四、物流战略的层次结构

很多企业虽然认识到发展物流的潜力,但往往感到无从入手。所以,要获得高水平的物流绩效,创造顾客的买方价值和企业的战略价值,必须了解企业物流系统的各构成部分如何协调运转与整合,并进行相应的物流战略规划与设计。

根据物流活动的组成和物流管理的内容要求,物流战略框架主要分为4个层次,构成物流战略金字塔,包括全局性战略、结构性战略、功能性战略和基础性战略,如图2.1所示。

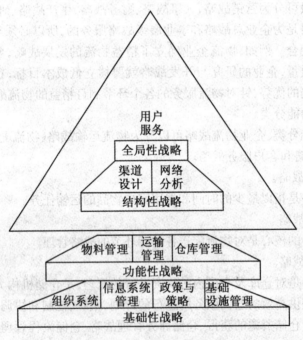

图2.1 物流战略层次结构图

1. 全局性战略

物流管理的最终目标是满足用户需求,因此用户服务应该成为物流管理的最终目标,即全局性战略目标。通过良好的客户服务,可以提高企业的信誉,获得第一手的市场信息和客户需求信息,增强企业和客户的联系,并留住客户,使企业获得更大的利润。要实现用户服务的战略目标,必须建立用户服务的评价指标体系,如平均响应时间、订货满足率、平均缺货时间、供应率等。努力创建提高用户满意度的管理体系,全面提高用户服务水平。

2. 结构性战略

物流管理战略的第二层次是结构性战略,其内容包括渠道设计和网络分析。企业的物流系统首先应该满足顾客的服务需求,而物流系统的渠道结构和设施网络结构提供了满足这些需求的物质基础。

(1)渠道设计。

分销渠道是指某种货物和劳动从生产者向消费者移动时取得这种货物或劳务的所有权或帮助转移其所有权的所有企业和个人。按流通环节的多少,可将分销渠道划分为直接分销渠道与间接分销渠道。直接分销渠道是指生产者将产品直接供应给消费者或用户,没有中间商介入。间接分销渠道是指生产者利用中间商将商品供应给消费者或用户,中间商介入交换活动。间接分销渠道又分为短渠道与长渠道。

渠道设计包括确定为达到期望的服务水平而须执行的活动与职能,以及渠道中的哪些成员将执行它们。

(2)网络分析。

网络分析为物流系统的优化设计提供参考依据,主要包括以下内容:

①需要多少设施,他们的地点应选在何处,每个地点的任务将是什么?

②每个设施应为哪些顾客和产品线服务?

③每个设施应保持多少存货以满足特定的服务水平?

④应利用什么运输服务来满足顾客期望的服务?

⑤返还品的货流(如待维修设备的返回,或包装材料返回处理等)如何管理?

⑥作业的全部或部分应由第三方物流服务提供商管理吗?

3. 功能性战略

功能性战略包含了物流战略的职能部分,尤其是物料管理、运输管理、仓库管理等方面,主要是对企业物流作业管理的分析与优化。功能性战略的目标是不断改进物流组织方法、优化运输路线、降低运输成本;加强库存管理、降低仓储费用、努力实现"零库存"目标;保证及时配送、准时交货;最终实现物流过程适时、适量、适地的高效运作。其具体内容包括:运输工具的使用和调度,采购与供应,库存控制的方法与策略,仓库的作业管理等。

4. 基础性战略

基础性战略的主要目标是为物流系统的正常运行提供基础性的保障。其具体内容包括:组织系统管理、信息系统管理、政策与策略、基础设施管理等。

信息系统是物流系统中传递物流信息的桥梁。快速反应系统、客户反应系统、客户关系系统、电子数据交换系统、销售时点系统等先进技术和方法的应用,对提高物流系统的运行效率起着关键作用。因此,必须从战略的高度去规划和管理,才能保证物流系统的高效运作。当今企业要保持竞争力必须把信息基础结构的作用延伸到包括需求计划、管理控制、决策分析等方面,并将信息的可得性、准确性、及时性、灵活性、应变性等特点结合在一起,还要注意到与渠道成员之间的连接。

同时,组织系统管理也尤为重要,组织一体化、供应链整合、虚拟组织、动态联盟、战略联盟、企业流程再造等发生在组织管理领域的变革,需要以全新的思维认识企业,关键在于物流活动之间的协调配合,要避免各职能部门片面追求局部物流绩效的最大化。

第二节 物流战略环境分析

物流战略环境分析是物流战略研究的首要环节,首先需要对系统赖以生存的环境进行分析,然后对内部条件进行评价。只有对影响物流发展的各种环境因素进行分析,才能有效地构建物流发展战略。

一、企业物流的外部环境分析

1. 宏观环境因素分析

企业物流的外部环境,是指存在于企业之外,对企业物流活动难得开展产生决定性影响的各种因素的总和。企业物流外部环境对企业物流活动来讲,是不可控因素,企业无法改变外部环境,外部环境的存在与变化是不以企业的意志为转移的。但企业可以通过对外部环境的分析,寻找自己发展物流的机遇和空间,从而确定自己的物流发展战略。

一般来说,外部环境可以概括为:政治和法律环境、经济环境、社会文化环境、科技环境,即 PEST(Political,Economic,Social,Technological)。

(1)政治和法律环境。

政治和法律环境是指那些制约和影响企业的政治要素和法律系统及其运行状态。当政治制度与体制、政府对组织所经营业务的态度发生变化时,当政府颁布了对企业经营具有约束力的法律、法规时,企业的经营战略必须随之做出调整。法律环境主要包括国家制定的法律、法规、法令以及国家的执法机构等因素。处于竞争中的企业必须仔细研究政府的政策和思路,如国家的税法、反垄断法以及取消某些管制的趋势,同时了解与企业相关的国际贸易规则、知识产权法规、劳动保护和社会保障等。这些法律和政策能够影响各个行业的运作和利润。

(2)经济环境。

经济环境是指国民经济发展水平、国家经济政策和社会经济发展的战略制订及实施情况,国内外经济形势及其发展趋势等。在经济环境中,关键性的战略因素有:国民经济发展状况及其发展规律、国民生产总值及其变动趋势、人均收入及其变动趋势、利率水平高低、货币供给松紧、失业人员的比例、通胀的大小及其变动趋势、国民收入分配及再分配的过程中的积累与消费、投资与储蓄的比例状况以及工资与物价的控制状况、资源供应与成本、市场机制的完善程度等。

(3)社会文化环境。

社会文化环境是指社会文化发展水平的概况,包括社会结构、社会风俗习惯、文化底蕴、文化发展、价值观念、伦理道德与人口统计因素。社会文化在现代市场经济发展过程中不断变迁和发展,促进整个社会文化的结构重组,形成企业物流发展新的社会基础和文化影响,为物流发展提供新的环境动力。

(4)科技环境。

科技环境包括国家科学技术政策、措施、经费,企业所处产业的研究与开发投入情况,技术创新体制及其奖励政策、知识产权及专利的保护,科学技术产业化动态以及信息与电子技术发展可能带来生产率提高的前景等因素。现代科学技术为现代物流的发展提供了广阔的前景与技术支撑。企业在制订自己的物流战略时,必须考虑以下几个方面的问题:

①现代科技带给企业物流新的发展机会和发展动力。每一种新技术的运用都会使物流环节的效率得以提高,物流运作加速完成。随着新技术的采用,企业物流基础设施得以优化和利用,物流工具更加现代化、智能化,为企业物流发展创造了新的动力。

②现代科技提高企业物流管理水平。先进的设备、仪器、管理系统、信息系统在企业物流中得以运用,使得企业物流的经营管理效率得以极大地提高。

③现代科技促进了企业物流装备的现代化发展。

2. 行业环境分析

行业环境又称为运营环境,是指直接影响物流企业实现其目标的外部力量。与物流企业宏观环境相比,行业环境对物流企业有着更直接、更现实的影响。行业环境分析就是对行业整体的发展状况和竞争态势进行详细分析,并确定该物流企业在行业中的地位。行业环境的分析应包括以下内容:

(1)目标市场对物流企业的包容性或接纳程度。

由于不同地区的消费群有不同的文化传统和价值观念,可能对某些企业物流文化有不同的接受程度。这种价值观念和文化的影响有的直接进入法律体系,有的成为政府的政策,有的则只是以社会的习惯出现。如果进入目标市场时,未对其进行详细分析和了解,就会受到政府、行业协会、工会、消费群体的排斥。目标市场的权力主体对企业物流的包容性或接纳程度就更显重要。

(2)行业生命周期。

行业生命周期的划分与产品生命周期类似,只是它所针对的不但是一个产品,而且是整个行业的发展变化趋势。行业生命周期包括开发期、成长期、成熟期、衰落期4个阶段。

行业生命周期反映了行业销售的变化规律,一般采用评价某些关键性因素的方法来判别行业生命周期的阶段。不同行业中的关键性评价因素可能不同,每一因素在不同行业中的重要性也可能不同。因此,具体描述行业成熟度需结合具体行业的特点进行。

(3)行业的竞争状况。

行业的竞争状况主要包括:市场大小、垄断情况、竞争物流企业的数目和实力、可能的新进入企业。

①目标市场的大小不是很容易确定的。一般来说,它是根据行业过去数年内的市场容量来估算的。估算过程中,既要考虑目标市场中人口结构、经济状况等因素,还要考虑产品生命周期、产品升级换代等多种因素的影响。

②垄断情况是指目标市场中是否存在着行业垄断,垄断的程度有多大,是否有机会

打破现有垄断状况,如何打破垄断等一系列问题。

③物流企业的竞争首先是同行业之间的竞争。因此,物流企业要对竞争物流企业的情况了如指掌,包括竞争物流企业的数目和实力及其发展战略等。

④还要考虑可能的新进入企业。此时,物流企业的对手变为行业外的欲进入者,物流企业需与其他同业者结成某种程度的联盟,提高行业进入难度。这时,物流企业内部就会同时出现既竞争又合作的"竞和"局面。

(4)技术经济支持情况。

一个物流企业在目标市场内投资还是撤资退出,不仅要看其所经营的产品是否有销路,还必须考虑市场内的配套设施是否完善。一方面,物流企业产品的原料和设备是否能在当地解决,如不能,如何从其他地区或国家引入;下游产品的销售前景,如下游产品目前旺销只是暂时的现象,或下游产品目前不景气,但有望在不久的将来重新恢复,则要考虑该物流企业是否将来有市场。也就是说,不能简单地考虑产品的市场前景,而是要考虑整个供应链的竞争优势问题。另一方面,物流企业要发展就需要有人才、资金、技术等要素的保障,物流企业应充分考虑目标市场的要素提供能力,如某种要素不能满足物流企业的需要,物流企业应如何设法解决。

(5)新技术、新产品的影响。

有时,新技术、新产品的出现会对现有行业体系产生重大冲击,可能形成替代产业。新技术具有变化快、影响面大、影响力强等特点。

二、企业物流的内部环境

企业物流的内部环境是相对于外部环境而言的,是指企业物流发展的内部条件。相对于企业外部环境来说,企业内部条件是可控因素,是企业物流发展的基础,企业从事物流活动的能力,取决于企业内部条件中诸因素之间的联系和比例关系。同时,企业内部条件也是一个动态的概念,并不是一成不变的。企业内部条件分析主要包括企业物流资源分析和企业物流能力分析。

1. 企业物流资源分析

企业的物流实力首先反映在企业的物流资源基础上。企业的物流资源指贯穿于企业物流各环节的一切物质与非物质形态的要素。其主要内容可以分为以下两类:

(1)有形资源。

企业的有形资源,主要是物质形态的资源,如各种物流设施、设备、物流网点及物流工具等。另外,企业的财务资源,如现金、债权、股权、融资渠道和手段等,也可归于有形资源一类。有形资源是企业开展物流活动的硬件要素。

(2)无形资源。

企业无形资源的种类很多,其主要内容包括人力资源、组织资源、技术资源、企业文化和企业形象。

2. 企业物流能力分析

企业物流能力是与企业物流资源密切联系的,企业物流内部资源与能力组成结构见表2.1。所谓企业物流能力,就是能够把企业的物流资源加以统筹整合以完成预期的任务和目标的技能,是对人力及其他资源进行相互协调的复杂模式。它是企业组织部署或配置利用资源以实现预期目标的技能,其核心是企业对资源的组织管理方式,根源于企业员工的知识、经验与技能,本质上是一种知识转换系统,通常表现为企业获取资源的能力、生产运营能力、技术研发能力、市场营销能力、基本管理能力(包括计划、组织、人力资源管理、领导、控制)、企业文化建设能力等。

表2.1 企业物流内部资源与能力组成结构

企业资源与能力	类别	主要内容
资源	有形资源	设施与设备、资金实力、人员数量、物流业务运作网络
	无形资源	物流技术特别是信息技术、品牌、专利、企业声誉、企业文化和形象、人员素质、客户资源、社会关系网络
能力	服务运营能力	运输、仓储保管、配送、装卸、流通加工、物流产品设计、物流系统规划与咨询能力
	职能管理能力	物流营销管理、财务管理、技术与研发管理、供应商与客户关系管理、物流运作协调管理能力
	基本管理能力	计划、组织、人力资源管理、领导(激励沟通)、控制能力
	其他能力	物流企业战略管理能力、企业文化建设能力

企业的资源与能力之间存在着非常紧密的联系,人们在一些情况下很难将二者严格区分开来。在正常情况下,企业离散的资源不会独自发挥作用,必须经过协调、组织、管理,才能发挥最大的效能与效率。一般来说,企业能力通常在企业内部形成,而资源则可以在市场上获得,是在能力影响下发挥作用的资产。在实践中,资源与能力之间常常发生紧密的联系。一方面,能力的有效应用依赖于企业资源的储备;另一方面,资源的获得与运用依赖于企业的能力,要想使资源获得一定的预期变化,需要经历一定的时间和付出相应的努力。企业行为与活动结果是企业资源特别是作用于其上的企业能力的产物,所以企业独特、有价值的关键能力与资源是企业获得优异绩效以及形成竞争优势的保证。

三、企业物流环境的新变化

近年来,随着经济全球化的兴起,一些新的环境要素推动了物流产业发展和物流地位的提升。

1. 信息技术不断革新

信息技术是推动现代物流发展的原动力。近些年,其不断革新推动了物流发展,使其迈上了更高台阶。随着射频技术以及相关智能软件的开发与应用,以高速、宽带、综合、智能、安全、可靠的数字技术、网络技术为基础的信息化是现代物流技术的主要特征,社会开始由互联网阶段走向"物联网"阶段,并给人们的生活、工作方式带来翻天覆地的变化。同时，企业的物流也会因为"联网"而变得比过去更加方便、快捷和智能。

2. 经营的无库存倾向

与消费个性化、多样化以及厂商多品种生产相对应，由于政策、环境、房地产价格等原因，仓储点和仓储空间扩大受到更大限制。在这种情况下，只有提高店内管理效率，加快商品周转来抵消仓储空间不足等问题，如今，在国际上，大型零售业的经营方针均已从原来通过新店开设寻求外延型发展，转向充实内部管理和投资，积极探索内涵型发展。除此之外，由于消费行为的多样化、个性化发展，生产企业商品多品种、少数量生产，实际需求的预测十分困难。因此，为了降低风险，零售企业必须尽可能压缩库存，实现实时销售。

3. 竞争理念不断升级

总体上，竞争的中心已经从产量竞争、质量竞争、成本竞争、服务竞争发展到速度和柔性化竞争。现代物流以其快速反应和柔性化的适应能力，推动并适应了市场竞争重心的转移。面向未来，企业的物流系统越来越具有全球化、信息化、数字化、网络化、自动化、智能化、柔性化、敏捷化、可视化、节能化、绿色化、集约化等特征。

4. 环境和谐的绿色物流

物流虽然促进了经济的发展，但是物流的发展同时也会给城市环境带来不利的影响，如运输工具的噪声、污染排放、对交通的阻塞等，以及生产及生活中的废弃物的不当处理所造成的对环境的影响。为此，21世纪对物流提出了新的要求，即发展节能减排、环境和谐的绿色物流。绿色物流包括两个方面：一是对物流系统污染进行控制，即在物流系统和物流活动的规划与决策中尽量采用对环境污染小的方案，如采用排污量小的货车，近距离配送，夜间运货等；二是建立工业和生活废料处理的物流系统。

上述环境的变化，要求企业必须从全局和长远的角度，设计企业物流组织，改善业务流程，定位物流目标，开发物流技术，优化物流方案，即实施物流战略管理，这样，才能实现物流合理化，提高企业的竞争力。

第三节　物流战略规划

随着经济全球化及科技的迅速发展，企业经营环境瞬息万变，为了适应其外部环境的变化，各类企业必须基于未来发展的战略研究，制订物流战略规划，确定科学合理的物流战略目标。物流战略规划是企业制订的物流目标、任务、方向，以及实现物流目标的各项政策和措施。具体来说，它包括确定物流企业战略目标、选择物流战略制订方式、制订和选择物流战略方案。

一、物流战略目标

物流战略目标是对企业物流战略活动预期的主要成果的期望值，是企业在一定时期内，根据其外部环境变化条件和内部条件的可能，为完成使命所预期达到的成果。战略目标是企业战略的重要内容，它指明了企业的发展方向和操作标准。物流战略目标的设定,同时也是企业物流宗旨的展开和具体化,是企业物流宗旨中确认的企业物流经营目的、物流使命的进一步阐明和界定,也是对企业在物流战略经营领域展开物流战略经营活动所要达到的水平的具体规定。

物流战略目标一般包括降低运作成本、减少资本投入和改进服务质量。

1. 降低运作成本

现代企业经营的核心都是获取利润,在企业收益不变的情况下,如果企业能够降低成本支出,就可以实现企业利润增加的目标。同时,因为物流成本是企业总成本的构成中具有财务杠杆作用的成本之一,所以物流成本的降低可以带来利润的数倍增加。

2. 减少资本投入

这一目标主要集中在投资最小化,即在保证企业利润不变的情况下,减少企业对物流设施和设备的投资。例如,为避免存储而直接将产品送达客户;放弃自有仓库,选择公共仓库;选择适时供给而不采用储备库存的方法,或者利用第三方供应商提供物流服务。与需要高额投资的战略相比,这些战略虽然可能导致可变成本增加,但是会提高企业的总利润。

3. 改进服务质量

服务改善是提高竞争力的有效措施。随着市场的完善和竞争的激烈,顾客在选择企业时除了考虑价格因素外,及时准确地到货也越来越成为企业竞争的有力筹码。当然,高的服务水平要有高成本来保证。改进服务质量可能带来物流成本的增加,但是在成本增加的同时也会带来企业收益的增加。只要物流成本增加的幅度小于企业总收益增加的幅度,企业改进服务的物流战略就有实施的可能性和必要性。

二、制订物流战略规划的影响因素

物流战略包含在企业整体战略之中,因此,构建物流战略,不仅要考虑企业整体的组织目标,而且要考虑生产、营销、财务等部门的相关战略。举例来说,在物流规划过程中,必须把有效的生产能力和企业营销层次等问题作为重要的因素考虑进去。

整个体系的前提是经过整合的供应链管理使物流系统在分配渠道上可取得的绩效要优于不采用整合方法时的绩效。促进整合的典型方法是信息共享,特别是与预定需要和计划产品相关的信息共享。此外,还要考虑以下因素:

1. 顾客服务水平

顾客服务水平是为产品的目标市场决定恰当的顾客服务水平。这就需要对不同的战略选择进行评价,研究顾客需求,分析竞争者的行为。最后,必须要计算不同的物流网络提供不同服务水平的成本,以便从消费者角度做出最佳选择。

2. 供应和分配渠道

这个因素主要考虑销售渠道中应有多少成员,应与他们建立什么样的运营关系。企业往往倾向于减少与它们进行业务往来的供应商、运输商和中间人的数量,并通过建立长期合作来增强与渠道中成员的关系。例如,3M 公司,就是少数的几个采用这种战略的公司之一,管理者利用 5 条销售渠道为 80 项不同业务服务,并为不同的渠道建立各自的组织来制订统一的物流战略,称为"渠道战略"。

3. 设施定位

作为物流网络的一部分,原材料供应来源、统一供应点、配给场所、区域服务中心应是什么样的,它们的责任和义务是什么,解决这些问题需要同生产和销售部门密切协商,以使整个供应链协调运转。

4. 分配部署

如何使上述设施效用最高?如何部署原材料供应才能满足制造需要?产品应如何分配给配送中心并最终到达消费者手中?这些都是分配部署要解决的问题。

5. 库存

采用什么样的库存管理系统?应具备多少库存?什么样产品的库存?它们应被保存在什么地方?大量的库存是一种潜在的成本,因此,库存有减少的趋势,从而管理产品生产和流转需要一个更为紧密的协作流程。

6. 运输

运输方式的选择,运输量的确定,谁来决定运输,承运人还是收货人?世界范围内的运输限制的减少已使节约成本和改进质量成为可能。

7. 信息管理

追踪商品流动的信息系统应采用何种类型,条形码和其他形式的自动化鉴别系统、电子数据交换系统、可视性交易处理机和通信系统以及尖端的决策支持系统和专家计划系统等,证明信息在物流过程中起到了关键作用。

8. 组织

根据机构和人员而设置的物流组织结构及其集中和分散的程度,是关系到物流组织能否有效运作的重要问题。物流作为一种处于相对优势的资源,如果想要充分发挥潜力,物流组织和公司其他部门的相互关系也是至关重要的。

三、物流战略规划的主要领域

物流战略规划主要解决 4 个方面的问题:客户服务目标、设施选址战略、库存战略和运输战略,如图 2.2 所示。除了设定所需的客户服务目标外,物流规划可以用物流决策三角形来表示。物流三角形有 3 条边,在进行物流战略决策时应当权衡 3 条边的因素,以使物流目标最大化。

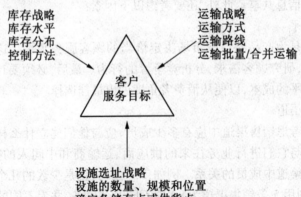

图 2.2　物流战略规划的主要领域

1. 客户服务目标

企业提供的客户服务水平是制订物流战略目标的主要内容。若服务水平低,则可以在较少的储存点集中存货,利用较廉价的运输方式。服务水平高则恰恰相反。但当服务水平接近上限时,物流成本的上升比服务水平上升更快。因此,物流战略目标的首要任务是确定适当的客户服务水平。

2. 设施选址战略

设施选址战略主要包括确定设施数量、地理位置、规模,并分配各设施所服务的市场范围,从而确定产品到市场之间的线路。设施选址应考虑所有的产品移动过程及相关成本,包括从工厂、供货商或港口经中途储存点然后到达客户所在地的产品移动过程及成本。

3. 库存战略

库存战略指库存管理方式。将库存分配到储存点与通过补货自发拉动库存是两种不同的库存战略。除此之外,库存战略还包括:产品系列中的不同品种分别选在工厂、地区性仓库或基层仓库存放,以及运用各种方法来管理长期存货的库存水平。

4. 运输战略

运输战略包括运输方式、运输批量和运输时间以及路线的选择。这些决策受仓库与客户、仓库与工厂之间距离的影响,反过来又会影响仓库选址决策。库存水平也会通过影响运输批量进而影响运输决策。

客户服务目标、设施选址战略、库存战略和运输战略是物流战略规划的主要内容,因为这些决策会影响企业的盈利能力、现金流和投资回报率。其中每个决策都与其他决策相互联系,规划时必须对彼此之间存在的悖反关系予以考虑。

四、物流战略规划的制订方法

制订物流战略规划的方法,一般有以下几种:

1. 自上而下的方式

自上而下的方式是指先由企业物流部门的高级管理人员制订物流战略的框架或者全局性战略,然后由物流部门的基层管理人员根据自身的实际情况将战略框架或全局性战略进行具体化,最终形成一个系统的战略方案。

2. 自下而上的方式

自下而上的方式是指企业物流部门的高级管理人员对方案不发表任何指导性意见,先直接由基层管理人员提供物流战略方案,然后由高级管理人员对各基层管理人员提交的战略方案进行综合和修改,最终形成物流战略方案。

3. 上下结合的方式

上下结合的方式是前两种方式的混合使用。企业物流部门的高级管理人员和基层管理人员共同讨论,双方同时进行两个层次的物流战略的制订,最终通过磋商的方式权衡管理人员提出的各种战略实施方法,制订出适合企业物流发展的战略方案。

4. 邀请外部专家或咨询机构制订

被委托的单位应是能负法律责任的、能严守企业机密的、具有权威的企业外部咨询单位或规划部门,受委托单位向企业领导人提供一个以上的可供选择的物流战略方案。

5. 企业与咨询单位合作进行

这种方式可以弥补上面几种办法的不足,取长补短。

第四节 物流战略的实施与控制

当企业管理者根据市场条件、生产部门和顾客群体的不同而选择了多种物流战略时,接下来的工作就是如何开始实施和控制。

一、物流战略的实施

物流战略的实施就是把物流战略付诸行动。为了确保物流战略的实施,要了解物流战略实施的制约因素,搞好资源分配,加强组织领导和激励,制订具体的行动计划等。

(一)物流战略实施的制约因素

物流战略实施的制约因素主要有人员系统、组织结构系统和企业文化系统。

1. 人员系统

企业员工,特别是企业的物流工作者是物流战略管理的主体。这些人员具有各自不同的目标、价值观、行为方式和技能。他们既是实施物流战略的人,又是物流战略实施过程中需要改变行为方式的人。要使物流战略实施达到预期效果,必须做好以下两项工作:一是选择或培训能够胜任物流战略实施的领导人;二是改变企业中所有人员的行为与习惯,使他们易于接受物流战略。

2. 组织结构系统

企业组织结构的调整是实施物流战略的一个重要环节。任何一项物流战略都需要有一个相适应的组织结构去完成。在物流战略实施过程中,如果组织结构与物流战略不相匹配,就会对物流战略的成功实施产生严重阻碍;反之,如果组织结构与物流战略相匹配,就会对物流战略的成功实施产生巨大的保证作用。总之,企业的组织结构应当根据企业的物流战略目标进行调整。

3. 企业文化系统

面对同样的环境,资源和能力相似的企业反应并不相同,有时甚至相差很大。出现这些差异是由于企业的战略决策人员具有不同的文化背景。也就是说,物流战略的成功实施,不仅受外部环境和企业内部资源能力的影响,也与企业文化有密切的联系。企业文化系统是实施战略的保证,积极的企业文化在物流战略实施过程中起支持作用。

(二)资源配置

资源配置是物流战略的重要内容,在企业的物流战略实施过程中,必须对所属资源进行优化配置。

资源配置是根据物流战略的目标和要求配置所需的资源,包括人力、物力和财力的分配。企业在资源配置时,要注意处理好重点与非重点之间的关系,既要突出重点,又要使重点与非重点之间协调发展。如果不抓重点,平均使用资源,则必然事倍功半,造成资源浪费,影响物流战略的顺利实施。如果孤立地突出重点,忽视非重点,也会破坏整个系统的综合平衡,往往会造成重点项目为非重点项目所牵制的局面,同样会影响物流战略的顺利实施。

(三)加强组织领导和激励,制订具体的行动计划

物流战略的内容和要求具体化,安排实施战略和行动计划的具体工作程序,把物流企业战略落到实处。

二、物流战略的控制

物流战略的控制主要是指物流企业经营战略的实施过程中,检查企业为实现目标所进行的各项活动的进展情况,评价企业战略实施后的绩效,把它与既定的战略目标进行比较,找出偏差,分析产生偏差的原因,纠正偏差,使企业战略实施更好地与企业当前所处的内外环境、企业目标协调一致,最终保证企业战略目标得以实现。

(一)物流战略控制的步骤

物流战略控制的步骤有:制定物流战略控制标准、衡量实际绩效和纠正偏差。

1. 制定物流战略控制标准

确定预定的战略目标或标准,是战略控制的依据,一般由定量和定性两个方面的评价标准所组成。定量评价标准一般选用以下指标:物流效率、物流成本、投资收益、市场占有率、劳动生产率、实现利润、人均创利、物流设施利用率等。定性评价标准一般从战略与环境的一致性、战略中存在的风险性、战略与资源的配套性、战略执行的时间性、战略与物流组织机构的协调性、顾客服务水平几方面加以制定。

2. 衡量实际绩效

衡量实际绩效是指依据标准检查工作的实际执行情况等,与预期的目标相对比,这是发现问题的过程。

衡量实际绩效的目的是给管理者提供有用的信息,为采取纠正措施提供依据。衡量实际绩效经常采用的方法有亲自观察、分析报表资料、召开会议和抽样调查等,这些方法各有其利弊和适用的情况,管理者应当根据需要采用合适的方法。

3. 纠正偏差

衡量实际绩效后,应将衡量结果与标准进行比较,经过比较会出现3种情况:超过目标,出现正偏差;正好相等,没有偏差;实际成效低于目标,出现负偏差。若有偏差,要分析其产生的原因,并采取相应的措施。在某些物流活动中,偏差是在所难免的,因此确定可以接受的偏差范围即容限是非常重要的。一般情况下,如果偏差在规定的容限之内,可以认为实际绩效与标准吻合,这时不用采取特别的行动。如果偏差在规定的容限之外,则应引起管理者的注意,并根据偏差的大小和方向,分析偏差产生的原因,并针对具

体情况采取相应的纠正措施。

(二)物流战略控制的方法

1. 前馈控制

前馈控制又称事前控制。是在物流战略实施前,对物流战略行动的结果有可能出现的偏差进行预测,并对预测值与物流战略的控制标准进行比较,判断可能出现的偏差,从而提前采取纠正措施,使物流战略不偏离原定的计划,保证物流战略目标的实现。

由于前馈控制是在战略行动成果实现之前,通过预测发现战略行动的结果是否会偏离既定的标准,因此,管理者必须对预测因素进行分析与研究。

2. 过程控制

企业管理高层要控制企业战略实施中的关键性过程或全过程,随时采取控制措施,纠正实施中产生的偏差,引导企业沿着战略的方向经营,这种控制方式主要是对关键性的战略措施进行随时控制。

3. 后馈控制

后馈控制又称事后控制。这种控制方式发生在企业的经营活动之后,对战略行动的结果与控制标准进行比较。这种控制方式的工作重点是要明确战略控制的程序和标准,把日常的控制工作交由职能部门人员去做,由企业职能部门及各事业部门将定期的战略实施结果向高层领导汇报,由领导者决定是否有必要采取纠正措施。

以上 3 种控制方式所起的作用不同,企业在不同阶段应根据自身的情况选择不同的控制方式。

(三)物流战略控制的内容

从控制的切入点来看,物流战略控制的内容有以下 4 类:

1. 物流节点的地理位置选定

这种控制属于事前控制,配送中心、仓储中心、生产中心地理位置的选定,将决定日后运输线路、运输数量、运输成本等问题。

2. 物流服务控制

物流服务控制即对物流企业服务质量、成本、交货期等方面的控制。

3. 质量控制

质量控制包括对物流工作质量和产品质量的控制。工作质量包括生产产品的装卸搬运事件、产品的破损率、事故发生率等,服务质量包括准时到达率、顾客满意度等。质量控制的范围包括生产过程和非生产过程等一切控制过程。质量控制是动态的,着眼于事前和未来的质量控制,其难点在于全员质量意识的形成。

4. 物流成本控制

物流成本控制是通过成本控制使各项费用降到最低水平,达到提高经济效益的目的。物流成本控制可划分为运输成本控制、库存成本控制、物流管理费用控制、物流环境成本控制,还包括对会议、时间等无形费用的控制。

本章小结

1. 企业物流战略是指企业高层管理机构根据企业长期经营和发展目标,结合企业内部条件和所处的外部环境,制定出能够使企业达到总体目标所需要遵循的管理方针和政策,做出现有资源优化配置的决策,提出实现企业总目标的经营途径和手段。企业物流战略追求的目标是降低运作成本、减少资本投入、改进服务质量。

2. 物流规划主要解决4个方面的问题:设施选址战略、客户服务目标、库存战略和运输战略。企业物流战略的管理框架包括全局性战略、结构性战略、功能性战略和基础性战略4个层次。

3. 制订物流战略,必须首先立足于其所处的环境,包括宏观环境、行业环境和企业内部环境。

4. 物流战略控制过程主要包括制定物流战略控制标准、衡量实际绩效和纠正偏差。

【案例分析】

7—11 物流战略

案例背景:

7—11(7—Eleven)作为全球最大的便利店企业之一,取得今日的辉煌,与其物流体系构建的影响是分不开的。7—11以区域集中化建店战略和信息灵活应用作为实现特许经营的基本策略之一。以综合考虑生产厂家、批发商、配送中心、总部、加盟店和消费者的整体结构为思考模式,从而发展出一条不建立完全属于自己公司的物流和配送中心,而是凭着企业的知名度和经营实力,借用其他行业公司的物流、配送中心,采取集约配送、共同配送方式的道路,实现自己的特许经营战略。7—11总部战略经营目标是使7—11所有加盟店成为"周围居民信赖的店铺"。这里所说的忠诚度是通过7—11所特有的3个要素来实现的:首先,只有在7—11能够买到的独特商品;其次,刚制作的新鲜商品;第三,零缺货,即令顾客永不失望的供货。7—11为了确保实现忠诚度所需的3个要素的顺利实行,建立了先进、高效的物流系统,并确定了多个物流战略体系。

1. 区域集中化战略

区域集中化战略是指在一定区域内相对集中地开出更多店铺,待这一区域的店铺达到一定数量后,再逐步扩展建店的地区。利用这种办法,不断增加建店地区内的连锁店数,以缩短商店间的距离,缩短每次配送行走的距离及时间,确保高效的运载量,从而形成提高物流效率的基础,使配送地区合理化,配送中心分散、中小规模化。7—11实行有效的区域集中化战略后,所带来的优势及效果非常显著,主要可以归纳为以下几个方面:第一,降低物流成本。在一定区域内集中加盟单店可以使得物流最具效率化。由于店铺之间的距离缩短了,能够带来以下优势:缩短每台配送车辆的平均行驶距离和行驶时间,实现定时配送,调整配送车辆的装载量。第二,缩短配送时间,保证商品的新鲜度。快餐商品新鲜度越高就越好吃,提供油炸类食品和烘烤面包的店铺明显受到顾客的欢迎。第三,减少竞争对手的开店机会。便利店的商圈一般是在半径500~1 000米的范围。区域集中化战略可以使店铺覆盖某一个区域,具有"攻击是最大的防御"的特征,可以有效地减少竞争对手在该区域开店的机会。第四,提高地区的知名度、强化宣传效果。区域集中化开店战略能够提高单店在开店区域内的知名度,增加顾客的亲切感。第五,提高运营区域代表的活动效率。7—11 在业务范围内设置了不同的运营区域,各个店铺的距离缩短,有利于运营区域代表对单店的指导和管理。

2. 共同配送中心

由于特许经营企业的单店都是由特许经营总部进行统一领导、授权、管理、培训,同时对各单店的经营进行协调,并作为信息中心为各单店提供后台支持。因此,建立由特许经营总部指导下进行管理的共同配送中心,为不同的特许经营单店进行集约配送与共同配送不但成为可能,更是特许经营便利店的一大优势。7—11 在建立其全球零售网络时正是利用了这种优势,几乎所有由 7—11 总部制订的具体物流战略都必须依靠共同配送中心来实现。

7—11 按照不同的地区和商品群划分,组成共同配送中心,由该中心统一集货,再向各店铺配送。地域划分一般是在中心城市商圈附近 35 千米,其他地方市场为方圆 60 千米,各地区设立一个共同配送中心,以实现高频度、多品种、小单位配送。为每个单店有效率地供应商品是配送环节的工作重点。配送中心首先要从批发商或直接从制造商那里购进各种商品,然后按需求配送到每个店铺。

7—11 的物流体系并非独立完成,而是由合作的生产商和经销商根据 7—11 的网点扩张,根据其独特的业务流程与技术而量身打造。根据 7—11 与各生产商、批发商达成的协议,生产商和批发商对各自所在地区内的闲置土地、设施或运转率较低的设施,投资设立共同配送中心,由参加投资的公司共同经营。

共同配送中心功能主要包括商品的集货和分散。同时,共同配送中心的建立,还可以使得商品的周转率达到极高的水平,大大提高单店商品的新鲜度。通过建立共同配送中心,7—11 实现了拼箱化,提高了车辆的装载率和利用率,减少了车辆拥堵,降低了配送成本。

另外,建立共同配送中心这种策略令 7—11 总部能充分了解商品销售、在途和库存的信息,使 7—11 逐渐掌握了整个产业链的主导权。在连锁业价格竞争日渐激烈的情况下,7—11 通过降低成本费用,为整体利润的提升争取了相当大的空间。同时也为 7—11 实现不同温度带物流战略、物流差异化战略等其他物流战略铺平了道路。

3. 不同温度带物流战略

7—11 为了加强对商品品质的管理,体现对顾客负责、顾客第一的企业精神,对物流实行必要的温度管理,按适合各个商品特性的温度配送,使各种商品在其最佳的品质管理温度下,按不同温度带进行物流,最终使畅销的商品以味道最鲜美的状态出现在商店货架上,这就是 7—11 的不同温度带物流战略。

7—11 目前已经实现了全球范围内的不同温度带物流配送体系,针对不同种类的商品设定了不同的配送温度,并使用与汽车生产厂家共同开发的专用运输车进行配送,如蔬菜的配送温度为 5 ℃,牛奶的共同配送为 5 ℃,加工肉类为 5 ℃,杂货、加工食品为常温,冷冻食品为 -20 ℃,冰激凌为 -20 ℃,盒饭、饭团等米饭类食品为 20 ℃ 恒温配送。7—11 总部根据商品品质对温度的不同要求,一般情况下会建立 3 个配送中心系统,即冷冻配送中心系统、冷藏配送中心系统和常温商品配送中心系统。对于不同配送中心系统，单店都会有不同的订货，这种做法也是为了尽可能地提高商品的新鲜度。

冷藏供货商运作方式有所不同，为保证商品新鲜度，配送中心没有库存，也不打印配送单据。由单店直接向供货商发送订货信息，然后由供货商打印送货单据，并根据订货信息安排生产。单店的订货原则同样也是每天上午10点结束。供货商会在当天下午4点前将货物与送货单据送至配送中心，接着配送中心再按不同单店的订货需求分装好货物并送至店铺。单店验收完货物后，再在配送单据上签字并盖章，配送过程结束。

除上述两点外，7—11在20世纪90年代还建立了独特的新鲜烤制面包物流配送体系。在此系统中，7—11首先需要建立若干个冷冻面包坯的工厂，同时还要根据区域，按每200间单店配一家面包烤制工厂的比例，建设几十家烤制工厂。首先，在面包的制造工序中，冷冻在发酵工序之前的面包坯，并送至冷冻面包坯的工厂，加以保存；接着，每200间单店向其指定的一家烤制面包工厂发送订货信息。其次，冷冻面包坯工厂根据不同的订货量将冷冻的面包坯配送到不同的烤制工厂。最后，面包烤制工厂把烤好的面包送至配送中心。配送中心将会把烤好的面包与米饭类食品混载，向各个店铺进行每天3次的配送，以保证烤好的面包在3~5个小时内就可以陈列在货架上。

问题分析：
1. 7—11施行区域集中化战略后，给其带来了哪些优势？
2. 为什么7—11公司选择不在现场制作新鲜食品，而是制作好再运到连锁店？
3. 为什么7—11公司不鼓励由供货方直接向连锁店供货而是致力于将所有产品交由配送中心运到连锁店？
4. 为什么7—11公司按照存储温度要求来组织新鲜食品运输？

【思考与练习】
1. 物流战略的概念及地位是什么？
2. 按照企业竞争态势不同，可供企业选择的物流战略类型有哪些？
3. 物流战略环境有哪些新变化？
4. 简述物流战略实施的制约因素。
5. 简述物流战略控制的方法与步骤。

第三章 运 输

【学习目标】
● 了解不同的运输方式及其特点；
● 掌握运输路线优化定量计算；
● 了解集装箱运输的特点；
● 了解不合理运输的表现形式；
● 熟悉运输合理化措施。

第一节 运输概述

一、运输

(一)运输的含义

运输是人类社会的基本活动之一,是与社会生产和人民生活密切相关的经济活动,如今已经渗透到人类社会生活的方方面面,并且成为最受关注的社会经济活动之一。运输一词是指使用交通工具将货物或人从一个地方运送到另一个地方。《辞海》释义为"人和物的载运和输送",定性为"社会物质生产过程中的必要条件之一"。《物流术语》(GB/T 18354—2006)将运输定义为:"用专用运输设备,将物品从一地点向另一地点运送。其中包括集货、分配、搬运、中转、装入、卸下、分散等一系列操作。"运输是物流的一个环节或一项基本功能。通常来讲,物流运输是指用设备和工具,将货物从一地向另一地运送的物流活动。它是在不同地域范围间(如两个城市、两个工厂之间),以改变"物"的空间位置为目的的活动。它的主要功能就是对"物"进行空间位移。它与搬运的区别在于,运输是较大范围的活动,而搬运是指在同一场所内,对货物进行移动的物流作业。

作为企业"第三利润源"的物流,完成其改变"物"的空间位置功能的主要手段是运输。综合分析表明,运费占全部物流费用近50%。现实中,有很多人认为物流就是运输,就是因为物流的很大一部分功能是由运输完成的。由此可见,运输在物流中占有重要地位。

(二)运输的功能与作用

运输是物流的主要功能之一。按物流的概念,物流是货物实体的物理性运动,这种运动不仅改变了货物的时间状态,也改变了货物的空间状态。运输承担了改变货物空间状态的主要任务,是改变货物空间状态的主要手段。运输再配以搬运、配送等活动,就能圆满地完成改变空间状态的全部任务。运输的功能主要体现在以下两点:

1. 产品转移

无论处于哪种形式的产品,是材料、零部件、装配件、在制品,还是制成品,也不管此产品是处于制造过程中,或是将被转移到下一阶段,还是更接近最终的顾客,运输都是必不可少的要素。运输的主要功能就是帮助产品在价值链中来回移动。运输利用时间资源、财务资源和环境资源,只有当它确实提高产品价值时,该产品的移动才是重要的。

运输的主要目的就是要以最少的时间、财务和环境资源成本,将产品从原产地转移到规定地点。此外,在运输途中,产生产品损坏的费用也必须是最低的;同时,产品转移所选择的方式必须能满足顾客有关交付履行和装运信息的可得性等方面的要求。

2. 产品储存

对产品进行临时储存是一个较为隐蔽的运输功能,即将运输车辆临时作为储存设施。如果转移中的产品需要储存,但在短时间内(例如几天后)又将重新转移的话,那么,把该产品在仓库中卸下来和再装上去的成本也许会超过储存在运输工具中每天支付的费用。如果仓库空间有限,通过运输车辆储存相关产品也是一种可行的选择。即将产品装到运输车辆上去,然后采用迂回线路或间接线路运往其目的地。对于迂回线路来说,转移时间将大于比较直接的线路。当起始地或目的地仓库的储存能力受到限制时,这样做也可以接受。在本质上,这种运输车辆被用作一种临时储存设施,但它是移动的,而不是处于闲置状态。

在仓库空间有限的情况下,利用运输车辆储存也不失为一种可行的选择。用运输工具储存产品是昂贵的,但如果需要考虑装卸成本、储存能力限制或延长前置时间的能力,那么从物流总成本或完成任务的角度来看亦是可行的。

二、物流运输的原则

物流运输的原则是及时、准确、经济、安全。

1. 及时

按照用户需要的时间把商品送达消费地,或把货品及时运到销售地,选择适宜的运输方式,尽量缩短货物的在途时间。缩短在途时间的主要手段是改善交通,实现运输现代化。另外,应注意不同运输方式之间的衔接工作,及时发运货物。同时做好委托中转工作,及时把货物转运出去,始终体现在对时间的要求上。

2. 准确

在货物的运输过程中,切实防止各种差错,做到不错不乱,准确无误地完成任务。如果运输任务繁重、运输货物品种繁多、规格不一,再加上运输过程中要经过若干个环节,稍有疏忽,就容易发生差错。所以发运货物不仅要求数量准确,品种规格也不能有差错。不仅要加强岗位责任制,还要有周密的检查监督制度,精心操作。

3. 经济

以最经济的方法调运商品,降低运输过程中发生的成本。在物流运输过程中,降低成本的方法很多,例如合理选择运输方式和恰当的运输路线,尽可能选择合理的运输方式,减少中间环节,缩短运输里程,力求用最少的费用把货物运送到目的地。

4. 安全

保证商品在运输过程中的安全,主要包括以下两点:一是注意运输、装卸过程中的震动和冲击等外力作用,防止商品的破损,即商品数量上的安全;二是防止商品由物理、化学或生物学变化等自然原因引起的商品耗损和变质,即商品质量上的安全。

第二节 运输方式

一、运输方式分类

物流运输的方式按不同标准有不同的分类方式,物流运输分类的标准可按运输工具、运输路线、运输作用及运输协作程度以及是否换载等进行分类。

按运输工具和运输设备,运输可分为公路运输、铁路运输、水路运输、航空运输和管道运输5类。

(一)公路运输

1. 公路运输的概念

公路运输的概念有广义和狭义之分。从广义上讲,公路运输是指货物借助一定的运载工具,沿着公路有目的地移动的过程。从狭义上讲,公路运输指的就是汽车运输。公路运输是主要使用汽车进行货物运输的一种方式。公路运输所使用的设施包括公路、公路车站和行驶在公路上的车辆。公路运输主要承担近距离、小批量的货运和水运、铁路运输难以到达地区的长途、大批量货运及铁路、水运优势难以发挥的短途运输。

公路运输的主要功能有:

(1)独立承担经济运距内的运输。

独立承担经济运距内的运输,主要是中、短途运输(我国规定50千米以内为短途运输;200千米以内为中途运输)。由于我国高速公路的大力兴建,汽车运输从中、短途运输逐渐形成短、中、远程运输并举的局面,将是一个不可逆转的趋势。

(2)补充和衔接其他运输方式。

所谓补充和衔接,即当其他运输方式担负主要运输任务时,由汽车担负起点和终点处的短程集散运输,完成其他运输方式无法到达的地区的运输任务。

2. 公路运输的优点

(1)公路覆盖面广。

公路网的密度比铁路、水路网密度大,且公路运输的适应能力强,在空间和时间方面都具有较大的自由度,不受路线和停车站的约束,只要没有特别的障碍(如壕沟、过窄的通道等),汽车都可以到达。

(2)灵活性强。

灵活性强是公路运输的最大优势,密度非常大的公路运输网、汽车通过能力和相对较小的单位运量,使得公路运输方式有着不可多得的灵活性,因此可以进行"门到门"的运输服务。

(3)快捷精确。

公路运输可以单独直接实现"门到门"的运输,此方式免去了运输工具的转换和运输过程中不必要的停留,从而可以更加精确地控制运输时间。

(4)包装简单、货损少。

由于减少了中间转运装卸环节,货物包装可以简化,货物损伤、丢失和误送的可能性很小。

(5)运费低。

公路运输较适合近距离运输,运费低。

(6)投资小,效益高。

修建公路的材料和技术非常容易解决,而对应的此基础建设的建设周期短;购置汽车的投资较低,一般企业都可以承受,因此自营运输和委托运输可以同时进行,由于自备车有充分的机动性,使用非常方便。

3. 公路运输的缺点

(1)运载能力小。

与铁路运输和水路运输相比,公路运输的运载能力较小,所以不适合重型和大型的货物运输。根据国家汽车分类标准(GB 9417—89),以载货汽车为例,微型货车(GA≤1.8吨)、轻型货车(1.8吨<GA≤6吨)、中型货车(6吨<GA≤14吨)、重型货车(GA>14吨),可见,即使重型货车载重量也无法与火车相提并论。

(2)运输能耗高。

影响公路运输油耗居高不下的因素很多,如公路条件,即公路的几何条件和路面特性。车辆特性是指车辆的物理特性和运行特性,有时交通量大小、驾驶员的操作水平、交通管制等也是影响公路运输能耗较高的重要因素。

(3)运输成本高。

公路运输的主要缺点是:汽车运输的运输单位小,运输量和汽车台数与驾驶员数成正比,无法产生大批量输送的效果;动力费和劳务费较高,特别是长距离运输费用较高。

(4)安全性差。

由于运行中司机自由意志起主要作用,因此容易发生交通事故,对人身、货物、汽车本身会造成损失;汽车数量的迅速增多会产生交通堵塞,而特殊天气又影响着公路运输的安全性,使得公路运输的事故发生率远远高于其他运输方式。

(二)铁路运输

1. 铁路运输的概念

铁路运输是一种重要的现代陆地运输方式,是我国货物运输的主要方式之一,它是使用机动车牵引车辆,用以载运旅客和货物,从而实现人和物的位移的一种运输方式。

铁路运输与水路干线运输、各种短途运输相衔接,形成以铁路运输为主要方式的运输网络。因铁路运输主要承担长距离、大数量的货运,在没有水运条件的地区,几乎所有大批量货物都要由铁路运输,它是在干线运输中起主力运输作用的运输方式。铁路运输所涉及的设施包括:铁路、火车机车、车站及其他辅助设施。

2. 铁路运输的优点

(1)运输能力强。

伴随着铁路的内燃机化和电气化改造,铁路列车的运载能力在不断增强,一般一列货车可装载货物达 3 000~5 000 吨,重载列车可装载 20 000 吨货物。它适合于大批低值商品的长距离运输。

(2)单车装载量大。

加上多种类型的车厢,使它几乎能承运任何商品,几乎可以不受重量和容积的限制。

(3)运输速度较快。

由于铁路运输是在相对封闭的道路上进行,因为速度较快,而由于中国高铁事业的快速发展,原有的铁路运输时速,从 80~120 千米提至 210~260 千米,磁悬浮列车时速达 600 千米,平均车速在不断增加,已远远超过公路运输和水路运输。

(4)安全可靠。

铁路运输有专用路线,只要是按时按线行驶,绝对不会出现交通拥挤问题,受天气条件影响较小,一年四季不分昼夜地运输,因此更加安全可靠。

(5)通用性好。

铁路运输可运输各类不同的货物,如固体、液体等,可以方便地实现驮背运输、集装箱运输及多式联运。

3. 铁路运输的缺点

(1)建设周期长、投资大。

一般情况下,铁路单线每千米的造价为 300~700 万元,复线造价更高。而一条铁路的建设需花费 5~10 年时间,占地面积大,投资巨大。

(2)灵活性差。

铁路运输必须在专用线路上进行,而且必须要沿着固定路线在规定时间内运行,不能实现"门对门"的运输,因此灵活性较差。

(3)货损率较高。

由于装卸次数较多,货物毁损或灭失事故比其他运输方式多。

(4)运输时间长。

在运输过程中需要有列车编组、解体和中转改编等作业环节,占用时间较长,所以增加了货物的运输时间。

4. 铁路运输的适用范围

(1)适合于内陆地区大宗低值货物的中、长距离运输。

(2)适合于大批量、时间性强、可靠性要求高的一般货物和特种货物的运输。

(3)适合于散装货物(如煤炭、金属、矿石、谷物等)和罐装货物(如化工产品、石油产品等)的运输。

(三)水路运输

1. 水路运输的概念

水路运输是指利用船舶在江、河、湖泊、人工水道以及海洋运送旅客和货物的一种运输方式。水路运输设施主要包括：天然水道（或经过改良的水道）、港口和船舶。水路运输按其航行的区域，大致上可划分为内河（湖）运输、沿海运输和远洋运输。

水路运输是利用天然水道，进行大吨位、长距离的运输，由于运量大、成本低，非常适合于运输大宗货物。与其他运输方式相比，水运对货物的载运和装卸要求不高，因而占地较少。新建 1 千米铁路需占地 30~40 亩（1 亩≈666.7 平方米），公路需占地 15 亩左右，而水运航道几乎不占用土地，港口、码头均建在海岸边，这就节约了国家的土地资源。对于海上运输而言，它的通航能力几乎不受限制。一般来说，水运系统综合运输能力主要是由船队运输能力和港口通过能力所决定的。

2. 水路运输的优点

（1）运载能力强。

在海洋运输中，超巨型油船的载重达 55 万吨，矿石船载重达 35 万吨，集装箱船载重达 7 万吨。

（2）投资少。

水路运输可以利用天然水道，线路投资少，并且节省土地资源。海上运输航道的开发不需要支付费用，内河有时虽要花费一定的开支，但远小于对铁路的投资。

（3）运输成本低。

船舶沿水道浮动运行，可实现大吨位运输，降低运输成本。对于非液体商品的运输而言，水运一般是运输成本最低的运输方式。

（4）通用性好。

水路运输能运输各类不同的货物，尤其是大件货物，还能方便实现集装箱运输和多式联运，江、河、湖、海相互贯通，沿水道可以实现长距离运输。

3. 水路运输的缺点

（1）运输速度慢。

船舶运输平均航速慢，在途中的时间较长，不能快速地将货物运到目的地。

（2）可达性差。

水路运输只能在固定的水路航线上进行，无法实现"门对门"运输，只能通过其他运输手段的配合与衔接，才能实现"门对门"的运输。

（3）受自然条件影响大。

水路运输易受台风或海洋风暴的影响，延误运期。有时因内河航道和某些港口受季节因素影响大，如冬季结冰或枯水期水位变低，从而无法保证全年通航，所以水路运输受自然条件影响很大。

(四)航空运输

1. 航空运输的概念

航空运输是指利用飞机或其他航空器进行运输的一种方式,是目前运输速度最快的运输方式。由于飞机几乎可以飞越各种天然障碍,因此缩短了两地之间的运输距离,节省了大量的时间。由于航线管理有比较完善的制度和先进的技术手段,所以航空运输的安全性和准确性相对最高。航空设施投资较大,能耗也大,所以运输成本相对较高。另外,航空运输的能力也比较有限,比较适合两类货物的运载:一类是价值高、运费承担能力很强的货物,如贵重设备的零部件、高档产品等;另一类是紧急需要的物资,如救灾抢险物资等。

2. 航空运输的优点

(1)高速直达性。

与其他运输方式相比,高速度无疑是航空运输最明显的特征,现代喷气运输机时速一般在900千米左右,是铁路运输和水路运输速度的数倍。

(2)灵活性。

航空运输不受地形、地貌、山川、河流的阻碍,只要有机场,有航空设施保证,即可开辟航线。使用直升机运输,机动性更强。对于自然灾害的紧急救援,以及其他运输方式无法到达之地,均可采用飞机空投的方式,以满足特殊条件下对物流的要求。

(3)安全性高。

按单位货运周转量或单位飞行时间损失率统计,航空运输的安全性比其他方式高,货物破损率较低,如果采用空运集装箱的方式运送货物则更安全。

3. 航空运输的缺点

(1)载运量小。

航空运输不能承运大型、大批量的货物,只适用于小批量、体积小的货物。

(2)运输成本高。

由于飞机造价高,航空燃油消耗大,因此航空运输是5种运输方式中最昂贵的一种运输方式。

(3)受天气影响较大。

航空运输受恶劣天气影响较大,在大雾、雷雨等天气条件下,航空运输经常发生延误甚至取消航班。

(4)可达性差。

航空运输难以实现"门到门"的运输,必须借助其他运输工具转运才能最终实现"门到门"的运输。

(五)管道运输

1. 管道运输的概念

管道运输是一种新兴的运输方式,是随着石油的生产和运输而发展起来的一种特殊的货运方式。它主要利用管道输送气体、液体和粉状固体。其运输形式是靠物体在管道内顺着压力方向循序移动实现的。它和其他运输方式的重要区别在于,作为运输工具的管道设备是静止不动的。

2. 管道运输的优点

(1)运输量大。

一条油管线可以源源不断地运送油料。根据管径的大小不同,每年的运输量可达数百万吨到几千万吨,甚至更多。

(2)能耗小,成本低。

由于管道运输采用密封设备,在运输过程中可避免散失、丢失等损失,也不存在其他运输设备在运输过程中消耗动力所形成的无效运输问题。

(3)节省包装费用。

物料在运输过程中直接导入管道进行运输,因而不需要进行包装,节省大笔的包装费用。

(4)不受地面条件影响。

管道运输是通过封闭的管道进行运输的,因此不会受到地面条件的影响,也不会受到天气状况的影响,从而能够保证运输系统长期稳定地运行。

(5)安全性好,连续性强。

因管道运输多运送石油、天然气等产品,表现为易爆、易挥发、易泄漏等,而采用管道运输非常安全可靠,又避免了对空气、水源、环境的污染,能满足运输对绿色环保的要求。当一条管道建成后,运输货物只需在工作人员的监控下进行运输,而无须工作人员参与运输活动,所以可以连续作业。

3. 管道运输的缺点

(1)运输货物单一。

一旦某条管线建成,则管道内多为单一货物。单向运输的特性使管道运输不存在回空问题,但只能单向运输,使得管道灵活性差,一条运输管道无法满足货主的多种需求。

(2)固定投资大。

管线的铺设需要很大的投资。其专用性极强,没有通用性,在输送地点和输送对象方面有较大局限性,一般只适合特殊物资的输送。

二、运输方式的发展

随着世界经济版图继续扩大,各国国际的贸易频繁往来,单一的运输方式往往受到限制,而高效率、低成本的运输方式,更是各国寻求的终极目标。运输方式的发展主要有以下几方面:

1. 联合运输

联合运输是指采用两种或两种以上的运输方式或运输工具将同一批货物运送到目的地,实行多环节、多区段相互衔接的拉力式运输。它通过将航空运输、公路运输、铁路运输和水路运输等传统的单一运输方式有机地结合起来,采用一体化的方式综合利用,以完成客户的任务,尤其是国际的运输任务。

采用联合运输具有以下特点：

(1)联合运输是一票到底，实行单一费率的运输。发货人只要订立一份合同，一次性付费，一次保险，通过一张单证即可完成全程运输。

(2)联合运输是不同运输方式的综合组织，其全程运输均由联合运输经营人完成或组织完成。无论涉及几种运输方式，分为几个运输区段，联合运输经营人要对全程负责。

(3)货物联合运输是由多个联合运输经营人与各种运输方式、各区段的实际承运人订立分运或分包合同来完成，各区段承运人对自己承运区段的货物负责。

(4)在起运地接管货物，在最终目的地交付货物及全程运输中各区段的衔接工作，由联合运输经营人的分支机构或委托的代理人完成。这些代理人及承担各项业务的第三者对自己承担的业务负责。

采用联合运输的方式，不仅可以提供单一运输方式无法比拟的服务价格比，同时给托运人和承运人两边都带来了方便。它有利于发挥综合运输的优势，加速货物周转，提高运输效率，还可以建设以城市为中心、港口为枢纽的综合运输网络。

联合运输有以下几种方式：

(1)公铁联运。

最著名和使用最广泛的多式联运系统是将卡车拖车或集装箱装在铁路平板车上的公铁联运或驮背式运输。由铁路完成城市间的长途运输，余下的城市间的短途运输由卡车来完成，此种运输方式适合城市间物品的配送。

(2)陆海联运。

陆海联运是指陆路运输(铁路、公路)与海上运输一起组成一种新的联合运输方式，也是中国近年来采用的运输方式。先由内地起运地把货物用火车装运至海港，然后由海港代理机构联系第二程的船舶，将货物运到外国目的地。

(3)陆空(海空)联运。

陆空(海空)联运是一种陆(海)路与航空两种运输方式相结合的联合运输方式。我国于1974年开始应用此方式，通常的做法是由内地起运地将货物用汽车装运至空港，然后从空港空运至国外的中转地，再由汽车陆运至目的地。

(4)大陆桥联运。

大陆桥联运是指使用铁路或公路系统作为桥梁，把大陆两端的海洋运输连接起来的多式联运方式。目前世界上主要的大陆桥有：西伯利亚大陆桥、远东至北美东岸和墨西哥湾大陆桥、北美西海岸至欧洲大陆桥等。

2. 集装箱运输

集装箱运输是以集装箱作为运输单位进行货物运输的一种现代化的运输方式。在集装箱运输过程中，一般用集装箱装载货物，通过一种或几种交通运输工具的联合，将货物直接送达收货地。它是社会化大生产的产物，现在已成为各国货物运输的共同趋势，可适用于水路运输、铁路运输及多式联运等。在我国，集装箱运输，尤其是集装箱海运已经成为普遍采用的一种重要运输方式。

对于企业物流工作来说，集装箱运输的出现是运输业的一场革命，因为它有许多突出的优点，主要可归结为以下几个方面：

(1)有利于提高运输质量,减少货损货差。集装箱结构坚实,不怕压,不怕风吹日晒,可以防止人为和自然因素造成的破损事故,有效地保护了箱内运输货物。

(2)节省各项费用,降低货运成本。

(3)提高了装卸效率,加速了运输工具的周转。集装箱使用机械化作业,提高了装卸作业效率。在铁路运输中,用人力装一节车皮,平均需2小时左右;采取集装箱运输,只需约20分钟就可以完成装车任务,提高工效6倍。这有利于车辆船舶的周转,加速货物的流通。

(4)简化了货运手续,便利了货物的运输。采用集装箱运输实行按箱点货,交接责任时凭铅封移交。这种方式方便明确,简化了手续,缩短了货物在途时间,加速了资金周转,对于企业改善自己的物流工作十分有利。

(5)集装箱运输方式把传统的运输串联成为连续的成组运输,从而促进了多式联运的发展。

第三节 运输技术与管理

运输规划决策在物流决策中具有十分重要的地位,因为运输成本要占到物流总成本的35%~50%,对许多商品来说,运输成本要占商品价格的4%~10%。也就是说,运输成本占物流总成本的比重比其他物流活动大。运输决策涉及的范围很广泛,其中主要的是运输方式的选择、运输服务商的选择、运输路线的选择、运输计划的编制等问题。

一、运输方式的选择

在交通运输规划中,由于各种运输方式具有不同的技术经济特征,因此运输方式的选择是必然的,各种运输方式被选中的机会也是存在很多差异的,一种运输方式被选中的概率可能大一些,另一种运输方式被选中的概率则可能小一些。运输方式选择的意义主要表现在以下几方面:

(1)运输方式选择合理、恰当,将促进各种运输方式协调发展。

不论在综合运输体系中还是在城市交通体系中,运输方式选择是否合理、恰当都将直接影响其他运输方式的发展。在一定时期,社会、经济发展对运输总需求是一个相对固定的值,一种运输方式分配多了,另一种运输方式必然分配得少一些,而各种运输方式只有在各自的适用范围之内,才能充分发挥其特长,弥补其他运输方式的不足和缺陷。

(2)运输方式选择合理、恰当,将会实现最佳的经济效益和社会效益。

运输方式选择合理、恰当,就可以节约运输资源,不论是出行者、运输经营者还是整个社会都会从中受益。从效果方面来看,运输方式选择合理、恰当,各种运输就会得到充分、有效的利用,带来各种运输方式运行效率的提高,及时地满足出行者的运输需求,促进旅客和货物的及时流动,从而带来巨大的经济效益和社会效益。

(3)运输方式的选择也是运输规划和政策制定中的重要因素之一。

运输方式的选择对综合运输和城市交通规划都是十分重要的,它影响人们的出行效率,影响运输资源和社会资源的有效利用,影响各种运输方式自身的生存和发展,同时也影响地区经济的发展。因此,在综合运输和城市交通规划以及相应的政策制定中都必须考虑这一因素。

1. 运输方式选择的影响因素

(1) 运输速度。

物流运输是货物的空间位移,以什么样的速度实现它们的位移是物流运输的一个重要技术经济指标。决定各种运输方式速度的一个主要因素是运输载体能达到的最高技术速度。运输速度越快,可能支付的成本越高。

(2) 货物的特性。

货物的价值、形状、单件的重量和容积、变质性、危险性等都是影响运输方式选择的重要因素。一般来说,原材料、燃料、粮食等大批量的货物及价格低廉的货物运输适合于铁路运输或水路运输;重量轻、容积小、价值高的货物适合于航空运输;中短距离的运输适合于公路运输等。

(3) 运输时间。

运输时间通常指货物从货源地发货到目的地接受货物之间的时间。运输时间必须与交货日期相联系,以保证及时运输。再加上两端及中转的作业时间,就可以计算出整个运输所需要的时间,以此来进行运输工具的选择。运输时间的变化是指各种运输方式下多次运输间出现的时间变化,它是衡量运输服务的不确定性的指标。起止点相同,使用同种运输方式的每一次运输的在途时间不一定相同,因为天气、道路情况、中途暂停次数、合并运输所花费的时间等都会影响在途时间。

(4) 运输成本。

货物的运输服务总成本不仅包括使用运输工具在物流两节点之间的运输费用,还包括运输管理、维持运输中的包装、储存、库存、装卸费用以及保险费用,而这些费用又和运输速度有直接的关系;运输速度快,运输时间短,这些费用会随之减少,反之就会增加。不同的运输方式,其运输成本相差很大,不同运输方式的成本对比见表3.1。航空运输是最昂贵的,管道运输和水路运输则是最便宜的,在实际运输中,必须根据实际运费、运输时间、货物的性质及运输安全等进行综合比较。最低的运输费用并不意味着最低的运输总成本,所以,货物的运输不能单纯地考虑运输方式的费用,还要考虑运输的速度,这样才能做到使运输总成本达到最小。

表3.1 不同运输方式的成本对比

运输方式	固定成本	变动成本
铁路	高(车辆、轨道及站点)	低
公路	高(车辆及修路)	适中
水路	适中(船舶、设备)	低
航空	低(飞机、机场)	高(燃料、维修)
管道	最高(铺设管道)	最低

(5)运输安全性。

在选择运输方式时,保证运输的安全性是选择的首要条件,它包括人身、设备和被运货物的安全以及公共安全等。为了保证被运输货物的安全,首先应了解被运物资的特性,如重量、体积、贵重程度、内部结构及其他物理化学特性(易燃、易碎、危险性等),然后选择安全可靠的运输方式。

(6)其他影响因素。

除上述的影响因素外,经济环境或社会环境的变化也制约着托运人对运输方式的选择。如随着物流量的增大,噪声、振动、大气污染、海洋污染、交通事故等问题的社会化,政府相继出台相应的法律、法规以及各种货物运输的不同规定;还有防止交通化公害的对策税金、使用费等规定的限制,这些都会影响托运人运输方式的选择。

2. 运输方式选择的方法

运输方式的选择,要考虑两个基本因素:一是运输方法问题,二是运输费用问题。从物流运输功能来看,速度快是物流运输服务的基本要求。但速度快的运输方式,其费用往往很高。同时在考虑运输的经济性时,不能只从运输费用本身来判断,还要考虑因速度加快,缩短物品的备运时间,使物品的必要库存减少,从而减少了物品的储存费用等。因此,运输方式或运输工具的选择应该是在综合考虑上述各种因素后,寻求运输费用与储存费用最低的运输方式或运输工具,这种关系如图 3.1 所示。

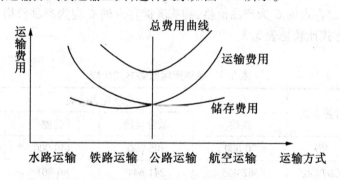

图 3.1 运输方式与费用的关系曲线

(1)综合评价法。

所谓综合评价法就是对所选择的运输方式的各种指标绩效进行评分,确定出衡量值,然后由运输管理部门根据各种指标的重要程度定出不同的权重,用权重乘以运输方式的绩效衡量值就得到运输方式在该评估因素中的等级,将各因素等级累积起来就得到运输方式的总等级。绩效的衡量值和权重分值越高,表示绩效越好,企业就可以根据得分择优选择运输方式。

(2)成本比较法。

不同的运输方式产生不同的运输成本。因此,对运输方式的选择,也可以通过比较运输服务成本与服务水平导致的相关间接库存成本之间达到的平衡程度进行选择。这就是说,运输的速度和可靠性会影响托运人或买方的库存水平。如果选择速度慢、可靠性差的运输服务,物流运输过程中就会需要更多的库存。这时,由于库存增多而使成本升高,就会抵消选择低水平运输服务降低的成本。因此,最佳的运输服务方案是既能满足客户的需要,又能使总成本最低。

例 某公司计划将产品从 A 工厂运往自由仓库 B 处,年运量 D 为 700 000 件,每件产品的价格 C 为 30 元,每年的存货成本 I 为产品价格的 30%。公司希望选择一种能使总成本最小的运输方式。据估计,运输时间每减少一天,平均库存水平可以减少 1%。各种运输服务的有关参数见表 3.2。

表 3.2 各种运输服务有关参数

运输方式	运输费率/(元·件$^{-1}$)	运达时间/天	每年运输批次/次	平均存货量/件
铁路	0.10	21	10	100 000
驮背运输	0.15	14	20	50 000×0.93
公路	0.20	5	20	50 000×0.84
航空	1.40	2	40	25 000×0.82

注:安全库存约为订货量的 1/2

在途运输的年存货成本为 $ICDT/365$,两端储存点的存货成本各为 $ICQ/2$,但其中 C 值有差别,工厂储存点的 C 为产品价格,购买者储存点的 C 应为产品价格与运费率之和。各种运输服务方式比较见表 3.3。

表 3.3 各种运输服务方式比较 单位:元

成本类型	计算方式	运输服务方案			
		铁路	驮背运输	公路	航空
运输	RD	70 000	105 000	140 000	980 000
在途库存	$ICDT/365$	362 465	241 644	86 301	34 521
工厂库存	$ICQ/2$	900 000	418 500	378 000	182 250
仓库库存	$ICQ/2$	903 000	420 593	380 520	190 755
总成本		2 235 465	1 187 737	984 821	1 387 526

由表 3.3 中的计算可知,在 4 种运输服务方案中,公路运输的总成本最低,因此应选择公路运输。

二、运输服务商的选择

只要运输业没有垄断存在,对于同一种运输方式,托运人或货主就有机会面对不同的运输服务商,而托运人或货主及供应商在确定运输方式后,就需要对选择哪个具体的运输服务商做出决策,不同的客户会有不同的决策标准和偏好,可以从以下几个方面来考虑。

1. 服务质量比较法

客户在付出同等运费的情况下,总是希望得到最好的服务,因此,服务质量往往成为客户选择不同运输服务商的首要标准。

(1) 运输质量。

运输所体现的价值是把货物从一个地方运送到另一个地方,完成地理上的位移,而无需对货物本身进行任何加工。但如果运输储存不当,就会对货物的质量产生影响。因此,客户在选择运输服务商时会将其运输质量作为一个重要因素来考虑。客户通常从以下几个方面来考查运输质量:

①该运输公司提供的运输工具的完好状态。
②该公司所雇用的装卸公司的服务质量。
③该公司所雇用的从业人员的经验及工作责任心。
④该公司的货物运输控制流程。

(2) 服务理念。

随着各服务商运输质量的提高,客户对服务的要求也越来越高,于是客户在选择不同的运输服务商时还会考虑其服务理念。

①运输的准班率。较高的准班率可以方便客户对货物的库存和发运进行控制,当然也为安排接运等提供了便利。
②航班的时间间隔、船舶的发船密度、铁路运输的发车时间间隔等。合理的间隔同样也将方便客户选择托运的时间及发货密度。
③单证的准确率。
④信息查询的方便程度。不同的服务商除了提供运输以外,还在附加服务上进行投入,如价格查询、航班查询以及货物跟踪等服务。
⑤货运纠纷的处理。无论服务商如何提高运输质量,改进服务水平,货运纠纷都难免发生,发生后如何及时圆满地处理是客户所关心的。

2. 运输价格比较法

运输服务商为了稳定自己的市场份额,都会努力提高服务质量,而随着竞争的日趋激烈,对于某些货物来说,不同的运输服务商所提供的服务质量已近乎相同,因此,运价很容易成为各服务商竞争的最后手段。于是,客户在面对几乎相同的服务质量进行选择时,或有些客户对服务质量要求不高时,运输价格就成为另一个重要的决策准则。

3. 综合选择

当然会有更多的客户在选择运输服务商时同时考虑多个因素,如同时考虑服务质量和运输价格以及服务商的品牌、服务商的经济实力、服务商的服务网点数量等。客户可以根据自己的需要,调整不同因素的权重,然后做出决策。

三、运输路线的选择

运输路线的选择影响到运输设备和人员的利用,确定合理的运输路线可以降低成本,因此运输路线的确定是运输决策的一个重要领域。尽管路线选择问题种类繁多,但可以将其归纳为以下几种基本类型:

1. 表上作业法

表上作业法是求解运输问题的一种简便而有效的方法,其求解工作在运输表上进行,它是一种迭代法,迭代步骤为:先按某种规则找出一个初始解(初始调运方案);再对现行解进行最优性判别;若这个解不是最优解,就在运输表上对它进行调整改进,得出一个新解;再判别,再改进;直至得到运输问题的最优解为止。

(1)最小元素法。

为减少运费,应优先考虑单位运价最小(或运距最短)的供销业务,最大限度地满足其供销量。即对所有的 i 和 j,找出 $c_{i_0j_0}=\min(c_{ij})$,并将 $x_{i_0j_0}=\min(a_{i_0},b_{j_0})$ 的物品量由 A_{i_0} 供应给 B_{j_0}。若 $x_{i_0j_0}=a_{i_0}$,则产地 A_{i_0} 的可供物品已用完,以后不再继续考虑这个产地,且 B_{j_0} 的需求量由 b_{j_0} 减少为 $b_{j_0}-a_{i_0}$;如果 $x_{i_0j_0}=b_{j_0}$,则销地 B_{j_0} 的需求已全部得到满足,以后不再考虑这个销地,且 A_{i_0} 的可供量由 a_{i_0} 减少为 $a_{i_0}-b_{j_0}$。然后,在余下的供、销点的供销关系中,继续按上述方法安排调运,直至安排完所有供销任务,得到一个完整的调运方案。

由于该方法基于优先满足单位运价(或运距)最小的供销业务,故称为最小元素法。

例1 某部门有 3 个工厂(产地),生产的产品销往 4 个销售点(销地)出售,各工厂的生产量、各销售点的销售量(单位吨)以及各工厂到各销售点的单位运价(元/吨)见表3.4。如何调运才能使总运费最小?

表3.4 产销平衡表   单位:吨

销地\产地	B_1	B_2	B_3	B_4	产量
A_1	4	12	4	11	16
A_2	2	10	3	9	10
A_3	8	5	11	6	22
销量	8	14	12	14	48

按最小元素法求解,调运顺序见表3.5。

表3.5 运输分配表

销地\产地	B_1	B_2	B_3	B_4	产量
A_1			10③	6⑥	16
A_2	8①		2②		10
A_3		14④		8⑤	22
销量	8	14	12	14	48

①、②等标号为确定运量的顺序。

总运费(目标函数值)为

$$Z = \sum_{i=1}^{3} \sum_{j=1}^{4} c_{ij} x_{ij}$$
$$= (10 \times 4 + 6 \times 11 + 8 \times 2 + 2 \times 3 + 14 \times 5 + 8 \times 6) 元$$
$$= 246 元$$

(2)西北角法。

西北角法与最小元素法不同,它不是优先考虑具有最小单位运价的供销业务,而是优先满足运输表中西北角(即左上角)上空格的供销需求。

按西北角法求解,调运顺序见表3.6。

表3.6 运输分配表

销售 产地	B_1	B_2	B_3	B_4	产量
A_1	8①	8②			16
A_2		6③	4④		10
A_3			8⑤	14⑥	22
销量	8	14	12	14	48

总运费为

$$Z = (8 \times 4 + 8 \times 12 + 6 \times 10 + 4 \times 3 + 8 \times 11 + 14 \times 6) 元$$
$$= 372 元$$

2. 起讫点不同的最短路线问题

对分离的、单个始发点和终点的网络运输路线选择问题,最简单和直观的方法是最短路线法。网络由节点和线连接,线代表点与点之间运行的成本(距离、时间或时间和距离加权的组合)。初始,除始发点外,所有节点都被认为是未解的,即均未确定是否在选定的运输路线上。始发点作为已解的点,计算从原点开始。计算方法如下:

(1)第 n 次迭代的目标。

寻求第 n 次最近始发点的节点,重复 $n=1,2\cdots$,直到最近的节点是终点为止。

(2)第 n 次迭代的输入值。

$(n-1)$ 个最近始发点的节点是由以前的迭代根据离始发点最短路线和距离计算而得的。这些节点以及始发点称为已解的节点,其余的节点是尚未解的点。

(3)第 n 次最近节点的候选点。

每个已解的节点由线路分支通向一个或多个尚未解的节点,这些未解的节点中有一个以最短路线分支连接的是候选点。

(4)第 n 次最近的节点的计算。

将每个已解的节点及其候选点之间的距离和从始发点到该已解节点之间的距离加起来,总距离最短的候选点即是第 n 个最近的节点,也就是始发点到达该点最短距离的路径。

例 如图 3.2 所示为公路网络示意图,其中 A 点是始发点,J 点是终点,B 点、C 点、D 点、E 点、F 点、G 点、H 点、I 点是网络中的节点,节点与节点之间以路线连接,路线上标明了两个节点之间的距离,以运行时间(分钟)表示。求出从 A 点到 J 点的最短运输路线。

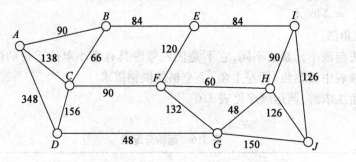

图 3.2 公路网络示意图

最短路线方法计算表见表 3.7。第一个已解的节点就是起点 A,与 A 点直接连接的未解的节点有 B 点、C 点、D 点。B 点是距离 A 点最近的节点,记为 AB,这是第一步。由于 B 点是唯一的选择,所以它成为已解的节点。随后找出距 A 点和 B 点最近的未解的节点。列出距各个已解的节点最近的连接点:A—C,B—C,记为第二步。注意:从起点通过已解的节点到某一节点所需的时间应该等于到达这个已解节点的最短时间加上已解节点与未解节点之间的时间。也就是说,从 A 点经过 B 点到达 C 点的距离为 AB + BC = 90 + 66 = 156,而从 A 点直达 C 点的时间为 138 分钟,那么现在 C 点就成了已解的节点。

第三次迭代要找到与各已解节点直接连接的最近的未解节点。有 3 个候选点,从起点到这 3 个候选点 D 点、E 点、F 点所需的时间分别为 348 分钟、174 分钟和 228 分钟,其中连接 B 点、E 点的时间最短,因此 E 点就是第三次迭代的结果。

表 3.7 最短路线方法计算表

步骤	直接连接到未解节点的已解节点	与其直接连接的未解节点	相关总成本	第 n 个最近节点	最小成本	最新连接
1	A	B	90	B	90	AB *
2	A B	C C	138 90 + 66 = 156	C	138	AC
3	A B C	D E F	348 90 + 84 = 174 138 + 90 = 228	E	174	BE *
4	A C E	D F I	348 138 + 90 = 228 174 + 84 = 258	F	228	CF

续表 3.7

步骤	直接连接到未解节点的已解节点	与其直接连接的未解节点	相关总成本	第 n 个最近节点	最小成本	最新连接
5	A	D	348			
	C	D	138+156=294	I	258	$EI*$
	E	I	174+84=258			
	F	H	228+60=288			
6	A	D	348			
	C	D	138+156=294	H	288	FH
	F	H	228+60=288			
	I	J	258+126=384			
7	A	D	348			
	C	D	138+156=294			
	F	G	228+132=360	D	294	CD
	H	G	288+48=336			
	I	J	258+126=384			
8	H	J	288+126=414	J	384	$IJ*$
	I	J	258+126=384			

注：*表示最小成本

重复上述过程直到终点 J，即第八步。最短的路线时间为 384 分钟，最新连接在表3.7中以"*"标出，最优路线为 $A—B—E—I—J$。

在节点很多时用手工计算比较繁杂，如果把网络的节点和连线的有关数据存入数据库中，最短线路法就可用计算机求解。绝对的最短距离路径并不说明穿越网络的最短时间，因为该方法没有考虑各条路线的运行质量。因此，对运行时间和距离都设定权数就可以得出比较具有实际意义的路线。

3. 多起讫点问题

如果有多个货源地可以服务多个目的地，那么面临的问题是，要指定各目的地的供货地，同时要找到供货地、目的地之间的最佳路线。该问题经常发生在多个供应商、工厂或仓库服务于多个客户的情况下。如果各供货地能够满足的需求数据有限，则问题会更加复杂。解决这类问题常常可以运用一类特殊的线性规划算法，即运输方法求解。

4. 起讫点重合的问题

物流管理人员经常遇到的一个路线选择问题是始发点就是终点的路线选择，例如，配送车辆从仓库送货至零售点，然后返回仓库，再重新装货；当地的配送车辆从零星店送货至顾客，再返回；接送孩子上学的学校巴士的运行路线；送报车辆的运行路线；垃圾收集车辆的运行路线等。这类问题求解的目标是寻求访问各点的次序，以求运行时间或距离最小化。始点和终点相重合的路线选择问题通常被称为"旅行推销点"问题，对这类问题应用经验探视法比较有效。

四、运输计划的编制

运输计划车辆运行路线和时间安排是车辆运行路线选择问题的延伸,车辆运行路线和时间安排受到的约束条件更多。

(1)每个停留点规定的提货数量和送货数量。

(2)使用的多种类型车辆的载重量和载货容积各不相同。

(3)车辆在路线上休息前允许的最大行驶时间。

(4)停留点规定的在一天内可以进行的提货时间。

(5)可能会有允许送货后再提货的时间。

(6)司机可能只能在一天的特定时间进行短时间的休息或进餐等。这些约束条件使问题复杂化,甚至使人们难以寻求最优化的解。那么我们所要做的就是:车辆从一个仓库出发,向多处停留点送货,然后在同一天内返回到该仓库,要安排一个比较满意的运行路线和时间。

第四节 合 理 运 输

在物流过程中的合理运输,指按照商品流通规律、交通运输条件、货物合理流向、市场供需情况,走行最少里程,经最少的环节,用最少的运力,花最小的费用,以最短的时间,把货物从供应地运送到消费地。运输通过转移物品的空间位置,创造了空间效用,是最重要的物流活动之一。运输合理化既是人们广泛关注的问题,也是实现物流系统优化的关键问题。因此,在进行物流系统设计和管理时,实现运输合理化是一项最基本的任务。

一、合理运输的要素

从物流系统的观点来看,运输合理化的影响因素有很多,起决定作用的主要有以下5个方面。

1. 运输距离

在运输时,运输时间、运输货损、运费或运输工具周转率等运输的若干技术经济指标都与运输距离有一定的比例关系,运距长短是运输是否合理的一个最基本因素。缩短运输距离从宏观和微观来看都会带来好处。

2. 运输环节

每增加一次运输,不但会增加起运的运费和总运费,而且必须要增加运输的附属活动,如装卸、搬运、包装等,所以减少运输环节,尤其是同类运输工具的环节,对合理运输有促进作用。

3. 运输时间

运输是物流过程中需要花费较多时间的环节,尤其是远程运输,在全部物流花费时间中,运输时间占极大比重,所以运输时间缩短对整个流通时间的缩短有决定性的作用。

此外,运输时间短,有利于运输工具的周转,充分发挥运力的作用,有利于货主资金周转,进一步提高运输线路通过的能力,提高运输的合理化。

4. 运输方式

各种运输方式都有其各自的优势,要根据不同货物的特点,综合考虑库存、包装等因素,选择不同的运输方式,最大限度地发挥其作用,并确定最佳的运输路径。积极改进车船的装载技术和装卸方法,提高技术装载量,使用最少的运力,运输更多的货物,提高运输生产效率。

5. 运输费用

运输费用是指为两个地理位置间的运输所支付的款项以及与行政管理和维持运输中的存货有关的费用。运输费用的高低,不仅关系到物流企业或运输部门的经济核算,也影响商品销售成本,所以物流系统的设计应该利用能把系统总成本降到最低程度的运输,节约运输费用,是物流企业的一项重要任务。

二、不合理运输的形式

所谓不合理运输是指在组织货物运输过程中,违反货物流通规律,不按经济区域和货物自然流向组织货物调运,忽视运输工具的充分利用和合理分工,装载量低,流转环节多,从而浪费运力和加大运输费用的现象。不合理运输是在现有条件下可以达到的运输水平而未能达到,从而造成了运力浪费、运输时间增加、运费超支等问题的运输形式。目前我国存在的不合理运输形式主要有以下 8 个方面:

1. 返程或起程空驶

空车无货载行驶,可以说是不合理运输的最严重形式。在实际运输组织中,有时候必须调运空车,从管理上不能将其看成不合理运输。但是,因调运不当,货源计划不周,不采用运输社会化而形成的空驶,是不合理运输的表现。造成空驶的不合理运输主要有以下几种原因:

(1)能利用社会化的运输体系而不利用,却依靠自备车送货提货,这往往出现单程重车、单程空驶的不合理运输。

(2)由于工作失误或计划不周,造成货源不实,车辆空去空回,形成双程空驶。

(3)由于车辆过分专用,无法搭运回程货,只能单程回空周转。

2. 对流运输

对流运输亦称"逆向运输""相向运输",指同一种货物,或彼此间可以互相代用而又不影响管理、技术及效益的货物,在同一线路上或平行线路上进行相对方向的运送,而与对方运程的全部或一部分发生重叠交错的运输称为对流运输。已经编制了合理流向图的产品,一般必须按合理流向的方向运行。如果与合理流向图指定的方向相反,也属对流运输。

在判断对流运输时需注意,有的对流运输是不很明显的隐蔽对流,例如不同时间的相向运输,从发生运输的那个时间看,并无出现对流,可能做出错误的判断,所以要注意隐蔽对流的运输。明显对流与隐蔽对流示意图如图 3.3 所示。

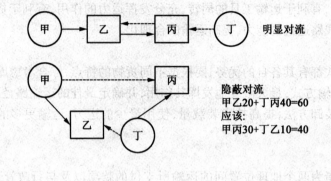

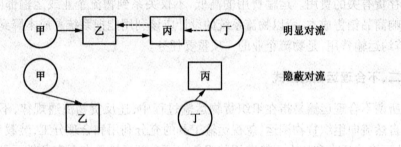

图 3.3　明显对流与隐蔽对流示意图

3. 迂回运输

迂回运输是一种舍近求远的运输形式,也就是说,可以选取距离较近的路线,却选择路程较长的路线进行运输的一种不合理形式。迂回运输有一定的复杂性,不能简单处理,只有当计划不周、地理不熟、组织不当而发生的迂回,才属于不合理运输。如果最短距离有交通阻塞、道路情况不好或有对噪声、排气等特殊限制而不能使用时发生的迂回,不能称为不合理运输。

4. 重复运输

本来可以直接将物品运到目的地,但是在未达目的地之处,或目的地之外的其他场所将货卸下,再重复运输的一种形式。另一种形式是,完全相同的物品在同一地点一面运进,同时又向外运出。重复运输的最大弊端是增加了非必要的中间环节,延缓了流通速度,增加了费用,增大了货损。

5. 倒流运输

倒流运输是物品从销地或中转地向产地或起运地回流的一种运输现象。其不合理程度要甚于对流运输,原因在于往返运输都是不必要的,形成了双程浪费。倒流运输也可以看成是隐蔽对流的一种特殊形式。

6. 过远运输

调运物品舍近求远,近处有资源不用而从远处调,这就造成可采取近程运输而未采取,拉长了物品运距的浪费现象。

7. 运力选择不当

未选择各种运输工具优势而不正确地利用运输工具造成的不合理现象,称为运力选

择不当。常见的有以下几种形式:

(1)弃水走陆。

在同时可以利用水运及陆运时,不利用成本较低的水运或水陆联运,而选择成本较高的铁路运输或汽车运输,使水运优势不能发挥。

(2)铁路、大型船舶的过近运输。

铁路、大型船舶的过近运输是指不是铁路及大型船舶的经济运行里程却利用这些运力进行运输的不合理做法。其主要不合理之处在于火车及大型船舶起运及到达目的地的准备、装卸时间长,且机动灵活性不足,在过近距离中利用,发挥不了运量大的优势。相反,由于装卸时间长,反而会延长运输时间。另外,和小型运输设备相比,火车及大型船舶装卸难度大、费用也较高。

(3)运输工具承载能力选择不当。

不根据承运货物数量及重量选择,而盲目决定运输工具,造成过分超载、损坏车辆及货物不满载、浪费运力的现象,尤其是"大马拉小车"现象发生较多。由于装货量小,单位货物运输成本必然增加。

8.托运方式选择不当

托运方式选择不当是指对于货主而言,在可以选择最好托运方式而未选择,造成运力浪费及费用支出加大的一种不合理运输。例如,应选择整车未选择,反而采取零担托运,应当直达而选择了中转运输等都属于这一类型的不合理运输。

上述各种不合理的运输形式都是在特定条件下表现出来的,在进行判断时必须注意其不合理的前提条件,否则就容易出现判断的失误。例如,如果同一种产品,品牌不同,价格不同,所发生的对流,不能绝对看成不合理,因为其中存在着市场机制引导的竞争,优胜劣汰。如果强调因为表面的对流而不允许运输,就会保护落后,阻碍竞争,甚至助长地区封锁。

再者,以上对不合理运输的描述,主要就形式本身而言,主要是从微观层面观察得出的结论。在实践中,必须将其放在物流系统中做综合判断,否则,很可能出现"效益悖反"现象。单从一种情况来看,避免了不合理,做到了合理,但它的合理却使其他部分出现不合理。只有从系统角度进行综合判断,才能有效避免"效益悖反"现象,从而优化全系统。

三、运输合理化的途径

长期以来,我国劳动者在生产实践中探索和创立了不少运输合理化的途径,在一定时期内、一定条件下取得了显著效果。

1.提高运输工具实载率

实载率有两个含义:一是单车实际载重与运距的乘积和标定载重与行驶里程的乘积的比率。这一比率在安排单车、单船运输时,是作为判断装载合理与否的重要指标。二是车船的统计指标,即一定时期内车船实际完成的货物周转量占车船载重量与行驶里程的乘积的百分比。在计算时,车船行驶的里程,不但包括载货行驶里程,也包括空驶里程。

提高实载率的意义在于:充分利用运输工具的额定能力,减少车船空驶和不满载行驶的时间,减少浪费,从而求得运输的合理化。

在铁路运输中,采用整车运输、合装整车、整车分卸及整车零卸等具体措施,都是提高实载率的有效措施。

2. 减少动力投入,增加运输能力

这种合理化的要点是,少投入、多产出,走高效益之路。运输的投入主要是能耗和基础设施的建设。在设施建设已定型和完成的情况下,尽量减少能源投入,是少投入的核心。做到了这一点就能大大节约运费,降低单位货物的运输成本,达到合理化的目的。

国内外在这方面的有效措施有:

(1)在铁路机车能力允许的情况下,多加挂车皮。

我国在客运紧张时,也采取加长列车、多挂车皮等办法,在不增加机车的情况下加大运输量。

(2)水运拖排和拖带法。

竹、木等物资的运输,利用竹、木本身的浮力,不用运输工具载运,采取拖带法运输,可省去运输工具本身的动力消耗从而求得合理化运输;将无动力驳船编成一定的队形(一般是"纵列"),用拖轮拖带行驶,获得比船舶载乘运输运量大的优点,求得合理化运输。

(3)顶推法。

顶推法是我国内河货运采取的一种有效方法。将内河驳船编成一定的队形,由机动船顶推前进的航行方法。其优点是航行阻力小,顶推量大,速度较快,运输成本很低。

(4)汽车挂车。

汽车挂车的原理和船舶拖带、火车加挂基本相同,都是在充分利用动力能力的基础上,增加运输能力。

3. 发展社会化的运输体系

运输社会化的含义是发展运输的大生产优势,实行专业分工,打破一家一户自成运输体系的状况。实行运输社会化,可以统一安排运输工具,避免对流、倒流、空驶、运力不当等多种不合理形式,不但可以追求组织效益,而且可以追求规模效益,发展社会化的运输体系是运输合理化的非常重要的措施。

一家一户的运输小生产,车辆自有,自我服务,不能形成规模,且一家一户运量需求有限,难以自我调剂,因而经常容易出现空驶、运力选择不当(因为运输工具有限,选择范围太窄)、不能满载等浪费现象,且配套的接、发货设施,装卸搬运设施也很难有效地运行,所以物流资源浪费颇大。

当前铁路运输的社会化运输体系已经比较完善,而在公路运输中,小生产方式非常普遍,是建立社会化运输体系的重点。社会化运输体系中,各种联运体系是其中水平较高的方式。联运方式充分利用面向社会的各种运输系统,通过协议进行一票到底的运输,有效地打破了一家一户的小生产,受到了欢迎。

我国在利用联运这种社会化运输体系时,创造"一条龙"货运方式。对产、销地及产、销量都较稳定的产品,事先通过与铁路、交通等社会运输部门签订协议,规定专门收、到站,专门航线及运输路线,专门船舶和泊位等,有效地保证了许多工业产品的稳定运输,取得了很大成绩。

4. 开展中短距离铁路公路分流，"以公代铁"的运输

这一措施的要点，是在公路运输经济里程范围内，或者经过论证，超出通常平均经济里程范围，也尽量利用公路。这种运输合理化的表现主要有两点：一是对于比较紧张的铁路运输，用公路分流后，可以得到一定程度的缓解，从而加大这一区段的运输通过能力；二是充分利用公路"门到门"和中短途运输中速度快且灵活机动的优势，实现铁路运输服务难以达到的水平。

5. 尽量发展直达运输

直达运输是追求运输合理化的重要形式，其对合理化的追求要点是通过减少中转过载换载，从而提高运输速度，节省装卸费用，降低中转货损。直达的优势，尤其是在一次运输批量和用户一次需求量达到了整车时表现最为突出。此外，在生产资料、生活资料运输中，通过直达，建立稳定的产销关系和运输系统，也有利于提高运输的计划水平、技术水平和运输效率。

特别需要指出的是，如同其他合理化措施一样，直达运输的合理性也是在一定条件下才会有所表现，不能绝对认为直达一定优于中转。这要根据用户的要求，从物流总体出发做综合判断。如果从用户需要量看，批量大到一定程度，直达是合理的，批量较小时中转是合理的。

6. 配载运输

这是充分利用运输工具载重量和容积，合理安排装载的货物及载运方法以求得合理化的一种运输方式。配载运输也是提高运输工具实载率的一种有效形式。

配载运输往往是轻重商品的混合配载。在以重质货物运输为主的情况下，同时搭载一些轻质货物，如海运矿石、黄沙等重质货物，上面捎运木材、毛竹等；铁路运矿石、钢材等重物，上面搭运轻质农、副产品等。在基本不增加运力投入、基本不减少重质货物运输的情况下，解决了轻质货物的搭运，效果显著。

7. "四就"直拨运输

"四就"直拨是减少中转运输环节，力求以最少的中转次数完成运输任务的一种形式。一般批量到站或到港的货物，首先要进批发部门或配送部门的仓库，然后再按程序分拨或销售给用户。这样一来，往往出现不合理运输。

"四就"直拨是由管理机构预先筹划，然后就厂或就站（码头）、就库、就车（船）将货物分送给用户，而无须再入库。

8. 发展特殊运输技术和运输工具

依靠科技进步是运输合理化的重要途径。例如，专用散装罐车，解决了粉状、液状物运输损耗大、安全性差等问题；袋鼠式车皮、大型半挂车解决了大型设备整体运输问题；"滚装船"解决了车载货的运输问题；集装箱高速直达车船加快了运输速度，增加了运输量等。这些都是通过先进的科学技术来实现合理化。

9. 通过流通加工，实现运输合理化

有不少产品，由于产品本身形态及特性问题，很难实现运输的合理化，如果进行适当加工，就能够有效解决合理运输问题。例如将造纸材在产地预先加工成干纸浆，然后压缩体积运输,就能解决造纸材运输不满载的问题。轻质产品预先捆紧包装成规定尺寸,装车就容易提高装载量;水产品及肉类预先冷冻,就可以提高车辆装载量并降低运输损耗,等等。

本章小结

1. 运输有5种基本方式:铁路运输、公路运输、水路运输、航空运输和管道运输,各种运输方式有不同的优缺点及使用范围。

2. 铁路运输适合大宗货物的中、长距离运输,以及散装货物和罐装货物等的运输;公路运输适合近距离的独立、补充和衔接运输;航空运输特别适合高附加值、低重量、小体积的货物及鲜活易腐等特殊货物的运输;水路运输适合大批量货物(集装箱货物)国际贸易运输等;管道运输则适合液体、气体等的运输。

3. 不合理运输主要是一种浪费运力、时间和加大运输费用的现象,货物运输不合理,将导致货物迂回、倒流、过远、重复等不合理运输形式的出现。

【案例分析】

"沃尔玛"降低运输成本的学问

案例背景:

沃尔玛公司是世界上最大的商业零售企业,在物流运营过程中,尽可能地降低成本是其经营的哲学。

沃尔玛有时采用空运,有时采用船运,还有一些货物采用卡车公路运输。在中国,沃尔玛百分之百地采用公路运输,所以如何降低卡车运输成本,是沃尔玛物流管理面临的一个重要问题,为此他们主要采取了以下措施:

(1)沃尔玛使用一种尽可能大的卡车,大约有16米加长的货柜,比集装箱运输卡车更长或更高。沃尔玛把卡车装得非常满,产品从车厢的底部一直装到最高,这样非常有助于节约空间降低成本。

(2)沃尔玛的车辆都是自有的,司机也是他的员工。沃尔玛的车队大约有5 000名非司机员工,还有3 700多名司机,车队每周运输可达7 000~8 000千米。

沃尔玛知道,卡车运输是比较危险的,有可能会出交通事故。因此,对于运输车队来说,保证安全是节约成本最重要的环节。沃尔玛的口号是"安全第一,礼貌第一",而不是"速度第一"。在运输过程中,卡车司机们都非常遵守交通规则。沃尔玛定期在公路上对运输车队进行调查,卡车上面都带有公司的号码,如果看到司机违章驾驶,调查人员就可以根据车上的号码报告,以便于进行惩处。沃尔玛认为,卡车不出事故,就是节省公司的费用,就是最大限度地降低物流成本,由于狠抓了安全驾驶,运输车队已经创造了300万千米无事故的纪录。

(3)沃尔玛采用全球定位系统对车辆进行定位,因此在任何时候,调度中心都可以知道这些车辆在什么地方,离商店有多远,还需要多长时间才能运到商店,这种估算可以精确到小时。沃尔玛知道每一辆卡车在哪里,产品在哪里。这样就可以提高整个物流系统的效率,有助于降低成本。

(4)沃尔玛的连锁商场的物流部门,24小时进行工作,无论白天或晚上,都能为卡车及时卸货。另外,沃尔玛的运输车队利用夜间进行从出发地到目的地的运输,从而做到了当日下午进行集货,夜间进行异地运输,翌日上午即可送货上门,保证在15～18小时内完成整个运输过程,这是沃尔玛在速度上取得优势的重要措施。

(5)沃尔玛的卡车把产品运到商场后,商场可以把它整个地卸下来,而不用对每个产品逐个检查,这样就可以节省很多时间和精力,加快了沃尔玛物流的循环过程,从而降低了成本。这里有一个非常重要的先决条件,就是沃尔玛的物流系统能够确保商场所得到的产品是与发货单完全一致的产品。

(6)沃尔玛的运输成本比供货厂商自己运输产品要低,所以厂商也使用沃尔玛的卡车来运输货物,从而做到了把产品从工厂直接运送到商场,大大节省了产品流通过程中的仓储成本和转运成本。

沃尔玛的集中配送中心把上述措施有机地组合在一起,做出了一个最经济合理的安排,从而使沃尔玛的运输车队能以最低的成本高效率地运行。当然,这些措施的背后包含了许多艰辛和汗水,相信我国的本土企业也能从中得到启发,创造出沃尔玛式的奇迹来。

(摘自:http://wuliu.jx.cn/wlal/more.asp)

问题分析:

沃尔玛是如何降低运输成本的?

【思考与练习】

1. 现代运输的方式有哪些?
2. 影响运输方式选择的因素有哪些?
3. 合理选择运输方式有哪几种方法?
4. 不合理运输的形式有哪些?
5. 运输合理化的途径有哪些?
6. 查阅资料,找出我国铁路、公路、航空、管道等运营里程的最新数据。

第四章 储存管理

【学习目标】
- 了解仓储的定义、作用和分类；
- 了解储存技术，掌握仓库的设施和装备；
- 掌握库存管理的定量计算；
- 掌握储存合理化以及基本库存补给策略。

第一节 储存概述

在现代信息技术环境下，企业为了满足用户的需求，必须在用户指定的时间、地点将商品交付给顾客使用。为了实现这个目标，除了需要快速运输以外，还需要企业拥有一定量的商品库存，以便能够应付顾客的紧急需要。从地理位置上看，仓库应该离顾客越近越好，这样才能更加迅速地满足顾客的需要，创造最佳的企业形象。因此，商品储存系统是企业物流系统中一个不可或缺的组成部分。它处在整个物流过程的节点上，只有经过这个节点，整个物流过程才能够实现，因此，我们将储存称为现代物流的中心。

一、储存的功能与作用

储存是指保护、管理、贮藏物品，是指在商品生产出来之后及到达消费者手中之前所进行的商品保管的过程。具体来说，就是在保证商品的质量和数量的前提下，根据一定的管理规则，在一定的时间内将商品存放在一定的场所，它是物流系统的一个重要组成部分。储存是包含商品库存和储备在内的一种广泛的经济现象，是一切社会形态都存在的一种经济现象。

与运输相对应，储存是以改变"物"的时间状态为目的的活动，通过克服产需之间的时间距离获得更好的效用。在传统的商业社会中，储存过程一直被认为是无关紧要的，因为它只会增加商品的成本，而不能产生利润。但是，随着现代物流学的发展，储存作为物流系统的重要组成部分，越来越被众多的学者与物流业者所重视，它在物流的整个过程中发挥着越来越重要的作用。

储存在物流过程中的作用主要有以下几点：

（1）通过储存，可以调节商品的时间需求，进而消除商品的价格波动。

一般来说，商品的生产和销售不可能是完全同步的，为了弥补这种不同步所带来的损失，就需要储存商品来消除这种时间性的需求波动。比如，人们在日常生活中对大米的需求是持续的,但是,大米的生产并不是随时都能进行的,即大米的供给是集中进行的。所以,必须通过商品存储来储存一些大米,在不能生产大米的季节供给消费者。通过这种有目的性的商品储存,可以防止商品供给和需求之间剧烈矛盾的产生,稳定商品价格。

(2)通过储存,可以降低运输成本,提高运输效率。

众所周知,商品的运输存在规模经济性。而顾客的需求一般都是小批量的,如果对于每一位顾客都单独为他们运送该货物,那么将无法实现运输的规模经济,导致物流成本增加。所以,为了降低运输成本,可以通过商品的储存,将运往同一地点的小批量的商品聚集成为较大的批量,然后再进行运输,到达目的地后,再分成小批量送到顾客手中。这样,虽然产生了商品储存的成本,但是,可以更大限度地降低运输成本,提高运输效率。

(3)通过商品在消费地的储存,可以达到更好的顾客满意度。

在电子商务环境下,消费者能够迅速及时地消费到企业的商品是非常重要的。对于企业来说,如果在商品生产出来之后,能够尽快把商品运到目标消费区域的仓库中,那么,目标消费区域的消费者在对商品产生需求的时候,就能够尽快得到这种商品。这样,不仅消费者的满意度会提高,而且能够创造出更佳的企业形象。

(4)通过储存,可以更好地满足消费者个性化消费的需求。

随着时代的发展,消费者的消费行为越来越倾向于个性化的方向发展。为了更好地满足消费者的这种个性化消费的需求,可以利用商品的存储过程对商品进行二次加工,满足消费者的需求。比如,在商品的储存过程中,可以对商品进行二次包装,或者不同商品的整合,这样,就能根据顾客的需求,生产出顾客需要的独一无二的产品。

二、仓库的分类

仓库可以按不同的标志进行分类,以便对不同类型的仓库实行不同的管理。

1. 按仓库在社会再生产过程中所处的位置不同分类

(1)生产领域仓库。

生产领域仓库包括原材料仓库,半成品、在制品和产成品仓库。其中,原材料仓库,是指结束了流通阶段,进入生产准备阶段的原材料存放场所;产成品库,是指存放生产企业的已经制成并经检验合格,进入销售阶段但还未离开生产企业的成品的场所;半成品、在制品仓库,是指在企业生产过程中,处于各生产阶段之间的半成品库和在制品库,其目的在于衔接各生产阶段和保证生产过程连续不断地进行。

(2)流通领域仓库。

流通领域仓库包括物流企业中转仓库和商业企业的自用仓库,主要用于商品的储存、分类、中转和配送。这种类型的仓库以商品的流通中转和配送为主要功能,机械化程度比较高,周转快,储存时间短,功能齐全。

(3)储备型仓库。

储备型仓库以物资的长期储存或储备为目的,如防止战争、应付自然灾害等,此仓库中的货物在库时间长,周转速度慢,如国家粮食储备库。

2. 按仓库的使用范围分类

(1) 企业仓库。

企业仓库是指企业自己投资兴建，用于储存自己生产经营所需货物的仓库。

(2) 营业仓库。

营业仓库是指面向社会提供仓储服务而修建的仓库。这类仓库以出租库房和仓储设备，提供装卸、包装、流通加工、送货等服务为经营目的，功能比较齐全，服务范围比较广，进出货频繁，吞吐量大，使用效率较高。

(3) 公用仓库。

公用仓库是由国家或一个主管部门修建的，为社会物流业务服务的公用仓库，如车站货场仓库、港口码头仓库等。其特点是公共、公益性强，功能比较单一，仓库结构相对简单。

3. 按仓库储存的条件分类

(1) 普通仓库。

普通仓库设施一般，只能储存无特殊要求的货物。

(2) 恒温保湿仓库。

恒温保湿仓库库房能始终保持一定的温度和湿度，可以储存水果、蔬菜、罐头等。

(3) 冷藏仓库。

冷藏仓库有冷冻设备，使库房保持一定的低温，专门用来储藏鲜鱼、鲜肉，或其他加工食品。

(4) 特种仓库。

特种仓库用于存放特殊的货物，如危险品及易燃、易爆、有毒、剧毒的货物。

4. 按仓库建筑的结构分类

(1) 简易仓库。

简易仓库的构造简单，造价低廉，一般是在仓库能力不足而又不能及时建库的情况下，采取临时代用的办法，包括一些固定或活动的简易仓棚等。

(2) 平房仓库。

平房仓库的构造较为简单，造价较低，一般只有一层，不设楼梯，有效高度不超过6米，适宜于人工操作，各项作业也较为方便简单。

(3) 楼房仓库。

楼房仓库是指两层及两层以上的仓库。它可以减少土地占用，分摊的地价便宜，但进出仓库需要采用机械化或半机械化作业，日常装卸搬运费用比较高。

(4) 高层货架仓库。

高层货架仓库也称为立体仓库，是当前经济发达国家较普遍采用的一种先进仓库，一般高10米，有的达30米，主要采用电子计算机进行管理和控制，实行机械化、自动化作业。

(5) 罐式仓库。

罐式仓库的构造特殊，呈球形或柱式，像一个大罐子，主要用于储存石油、天然气和液体化工产品等。

5. 按仓库所处的位置分类

（1）港口仓库。

港口仓库是以船舶发到货物为储存对象的仓库，一般仓库地址选择在港口附近，以便进行船舶的装卸作业。

（2）车站仓库。

车站仓库是以铁路运输发到货物为储存对象的仓库，通常在火车货运站附近建库。

（3）汽车终端仓库。

汽车终端仓库是指在汽车货物运输的中转地点建设的仓库，为汽车运输提供方便条件。

（4）工厂仓库。

工厂仓库是在企业内建设的仓库，如原材料仓库、产成品仓库、半成品仓库等。

（5）保税仓库。

保税仓库是经海关批准，在海关监管下专供存放未办理关税手续而入境或过境货物的场所，又分公用型保税仓库和自用型保税仓库。

6. 按仓库功能分类

现代物流管理力求进货与发货同期化，使仓库管理从静态管理转变为动态管理，仓库功能也随之改变，这些新型仓库据点有了以下几种新的称谓。

（1）集货中心。

将零星货物集中成批量货物称为"集货"。集货中心可设在生产点数量很多，每个生产点产量有限的地区；只要这一地区某些产品的总产量达到一定水平，就可以设置这种有"集货"作用的物流据点。

（2）分货中心。

将大批量运到的货物分成批量较小的货物称为"分货"。分货中心是主要从事分货工作的物流据点。企业可采用大规模包装、集装货散装的方式将货物运到分货中心，然后按企业生产或销售的需要进行分装，利用分货中心可以降低运输费用。

（3）转运中心。

转运中心的主要工作是承担货物在不同运输方式间的转运。转运中心可以进行两种运输方式的转运，也可进行多种运输方式的转运。在名称上有的称为卡车转运中心，有的称为火车转运中心，还有的称为综合转运中心。

（4）加工中心。

加工中心的主要工作是进行流通加工。设置在供应地的加工中心主要进行以物流为主要目的的加工；设置在消费地的加工中心主要进行实现销售、强化服务为主要目的的加工。

（5）储调中心。

储调中心以储备为主要工作内容，其功能与传统仓库基本一致。

（6）配送中心。

根据《物流术语》（GB/T 18354—2006），配送中心是从事配送业务的物流场所或组织，它基本符合下列要求：①主要为特定的用户服务；②配送功能健全；③完善的信息网络;④辐射范围小;⑤多品种、小批量;⑥以配送为主,储存为辅。

(7)物流中心。

根据《物流术语》(GB/T 18354—2006),配送中心是从事物流活动的物流场所或组织,它基本符合下列要求:①主要面向社会服务;②物流功能健全;③完善的信息网络;④辐射范围大;⑤少品种、大批量;⑥存储、吞吐能力强;⑦统一经营管理物流业务。

第二节 储存作业管理

储存作业主要包括商品的入库作业、商品的储存保管和商品的出库作业等内容。

一、商品的入库作业

商品入库是指接到商品入库通知单后,经过商品接运、装卸搬运、商品验收、办理入库手续等一系列作业环节的工作过程。

1. 商品接运

由于商品到达仓库的形式不同,除了小部分由供货单位直接送到仓库交货外,大部分要经过铁路、公路、航运、空运和短途运输等运输工具转运。凡经过交通运输部门转运的商品,均需经过仓库接运后,才能进行入库验收。因此,商品的接运是商品入库业务流程的第一道作业环节,也是商品仓库直接与外部发生的经济联系。

商品接运的主要任务是及时而准确地向交通运输部门提取入库商品,要求手续清楚、责任分明,为仓库验收工作创造有利条件。接运由交通运输部门转运的商品时,要认真检查,避免将一些在运输过程中或运输前就已经损坏的商品带进仓库,造成验收中责任难分和保管工作中的困难或损失。

接运可在车站、码头、仓库和专用线进行,因而可以简单分为到货和提货两种方式。到货形式下,仓库不需要组织库外运输;提货形式下,仓库要组织库外运输,除了要选择运输路线、确定派车方案外,更要注意物品在回库途中的安全。

2. 装卸搬运

装卸搬运可以分为人工和机械两种情况,在大型仓库中一般使用装卸机械进行,如叉车、吊车、输送带等。在装卸的过程中,必须注意轻搬轻放,保证商品的安全无损。在条件允许的情况下,尽可能在卸载的同时,按照商品的保管要求,将不同收货单位或不同品种的商品分别堆放,为商品出库做准备。

3. 商品验收

商品验收是按照验收业务作业流程,核对凭证等规定的程序和手续,对入库商品进行数量和质量检验的经济技术活动的总称。凡商品进入仓库储存,必须经过检查验收,只有验收后的商品,才可入库保管。

商品验收包括验收准备、核对凭证和实物检验3个作业环节。

(1)验收准备。

仓库接到到货通知后,应根据商品的性质和批量提前做好验收前的准备工作,大致包括以下内容:①人员准备。安排负责质量验收的技术人员或用料单位的专业技术人员,以及配合数量验收的装卸搬运人员。②资料准备。收集并熟悉待验商品的有关文件,如技术标准、订货合同等。③器具准备。准备好验收用的检验工具,如衡器、器具等,并校验准确。④根据商品的性能、数量、体积、重量等确定商品堆放地点,计算和准备堆码及苫盖、垫底材料,并进行清理消毒等工作。⑤设备准备。大批量商品的数量验收,必须要有装卸搬运机械的配合,应做好设备的申请调用。此外,对于有些特殊商品的验收,如毒害品、腐蚀品、放射品等,还要准备相应的防护用品。

(2)核对凭证。

入库商品凭证包括:入库通知单、订货合同副本;供货单位提供的质量证明书、装箱单、磅码单、发货明细表;商品承运单位提供的运单,若商品在入库前发现残损情况,还要有承运部门提供的货运记录或普通记录,作为向责任方交涉的依据。

(3)实物检验。

所谓实物检验就是根据入库单和有关技术资料对实物进行数量和质量检验。

数量检验是保证入库物资数量准确不可或缺的重要步骤,一般在质量验收之前,由仓库的管理职能机构组织进行。按商品性质和包装情况,数量检验分为3种形式,即基建、检斤、检尺求积。

在数量验收之前,还应根据商品来源、包装好坏或有关部门的规定,确定对到库商品是采取抽验还是全验方式。一般情况下,数量检验应全验,即按件数全部进行点数;按重量供货的全部检斤;按理论重量供货的全部检尺,后换算为重量,以实际检验结果的数量为实收数。有关全验和抽验,如果商品检验管理机构有统一规定,则可按规定办理。

质量检验包括外观检验、尺寸检验、机械物流物理性能检验和化学成分检验4种形式。仓库一般只做外观检验和尺寸精度检验,后两种检验如果有必要,则由仓库技术管理职能部门取样,委托专门检验机构检验。

质量检验是商品交货时或入库前的验收。在某些特殊情况下,尚有完工时期的验收和制造时期的验收,即在供货单位竣工和正在制造过程中,由需方派员到供方处进行验收。

4.办理入库手续

货物验收后,由保管员或收货员根据验收结果在入库单上签收,并将货物存放的库房号、货位号标注在入库单上,以便记账、查货和发货。经复核验收的多联入库单据分别由仓库保管员、记账员以及货主保管。其中,货主联作为货主的存货凭证。

二、商品的储存保管

商品在入库之后、出库之前处于保管阶段。商品保管是仓库的主要职能,也是仓库管理工作的中心环节。

1.货物保管原则

(1)面向通道进行保管。

(2)尽可能地向高处码放,提高保管效率。

(3)根据出库频率选定位置。

(4)同一品种在同一地方保管。
(5)根据物品重量安排保管的位置。
(6)依据形状安排保管方法。
(7)依据先进先出的原则。

2. 货物保管方式

常用的货物保管方式有以下5种：

(1)地面平放式。

将保管物品直接堆放在地面上。

(2)托盘平放式。

将保管物品直接放在托盘上,再将托盘平放在地面上。

(3)直接堆放式。

将货物在地面上直接码放堆积。

(4)托盘堆码式。

将货物直接堆码在托盘上,再将托盘放在地面上。

(5)货架存放式。

将货物直接码放在货架上。

流通型仓库应首先考虑出入库的时间和效率,同时较多地着眼于拣选和搬运的方便,保管方式必须与之协调。存储中心出入库的频率较低,应该重视保管,因而首先要考虑保管方式。

3. 商品储存与保管作业内容

(1)分区分类。

分区分类是指存放性质相类似货物的一组仓库建筑物和设备。分区分类一般可采用4种方法:按货物种类和性质分区;按不同货主分区分类;按货物流向分区分类;按货物危险性分区分类。

(2)堆码、苫盖和垫底。

货物堆码、苫盖和垫底是指货物入库存放的操作方法,它关系到货物保管的安全、清点数量的便利以及仓库容量利用率的提高。

(3)盘点对账。

货物的盘点对账是定期或不定期核对库存货物的实际数量与货物保管账上的数量是否相符,检查有无残缺和质量问题。

盘点分为定期盘点和不定期盘点。定期盘点属于全面盘点。一般每季度一次;不定期盘点是在仓库发生货损、货差时盘点。盘点的具体做法包括:盘点数量、盘点重量、货与账核对、账与账核对,并进行问题分析,找出原因,做好记录,及时反映等。盘点的时间因盘点方法的不同而不同。定期盘点,每年1~2次;不定期盘点,每年1~6次;每日每时盘点,每天1~3次。

(4)维护保养。

由于不同商品性能不同,对储存条件的要求也不同。如怕潮湿和易霉变、易生锈的商品,应存放在较干燥的库房里;怕热、易熔化、发黏、挥发、变质,或易发生燃烧、爆炸的商品,应存放在温度较低的阴凉场所;一些既怕热又怕冻且需要一定湿度的商品,应存放在冬暖夏凉的楼下库房或地窖里。此外,性能相互抵触或易串味的商品不能在同一库房混存,以免相互产生不良影响。尤其对于化学危险品,要严格按照有关部门的规定,分区分类安排储存地点。

三、商品的出库作业

这是仓储作业管理的最后环节,仓库管理员根据业务部门开出的商品出库凭证进行物品的搬运和简易包装,然后发货,具体包括以下几个环节:

1. 核对凭证

发放商品必须有正式的出库凭证,严禁无单或白条发货。保管员接到出库凭证后,应仔细核对,这就是出库业务的核单(验单)工作。首先要审核出库凭证的合法性和真实性;其次核对商品品名、型号、规格、单价、数量、收货单位、到站、银行账号;再次审核出库凭证的有效期等。如属自提商品,还须检查有无财务部门准许发货的签章。

2. 备货

出库凭证核对无误后,进行出货准备,此时有两种不同的处理方式:一是照单拣货,准备出货验收;二是视情况拣货,准备改变包装或简易加工。

(1)拣货。

拣货的方式主要有两种:摘果式和播种式。摘果式是以出货单为准。拣货员以品种顺序或储位顺序为主线,到每种品类的储位下层的拣货区拣取该出货单内该品类的数量堆在托盘上,继续拣取下一个品类,一直到该出货单结束,将拣好的货物与出货单放置于待运区指定的位置后,由出货验收人员接手。

播种式的拣货原理和摘果式完全不同,除了单一的出货单以外,还需要按照出货单将各品类汇总,形成各个品类总数量的汇总表。拣货员先按照品类总数量,到指定的储位下层的拣位区一次一次地取货。取完一个品类后,拖至待验区按照出货单的代码(位置编号)将该品类应出货的数量放到托盘或货箱。在待验区的出货验放员则按照品类汇总表详细核对数量与外观,确保无误。然后,拣货员将该批货物按出货单逐一"播种"。

(2)库内加工。

库内改包、简易加工也是一种仓储作业常见的业务。加工的内容一般包括袋装、定量化小包装、配货、分类、混装、拴牌子、贴标记等。外延加工还包括剪断、打孔、折弯、拉拔、挑扣、组装、改装、配套以及混凝土搅拌等。

3. 复核

为了保证出库物品不出差错,备货后应进行复核。出库的复核形式主要有专职复核、交叉复核和环环复核。除此之外,在发货作业的各道环节上,都贯穿着复核工作。例如,理货员核对单货,守护员(门卫)凭票放行,账务员(保管会计)核对账单(票)等。这些分散的复核形式,起到分头把关的作用,有助于提高仓库发货业务的工作质量。

复核的内容包括:品名、型号、规格、数量是否同出库单一致;配套是否齐全;技术证件是否齐全;外观质量和包装是否完好。只有加强出库的复核工作,才能防止错发、漏发和重发等事故的发生,确保出库货物数量准确、质量完好。

4. 包装

出库物品的包装必须完整、牢固,标记必须正确、清楚,如有破损、潮湿、捆扎松散等不能保障运输中安全的包装,应加固整理,破包破箱不允许出库。各类包装容器上若有水渍、油迹、污损,也均不能出库。

出库物品如需托运,包装必须符合运输部门的要求,选用适宜的包装材料,便于装卸和搬运,以保证货物在途中的安全。

包装是仓库生产过程的一个组成部分。包装时,严禁互相影响或性能互相抵触的物品混合包装。包装后,要写明收货单位、到站、发货号、本批总件数、发货单位等。

5. 点付交接

出库货物无论是收货单位提货,还是交付运输部门发运,仓库保管员在备齐货物经复核无误后,必须当面与提货人或运输承运人按单逐件点交清楚、分清责任、办好交接手续。

6. 填单销账

货物交接以后,保管员应在出库单上填写实发数、发货日期等项内容,并签名;然后将出库单连同有关证件资料,及时交给货主,以便货主办理贷款结算。

7. 现场和档案的清理

经过出库的一系列工作程序之后,实物、账目核库存档案等都发生了变化。应按下列几项工作彻底清理,使保管工作重新趋于账、物、资金相符的状态。

(1) 按出库单,核对结存数。

(2) 如果该批货物全部出库,应查实损耗数量。在规定的损耗范围内进行核销,超过损耗范围的查明原因,进行处理。

(3) 一批货物全部出库后,可根据该批货物出入库的情况、采用的保管方法和损耗数量,总结保管经验。

(4) 清理现场。收集苫垫材料,妥善保管,以待再次使用。

(5) 代运货物发出后,收货单位提出数量不符时,属于重量短少而包装完好且件数不缺的,应由仓库保管机构负责处理;属于件数短少的,应由运输机构负责处理。若发出的货物品种、规格、型号不符,由保管机构负责处理。如果发出的货物损坏,应根据承运人出具的证明,分别由保管及运输机构处理。

(6) 由于提货单任务变更或其他原因要求退货时,可经有关方同意,办理退货。退回的货物必须符合原发的数量和质量,要严格验收,重新办理入库手续。当然,未移交的货物则不必检验。

四、仓库设施和装备

除主体建筑(库房、货棚、货场)之外,储存除了需要仓库,还需要有一定的技术装置与机具。各种类别的仓库设施或设备,是储存不可缺少的物质技术基础。仓库设施或设备是提高劳动效率、缩短商品进出库时间、提高仓储服务质量、充分利用仓容和降低仓库费用的必要条件。

仓库设施及设备是按识别和使用方便的需要来进行分类的,其中按设施及设备的主要用途和特征,可划分为装卸搬运设备、储存设备等。

1. 装卸搬运设备

这一类设备是商品出入库和在库堆码以及翻跺作业而使用的设备,它对于改进仓储管理、减轻仓储劳动强度、提高收发货劳动效率、减少操作中的商品损失具有重要作用。现有的仓库装卸搬运设备一般分为:

(1)装卸堆码设备。

装卸堆码设备包括各型起重机、吊车、叉车、堆码机等。其中巷道堆码起重机是仓库中的专用起重、堆垛、装卸设备。按有无导轨可分为有轨巷道堆码起重机和无轨巷道堆码起重机两类,主要应用于巷道式货架仓库中。其中,有轨式起重机高,运行稳定,行走通道较狭窄,是巷道堆码起重机中主要的类别。

(2)搬运传送设备。

搬运传送设备包括各种手推车、电瓶车、内燃机搬运车、拉车、运货卡车、各式平面和垂直传送装置等。近年来,仓库叉车增多,使用托盘和滑片逐渐增加。托盘是仓库叉车用以装卸、堆码、输送商品的配套设备,能扩大商品的盛载面,有平托盘、箱型托盘、有柱托盘等。因为托盘在装卸、搬运中都被广泛使用,所以被列为装卸搬运设备。

2. 储存设备

储存设备对于在库商品质量的维护有着重要的作用。在各种类型的仓库中,储存设备都是不可缺少的,且数量很大。储存设备通常可分为以下几种:

(1)苫垫用品。

苫垫用品主要包括苫布、垫垛用品等。这类设备在机械化水平低、仓库建筑标准低的条件下,是仓库必要的储存设备。

(2)存货用具。

存货用具包括各种货架、货橱等。货架是仓库中常用的装置,是专门用于放置成件物品的储存设备。货架在业务量大的仓库中起的作用很大,既方便商品存取与进出业务,又能提高仓容利用率,扩大和延伸仓储面积,大幅度提高库存能力。货橱对于储存贵重商品或有特别养护要求的商品是必备的设备。

(3)计量设备。

计量设备是商品进出库的计量、点数,以及在库盘点、检查中经常使用的度量衡设备。仓库中使用的计量装置种类很多,从计量方法角度可以分为:重量计量设备,包括各种磅秤、地下及轨道衡器、电子秤等;流体容积计量设备,包括流量计、液面液位计;长度计量设备,包括检尺器、自动长度计量仪等;个数计量装置,如自动计数器及自动计数显示装置等;还有综合的多功能计量设备等。这类设备的管理,对商品进出库工作效率关系重大。

(4)养护检验设备。

养护检验设备是商品入库验收与在库养护、测试、化验,以及防止商品发生变质、失效的一系列机具、仪器、仪表等技术装备。主要有测湿仪、红外线装置、空气调节器以及测试、化验使用的部分仪器和工具。

(5)通风、照明、保暖设备。

通风、照明、保暖设备是商品养护工作和库内作业使用的设备。

(6)安全设备。

安全设备包括保障消防安全和劳动安全的必要设备,如各种报警器、灭火器材、劳动保护用品等。

(7)其他用品及工具。

其他用品及工具是杂项的工具、用品,按实际需要选购配备。凡不归属以上几类的各种用品和工具都列入此类,如小型打包机、标号打印机等。

第三节 库存管理

把库存量控制在最佳数量,用尽可能少的人力、物力、财力把库存管理好,获得最大的供应保障,降低库存成本,是许多企业及其管理者追求的目标,甚至是企业之间竞争的重要一环。但是,由于影响库存的因素众多,并且物品种类复杂多样,因此,库存管理的方法很多。随着库存管理技术的提高,库存管理方法也在不断地变化和发展。

一、库存的含义与分类

1. 库存的含义

我国国家标准《物流术语》中对库存的定义是:库存是处于储存状态的物品。库存对一个企业有双重的影响:一是影响企业的成本;二是影响企业的生产和销售的服务水平。库存越多,成本越高,同时库存水平越高,保障供应的水平越高,生产和销售的连续性越强。同时还存在由于货物积压和损坏而产生的库存风险。因此,在库存管理中,既要保持合理的库存数量,防止缺货和库存不足,又要避免库存过量而发生不必要的库存费用。

库存普遍存在于经济活动的各个环节,是企业开展正常经营活动的基础,库存根据其在经营过程中的功能可分为以下几种:

(1)经常库存。

经常库存指在正常的经营环境下,企业为满足日常需要而建立的库存,这种库存随着每日的需要不断减少,当库存降低到某一水平(如订货点)时,就要按一定的规则反复进行订货来补充库存。

(2)安全库存。

安全库存指为了防止不确定因素而准备的缓冲库存。由于不确定因素存在,安全库存在进行决策时要比经常库存更难。

(3)季节性库存。

季节性库存是指为了满足特定季节出现的特定需要而建立的库存,或指对季节性出产的原材料在出产季节大量收购所建立的库存。

(4)促销库存。

促销库存指为了解决企业促销活动引起的预期销售增加而建立的库存。

(5)投机库存。

投机库存指为了避免因物品价格上涨造成损失或为了从物品价格上涨中获利而建

立的库存。

(6)积压库存。

积压库存指因物品品质变坏不再有效用的库存或因没有市场销路而卖不出去的产品库存。

(7)生产加工和运输过程的库存。

生产加工过程的库存指在处于加工状态以及为了生产的需要暂时处于储存状态的零部件、半成品或成品。运输过程的库存指处于运输状态或为了运输目的而暂时处于储存状态的物资。

二、存贮策略

所谓存贮策略,是指决定什么情况下对存贮进行补充,以及补充数量的多少。下面是一些常见的存贮策略。

1. t - 循环策略

不论实际的存贮状态如何,总是每隔一个固定的时间 t,补充一个固定的存贮量 Q。

2. (t,S) 策略

每隔一个固定的时间 t 补充一次,补充数量以补足一个固定的最大存贮量 S 为准。每次补充的数量是不固定的,要视实际存贮量而定。当存贮(余额)为 I 时,补充数量为 $Q = S - I$。

3. (s,S) 策略

当存贮(余额)为 I,若 $I > s$,则不对存贮进行补充,若 $I \leqslant s$,则对存贮进行补充,补充的数量 $Q = S - I$。补充后存贮量达到最大存贮量 S, s 为订货点(或保险存贮量,安全存贮量)。还有一些情况下,实际存贮量要通过盘点才能得知。若每一个固定的时间 t 盘点一次,得知当时的存贮 I,然后根据 I 是否超过订货点 s,决定是否订货,订货多少,这样的策略便为 (t,s,S) 策略。

三、库存管理方法

1. 定量控制管理法

定量库存控制法又称订货点法,即当库存量降低到一定水平时,就按固定的订货数量进行订货。在制造业中获得普遍采用。假设条件如下:

(1)库存物品的消费速度是稳定的,不会出现消费急剧增加或减少的状况。

(2)订货提前期也是稳定的,不会出现供应不及时而影响库存补充的延误,进而影响供料。

在上述假设条件下,库存量的增加或减少会遵循如图 4.1 所示物品进库时间点,此时库存量最高,随着库存量消耗,按照需求的稳定速率而减少,当物品到达警戒点时,发出订货指令,当物料达到最低点时,又是物料再次入库的时间点,库存量又回到最高点,瞬时补货存贮模型如图 4.2 所示,又开始物料逐渐减少的另一个周期过程。订货时机又叫订货点,是指在库存物品的数量下降到必须再次订货的时点时,仓库所具有的库存量;订货数量指的是每次订货的数量,对于某种物品,当订货点和订货数量确定后,就可以实现库存的自动管理。

订货点 = 平均消费速度 × 平均到货时间 + 保险库存量

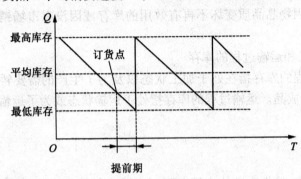

图 4.1　订货点法模型

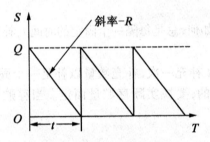

图 4.2　瞬时补货存贮模型

定量控制的优点是：能经常掌握库存量动态，及时提出订购，不易出现缺货；订货量确定后，便于安排库内的相关作业活动，节省理货费用；盘点和订购，手续比较简单，尤其便于应用电子计算机来进行控制。定量控制的缺点是：订购时间不确定，难以编制严密的采购管理计划；不适应需求量变动大的情况，很难及时调整订购批量；难以获得多种物品联合订购的好处。适用的范围主要是：单价较低，且不便于少量订购的物品；需求量较稳定的物品。

一次补充量 Q 必须满足 t 时间内的需求，故 $Q = Rt$。因此，订货费为 $C_3 + KRt$，而 t 时间内的平次订货费用为 $\dfrac{C_3}{t} + KR$。由于需求是连续均匀的，故 t 时间内的平均存贮量为 $\dfrac{1}{t}\displaystyle\int_0^t RTdT = \dfrac{1}{2}Rt$，因此，$t$ 时间内的平均存贮费用为 $\dfrac{1}{2}C_1 Rt$。由于不允许缺货，故不考虑缺货费用，总成本曲线如图 4.3 所示，所以 t 时间内的平均总费用为

$$C(t) = \frac{C_3}{t} + KR + \frac{1}{2}C_1 Rt \tag{4.1}$$

$C(t)$ 随 t 的变化而变化，当 $t = t^*$ 时，$C(t^*) = C^*$ 是 $C(t)$ 最小值，求 t^*，可解得

$$\frac{dC(t)}{dt} = -\frac{C_3}{C_2} + \frac{1}{2}C_1 Rt$$

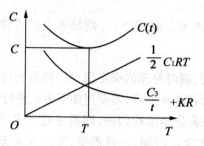

图 4.3　总成本曲线

得

$$t^* = \sqrt{\frac{2C_3}{C_1 R}} \qquad (4.2)$$

因此有

$$Q^* = Rt^* = \sqrt{\frac{2C_3 R}{C_1}} \qquad (4.3)$$

$$C^* = C(t^*) = \sqrt{2C_1 C_3 R} + KR \qquad (4.4)$$

所以,按照 t-循环策略,应当每隔 t^* 时间补充存贮量 Q^*,这样平均总费用为 C^*,为最经济成本。而存贮物单价 K 和补充量 Q 无关,为一常数,因此,存贮物总价 KQ 和存贮策略的选择无关,则在求费用函数 $C(t^*)$ 时,常将这一项省略,原式变为

$$C^* = C(t^*) = \sqrt{2C_1 C_3 R} \qquad (4.5)$$

此模型为存贮论中最基本的模型,为经济订购批量模型。

例 1　某商品单位成本为 5 元,每天保管费为成本的 0.1%,每次订购费为 10 元。已知对该商品的需求是每天 100 件,不允许缺货。假设该商品的进货可以随时实现,应该怎样组织进货,才最经济?

解:根据题意,$K=5$ 元/件,$C_1=5\times0.1\%=0.005$ 元/(件·日),$C_3=10$ 元,$R=100$ 件/日。
由上述公式,得

$$t^* = \sqrt{\frac{2C_3}{C_1 R}}$$

$$= \sqrt{\frac{2\times10}{0.005\times100}} \text{元/日}$$

$$= 6.32 \text{元/日}$$

$$Q^* = Rt^*$$

$$= (100\times6.32) \text{件}$$

$$= 632 \text{件}$$

$$C^* = C(t^*) = \sqrt{2C_1 C_3 R}$$

$$= \sqrt{2\times0.005\times10\times100} \text{元/日}$$

$$= 3.16 \text{元/日}$$

所以,每隔 6.32 天进货一次,每次进货该商品 632 件,使总费用(存贮费和订购费之和最少),平均每天约为3.16元。若按年计,则每年大约进货 $\frac{365}{6.32} \approx 58$(次),每次进货632件。

以上是针对不允许缺货,瞬时补充的确定型存贮模型的计算,而不允许缺货,补充时间较长的确定型存贮模型如图4.4所示,需要用如下方式进行计算。

模型假设条件为:①需求是连续均匀的,即需求速度 R 为常数;②补充需要一定时间,不考虑拖后时间,只考虑生产时间,一旦需要,生产可立刻开始,但生产需要一定周期,生产是连续均匀的,即生产速度为 P,是常数,并且 $P>R$;③单位存贮费用为 C_1,单位缺货成本为 C_2,订购费为 C_3,不考虑货物价值。当允许缺货时,C_2 为零。

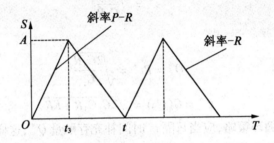

图4.4 不允许缺货经济生产批量模型

最优存贮策略的各参数如下:
最优存贮周期

$$t^* = \sqrt{\frac{2C_3 P}{C_1 R(P-R)}} \tag{4.6}$$

经济生产批量

$$Q^* = Rt^* = \sqrt{\frac{2C_3 RP}{C_1(P-R)}} \tag{4.7}$$

结束生产时间

$$t_3^* = \frac{R}{P} t^* \tag{4.8}$$

平均总费用

$$C^* = \sqrt{2C_1 C_3 R} \cdot \sqrt{\frac{P-R}{P}} \tag{4.9}$$

当 $P \to \infty$ 时,即生产可在极短时间内完成,瞬时补充货物。

例2 某装配车间每月需零件800件,该零件由厂内生产,生产率为每月1 600件,每批生产准备费为200元,每月每件零件存储费为1元。试求最小费用与经济批量。

解:依题意,已知 $P=1\ 600$ 件/月,$R=800$ 件/月,$C_1=1$ 元/(月·件),$C_3=200$ 元/次,代入相应公式,故

$$Q^* = Rt^*$$

$$= \sqrt{\frac{2C_3RP}{C_1(P-R)}}$$

$$= \sqrt{\frac{2 \times 200 \times 800 \times 1\,600}{1 \times (1\,600 - 800)}} 件$$

$$= 800 \text{ 件}$$

$$C^* = \sqrt{2C_1C_3R} \cdot \sqrt{\frac{P-R}{P}}$$

$$= (\sqrt{2 \times 1 \times 200 \times 800} \times \sqrt{\frac{1\,600 - 800}{1\,600}}) 元$$

$$= 400 \text{ 元}$$

$$t^* = \sqrt{\frac{2C_3P}{C_1R(P-R)}}$$

$$= \sqrt{\frac{2 \times 200 \times 1\,600}{1 \times 800 \times (1\,600 - 800)}} 月$$

$$= 1 \text{ 月}$$

$$t_3^* = \frac{R}{P} t^*$$

$$= (\frac{800}{1\,600} \times 1) 月$$

$$= 0.5 \text{ 月}$$

即每次经济批量为 800 件,这 800 件只需在 0.5 个月中生产,相隔 0.5 个月后,进行第二批量的生产,所以周期为 1 个月,最小费用为 400 元/月。

还有其他模型,如允许缺货,补充时间较长或者是允许缺货,补充时间较短的,都有各自相应的假设及相应的公式,但这些内容都是针对确定型存贮模型进行探讨,除此之外,还有对单周期的随机型存贮模型以及其他随机型存贮模型的探讨,因限于篇幅和涉及学科的深度,在此不做更深入的探讨,如对以上方面有兴趣的读者可自行参阅清华大学出版的《运筹学教程》中的存贮论部分。

2. ABC 库存控制方法

ABC 库存控制法作为库存管理的方法,1951 年由 GE 公司的迪基开发出来以后,在各企业迅速普及,运用在相应企业的实力中,取得理想的绩效。

ABC 库存分类法的原理,是由于仓库保管的货物品种较多,货物价格不一致,数量也各不相同。ABC 库存分析法是通过对库存货物进行分类,以找出占用大量资金的少数库存货物,并加强对其的管理的控制;对那些占用资金较少的货物,则实行较简单的控制和管理。

ABC 以如下方法进行分类:如将价值比率为 65%~80%、数量比率为 15%~20% 的物品划分为 A 类;将价值比率为 15%~20%、数量比率为 30%~40% 的物品划分为 B 类;将价值比率为 5%~15%、数量比率为 40%~55% 的物品划分为 C 类。

具体步骤如下：

(1) 收集数据。

按分析对象与分析内容，收集有关数据。

(2) 处理数据。

对收集来的数据资料进行整理，按要求计算和汇总，即以平均库存乘以单价，计算各种物品的平均资金占用额。

(3) ABC 分析表。

将分析的数据列入表 4.1 中。

表 4.1 库存 ABC 分类表

一栏	二栏	三栏	四栏	五栏	六栏	七栏	八栏	九栏
物品名称	品目数累计	品目数累计百分比	单价	平均库存	平均资金占用额	平均资金占用额累计	平均资金占用额累计百分比	分类结果
商品 1								
商品 2								

制表按下述步骤进行：将第 2 步已求出的平均资金占用额，以大排队的方式由高至低填入表中第六栏。以此栏为准，将相应物品名称填入第一栏；物品单价填入第四栏；平均库存填入第五栏；在第二栏中按 1,2,3,4…编号，即品目累计。此后，计算品目数累计百分数，填入第三栏；计算平均资金占用额累计，填入第七栏；计算平均资金占用额累计百分数，填入第八栏。

(4) 根据 ABC 分析表确定分类。

按 ABC 分析表，观察第三栏累计品目百分数和第八栏的平均资金占用额累计百分数，将累计品目百分数为 5%～15%，而平均资金占用额累计百分数为 70%～80% 的前几个物品，确定为 A 类；将累计品目百分数为 20%～30%，平均资金占用额累计百分数也为 20%～30% 的物品，确定为 B 类；其余为 C 类，即累计品目百分数为 60%～80%，而平均资金占用额累计百分数仅为 5%～15% 的物品。

(5) 绘 ABC 分析图。

以累计品目百分数为横坐标，以累计资金占用额百分数为纵坐标，按 ABC 分析表第三栏和第八栏中所提供的数据，在坐标图上取点，并连接各点，绘成 ABC 曲线，如图 4.5 所示。

(6) 确定重点管理要求。

ABC 分析结果，对不同级别的库存进行不同的管理和控制，管理要求见表 4.2。

A 类库存：此类库存物资数量虽少但对企业最为重要，对此类库存定时进行盘点，详细记录及经常检查分析物资使用、存量增减、品质维持等信息，加强进货、发货、运送管理,在满足企业内部需要和顾客需要的前提下维持尽可能低的经常库存量和安全库存量,加强与供应链上下游企业合作,降低库存水平,加快库存周转率。

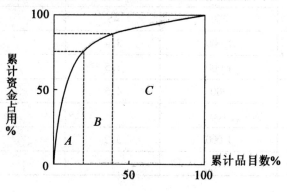

图 4.5　ABC 分析图

B 类库存:这类库存属于一般重要的库存,对于这类库存的管理强度介于 A 类库存和 C 类库存之间,对 B 类库存一般进行正常的理性管理和控制。

C 类库存:这类库存物资数量最大但对企业的重要性最低,因而被视为不重要库存。对于这类库存一般进行简单的管理和控制,比如,大量采购大量库存、减少这类库存的管理人员和设施、库存检查时间间隔长等。

表 4.2　ABC 类重点管理要求

分类结果	管理重点	订货方式
A 类	为了压缩库存,投入较大力量精心管理,将库存压到最低水平	计算每种物品的订货量,采用定期订货方式
B 类	按经营方针调节库存水平,例如,要降低水平时,就减少订货量和库存	采用定量订货方式
C 类	集中大量订货,不费太多力量,增加库存储备	双仓法储存,采用订货点法进行订货

例 4.3　某企业 10 种物料的年使用量及单价见表 4.3。

表 4.3　物料的年使用量及单价表

物料编号	年使用量/件	单价/元	年使用量的价值额/元
001	1 000	4.8	4 800
002	1 000	1.4	1 400
003	1 400	28	39 200
004	700	8	5 600

续表 4.3

物料编号	年使用量/件	单价/元	年使用量的价值额/元
005	600	45	27 000
006	1 000	3.4	3 400
007	1 000	1.5	1 500
008	200	4.5	900
009	100	3	300
010	1 000	3.2	3 200
合计			87 300

将以上 10 种物品进行 ABC 分类,结果见表 4.4。

表 4.4　某企业物料 ABC 分类表

物料编号	年使用量价值额/元	累计价值额/元	累计价值额比重/%	分类
003	39 200	39 200	44.9	A
005	27 000	66 200	75.83	A
004	5 600	71 800	82.24	B
001	4 800	76 600	87.74	B
006	3 400	80 000	91.64	B
010	3 200	83 200	95.30	C
007	1 500	84 700	97.02	C
002	1 400	86 100	98.63	C
008	900	87 000	99.66	C
009	300	87 300	100.00	C

第四节　储存合理化

储存合理化,就是建立合适的储存条件,对合适的储存品种进行合适的库存管理的综合性系统工程。储存合理化具体包括:储存条件合理化、储存品种结构合理化、储存数量合理化和储存时间合理化。

一、储存合理化的标志

储存合理化的标志主要有以下几个方面:
(1)数量标志。
在保证储存功能实现的前提下,有一个合理的储存数量范围,合理储存必须以保证商品流通正常进行为前提。

(2)时间标志。

在保证储存功能的前提下,寻求一个合理的储存时间。这是与数量有关的问题,储存量越大而消耗速度越慢,则储存的时间越长,反之则越短。在具体衡量时,往往用周转速度指标来反映时间标志,如周转天数、周转次数等。

(3)结构标志。

根据储存物品的不同品种、不同规格、不同花色的数量比例关系,对储存合理性进行判断。特别是相关性很强的各种物品之间的比例关系,更能反映储存的合理性。

(4)分布标志。

仓储网点的合理布局,也是合理储存的一个重要标志。仓储网点过多或过少,都会影响仓储合理化,从而影响物流的工作效率。就流通领域而言,批发企业一般承担着经济区的供应任务,它要依靠一定的储存来调剂市场,所以储存要大,要合理设置储存网点。零售企业处于流通渠道末端,网点分散,销售量小,因而一般设小型仓库,储存量小。

(5)费用标志。

从仓储费、维护费、保管费、损失费、资金占用利息支出等实际费用上,可以判断储存是否合理。

(6)质量标志。

保证储存物品的质量,是完成储存功能的根本要求。只有这样,商品的使用价值才能通过物流之后得以实现。在储存活动中增加了多少时间价值或得到了多少利润,都是以保证质量为前提的。所以在仓储合理化的主要标志中,最根本的是反映使用价值的质量。

二、储存合理化的途径

(1)储存品种结构合理化,是要有一个合理的库存品种结构。

(2)储存数量合理化,就是要有一个合适的库存数量。

(3)储存时间合理化,就是储存时间不能太长,超过规定储存期,产品就失去了原有的使用价值而成为废品或次品。储存时间合理化,一定要认真执行"先进先出"原则,保证各个产品都能够正常流转,加快流转速度,提高库存周转率和库容利用率。

实行"先进先出",常采用的办法有:

①周转快的物资随机存放在便于存储之处,以加快周转,减少劳动消耗。

②采用贯通式货架系统。货架每层采用贯通的通道,从一端存入物品,从另一端取出物品,物品在通道中自行按先后顺序排队出库,不会出现遗漏、越位。

③"双仓法"储存。给每种储存物品都准备两个仓位或货位,轮换进行存取,规定一个货位用完再用另一个货位,则可以保证实现"先进先出"。这种方法在管理上比较简单,适合于资金占用量不大、经常使用又无须进行重点管理的物资。

④提高仓容利用率。常采用的办法有:提高库存周转率,让物资快进快出,加快周转,这是提高仓容利用率的最佳途径;采取高垛的方法,增加储存的高度。具体方法有:采用高层货架仓库、采用集装箱等,都可比一般堆存方法大大增加储存高度;缩小库内通

道宽度以增加储存有效面积,采用窄巷道式货架,配以轨道装卸车辆,以减少车辆运行宽度要求,用侧叉车或推拉式叉车,以减少叉车转弯所需的宽度;减少库内通道数量以增加储存有效面积。

(4)储存条件合理化,主要是要建立起一个完善合理的保管场所和保管条件。仓库的地质地理条件、温度湿度通风光照能源条件、防火防盗安全条件、仓储规划布局、保管规章制度等全面合理化,采用以下一些措施是必要的。

①采用计算机仓储管理系统。计算机管理可以实现各个品种迅速有效的进销存数量管理、有效的储存定位管理,能大量节约寻找、存放、取出的时间,而且能防止出错,减少空位的准备量,提高储存系统的利用率。

②实行 ABC 分类管理。

③采用有效的监测清点方式。对储存物资数量和质量的监测是科学库存控制的重要内容。监测清点的有效方式主要有:

a."五五化"堆码。在储存物品堆垛时,以"五"为基本计数单位,堆成总量为"五"的倍数的垛形,如梅花五、重叠五等。

b.光电识别系统。在货位上设置光电识别装置,对物品进行扫描,并将准确数目自动显示。

c.电子计算机监控系统。

④采用现代储存保养技术,如自动存取技术、自动识别技术、自动分拣技术、计算机管理控制技术等。

⑤采用集装箱、集装袋、托盘等运储装备一体化的方式。这种方式通过物流活动的系统管理,将储存、运输、包装、装卸一体化,不但能够使储存实现合理化,更重要的是促使整个物流系统的合理化。

本章小结

1. 仓储是仓库储存和保管的简称。仓储作业过程可分为入库前准备、验货收货、保管和出库 4 个阶段。

2. 仓库的规划布局包括仓库的分类、数量决策、仓库的规模与选址、仓库的面积及参数的确定,仓库的业务流程是指以保管活动为中心,从商品开始入库到需要把商品全部出库的全过程。

3. 货物的入库业务有 4 个环节:入库前的准备、接收、验收和入库。

4. 货物的保管业务也是仓储业务的重要环节,要进行存储的规划、货物的堆码和苫垫,最后是对货物的检查和盘点。

5. 货物的出库是仓储业务的最后一个环节,出库的方式有货物自提、送货上门和代理托运。

6. 仓储合理化可采取合理化措施,所体现的标志有质量标志、数量标志、时间标志、结构标志、分布标志和费用标志等。库存量的控制与优化的具体措施有 ABC 分类控制、经济订购批量模型和零库存。

【案例分析】

长虹的流动仓库

案例背景：

电器行业的一个重要特点就是物品的贬值率特别高，物品存放在仓库一天要损失 5% 的利润。这对已经趋于"微利"的家电企业来说，无疑是制约企业发展的重要因素。作为中国家电业龙头的长虹也不例外。

以往长虹物流信息集成度不高，信息处理点分散，时效滞后，数据准确度不高，这些问题严重制约了公司的运营决策。长虹管理层认为，目前家电企业的竞争力不单纯体现在产品质量能否满足市场要求，更重要的是如何在市场有需求的时候，生产和递交顾客满意的产品及服务。这就要求企业不仅要保证快节奏的生产，而且要实现最低库存下的仓储。因此，长虹提出了"物流是流动的仓库"的观点，用时间消灭空间，摒弃了以往"存货越多越好"的落后观念，全面提升速度观念。

长虹在绵阳拥有 40 多个原材料库房，50 多个成品库房，200 多个销售库房。过去的仓库管理主要由手工完成，各种原材料信息通过手工录入。虽然应用了 ERP 系统，但有关原材料的各种信息仍记录在纸面上，存放地点完全依靠人工记忆。货品入库之后，所有数据都通过手工录入到计算机中。对于制造企业来说，仓库的每种原材料都有库存底线，库存过多影响成本，库存不够时需要及时订货，但是，纸笔录入方式具有一定的滞后性，因此，真正的库存与系统中的库存永远存在差距，无法达到实时。这导致总部无法做出及时和准确的决策。而且手工录入方式效率低，差错率高，在出库频率提高的情况下，问题更为严重。

为了解决上述问题，长虹决定采用条形码技术以及无线解决方案。经过慎重选型，长虹选择了美国讯宝科技公司及其合作伙伴——高立开元公司共同提供的企业移动解决方案。该解决方案采用讯宝科技的条形码技术，并以 Symbol MC3000 作为移动处理终端，配合无线网络部署，进行仓库数据的采集和管理。目前长虹主要利用 Symbol MC3000 对其电视机生产需要的原材料仓库以及 2 000 多平方米的堆场进行管理，对入库、出库以及盘点环节的数据进行移动管理。

一、入库操作

一个完整的入库操作包括收货、验收、上架等操作。长虹在全国有近 200 家供应商，根据供应商提供的条形码对入库的原材料进行识别和分类。通过条形码进行标识，确保系统可以记录每个单体的信息，进行单体跟踪。仓库收货员接到供应商的送货单之后，利用 Symbol MC3000 扫描即将入库的各种原材料的条形码，并扫描送货单上的条形码号，通过无线局域网络传送到仓库数据中心，在系统中检索出订单，实时查询该入库产品的订单状态，确认何时可以收货，提交给长虹的 ERP 系统。

收货后，长虹的 ERP 系统会自动记录产品的验收状态，同时将订单信息发送到收货员的 Symbol MC3000 手持终端，并指导操作人员将该产品放置到系统指定的库位上。然后扫描库位条形码，系统自动记录该物品存放库位并修改系统库存，记录该配件的入库时间。通过这些步骤，长虹的仓库管理人员可以在系统中追踪到每一个产品的库存状态，实现实时监控。

二、出库操作

一个完整的出库操作包括下架、封装、发货等。通过使用无线网络，长虹的仓库管理人员可以在下架时实时查询待出库产品的库存状态，实现先进先出的操作，为操作人员指定需发货的产品库位，并通过系统下发动作指令，实现路径优化。封装时系统自动记录包装内的货物清单并自动打印装箱单。发货时，系统自动记录发货的产品数量，并自动修改系统库存。

通过这些步骤，长虹可以在系统中追踪到每个订单产品的发货情况，实现即时发货，提高服务效率和客户响应时间。仓库操作人员收到仓库数据中心的发货指示时，会查阅无线终端上的任务列表，并扫描发货单号和客户编码，扫描无误后确认发送，中心收到后关闭发货任务。

三、盘点操作

长虹会定期对库存商品进行盘点。在使用条形码和无线技术之前，长虹的仓库操作人员清点完物品后，将盘点数量记录下来，将所有的盘点数据单提交给数据录入员输入计算机。由于数量清点和计算机录入工作都需要耗费大量的时间并且不能同时进行，因此往往会出现计算机录入员无事可做，然后忙到焦头烂额的情况；而仓库人员则在盘点时手忙脚乱，围在计算机录入员身边等待盘点结果。这样的场面，几乎每个月都要发生一次。

实施了讯宝科技的企业移动解决方案后，长虹杜绝了这种现象。仓库操作人员手持Symbol MC3000移动终端，直接在库位上扫描物品条形码和库位，系统自动与数据库中记录进行比较，通过移动终端的显示屏幕将盘点结果反馈给仓库人员。通过无线解决方案可以准确反映货物库存，实现精确管理。

条形码结合无线技术的企业移动解决方案使长虹的库存管理取得了非常明显的效果，为长虹降低了库存成本，大大提高了供应链效率，更为重要的是，准确及时的库存信息，让长虹的管理层可以对市场变化及时做出调整，大大提高了长虹在家电市场的竞争力，具体体现在以下4个方面：

1. 库存的准确性提高

无线手持移动终端或移动计算机与仓库数据中心实现了数据的实时双向传递后，保证了长虹原材料仓库和堆场中的货物从入库开始到产品出库结束的整个过程，各环节信息都处在数据中心的准确调度、使用、处理和监控之下，使得长虹库存信息的准确性达到100%，便于决策层做出准确的判断，提高了长虹的市场竞争力。

2. 增加了有效库容，降低了企业成本

由于实现了实时数据交换，长虹仓库货物的流动速度提高，使得库位、货位的有效利用率随之提高，增加了长虹原材料仓库的有效库容，降低了产品的成本，提高了利润率。

3. 实现了电子化操作，减少了人工误差

整个仓库都通过无线技术传递数据，从订单、入库单、调拨单、装箱清单、送货单等都实现了与仓库数据中心的双向交互、查询，大大减少了纸面单据，而采用Symbol MC3000手持移动终端进行条形码扫描识别，让长虹在提高数据记录速度的同时减少了人员操作错误。

4. 提高了快速反应能力

现在长虹可以在第一时间掌握仓库的库存情况,这让长虹可以对复杂多变的加点市场迅速做出反应和调整。在仓库管理中应用讯宝科技的移动解决方案,进行现场数据采集和分析,使成品信息、物料信息及配送信息全部集成到公司的ERP等信息系统上,长虹基本形成了一体化的物流信息系统,实现了无线网络的仓储管理,极大地提升了长虹物流的整体水平。

问题分析:

1. 为什么长虹认为"物流是流动的仓库"?
2. 条形码结合无线技术为长虹带来了什么样的经济效益和社会效益?

【思考与练习】

1. 简述仓储的概念及其内涵。
2. 简要说明仓库的分类及其功能。
3. 简述仓储作业管理的一般过程。
4. 仓储的主要功能有哪些?
5. 简述基本的库存控制方法及其原理。
6. 储存合理化的标志有哪些?
7. 简述储存合理化的意义和途径。

第五章 配送及配送中心

【学习目标】
- 了解配送的定义、特点及分类;
- 了解配送路线的选择;
- 掌握配送模式及其选择;
- 了解配送中心的性质、功能类型。

第一节 配送概述

配送是社会化大生产和商品经济高度发展条件下的一种先进的流通方式。配送(Distribution)按用户的订单要求,在物流据点进行分货、配货等工作,并将组配好的货物按时送达指定的地点和收货人的物流活动。日本工业标准 JIS 对配送的解释是:"将货物从物流节点送交收货人。"

一、配送

1. 配送的概念溯源

20 世纪下半叶,由于科学技术的不断进步和经济的不断发展,人类开发利用自然资源的规模在迅速扩大,货物运输量急剧增加,运输业得以迅速发展,企业面临着缩短交货周期、提高产品质量、降低成本和改进服务的压力。为适应不同层次的消费需求,零售业中连锁经营、专卖店、无店铺销售等各具特色的业态应运而生,为商品流通提供了多样化的渠道,促使生产、销售结构发生变化,同时也推动了流通环节的高效化和重新组合。传统的仓库概念被逐渐打破,作为物流节点的仓库从原来的单一保管功能迅速向收货、分货、装卸、加工、配送等多种功能方向发展,港口、码头、汽车和火车货站、机场货站、城市仓库等物流节点都在扩展自己的功能,许多物流节点逐渐演变为现代的物流配送中心,具有配送功能。

追溯历史,"配送"的概念最早曾广泛使用于日本,其本意是运送、输送和交货,是指将货送达。日本 1991 年版的《物流手册》中表述,"与城市之间的物流据点之间的运输相对而言,将面向城市内和区域范围内需要者的运输"称之为"配送"。另有"生产厂家到配送中心之间的物品空间移动叫运输,从配送中心到顾客之间的物品空间移动叫配送"。日本学者菊池康在《物流管理》一书中把"配送"定义为"短距离、小批量运输"。日本学者对配送的普遍认识是配送局限在一个区域(城市)范围内,从性质来看,配送是一种运输形式。菊池康认为:"运输是长距离大量货物的移动,是在据点间的移动,是地区间货物的移动,是卡车一次向一地单独运送;而配送是短距离少量货物的移动,是企业把货物最后交给顾客,是地区内部货物的移动,是卡车一次向多处送货,顾客每次只获得少量货物。"

中国在1986年从日本引入"配送"的概念后,按照我国物流学界对"配送"一词的理解,体现在两个方面:一是配,二是送,是"配"和"送"的有机结合,是一项特殊的物流活动,是构筑现代物流的重要职能之一。我国物流学界对配送的定义是:按照客户的订货要求和时间计划,在物流据点(含仓库、商店、货运站、物流中心和配送中心等)进行分拣、加工和配货等作业后,再将配备好的货物以最合理的方式送交用户的一种经济活动,我们称之为配送。

《物流术语》(GB/T 18354—2006)中将配送定义为:配送(Distribution)即:"在经济合理区域范围内,根据用户要求,对物品进行拣选、加工、包装、分割、组配等作业,并按时送达指定地点的物流活动。"

2. 配送的特点

配送不同于运输,运输与配送关系示意图如图5.1所示。配送也不同于旧式送货,现代配送与一般送货业务的区别见表5.1,配送具有物流大系统所赋予的特点。

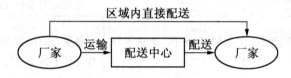

图 5.1　运输与配送关系示意图

(1)从物流据点至用户的一种特殊送货形式。

配送在整个输送过程中处于"二次输送""支线输送""终端输送"的位置,除工厂用户的货物配送是直达型外,大部分配送是"中转"型送货,其起始点是物流据点,终止点是用户,配送更直接面向并靠近用户,并且多数局限在一个区域(城市)范围内,运输多为干线输送和直达送货,批量大,品种相对单一,配送通常是短距离、多品种、少数量货物的移动。

(2)按用户需求配送。

从事配送的是专职流通企业(配送方),用户(货物需求方)需要什么配送什么,强调了用户的绝对主体地位,而不是生产企业(送货)生产什么送什么。即在全面配货基础上,完全按用户需求,包括种类、品种搭配、数量、时间等方面所进行的运送。因此,不仅包含"运""送"的基本物流活动,还需要从事大量分货、配货、配装等工作,是"配"与"送"的有机结合。

(3)以供给者送货到户式的服务性供应。

从服务方式来讲,配送是一种"门到门"的服务,可以将货物从物流据点一直送达用户的仓库、营业所、车间乃至生产线的起点或个体消费者手中,配送体现为运输与其他活动共同构成的组合体,配送要开展诸如组织物资订货、签约、进货、分拣、包装、配装等及时对物资分配、供应处理活动。

(4) 信息化、智能化进展迅速。

由于普遍采用现代化技术和装备,使配送在信息传递与处理上,可借助于计算机辅助决策,如辅助进货决策、辅助配货决策和辅助选址决策等,加上计算机与其他自动化装置的操作控制,如无人搬运车、配送中心的自动分拣系统等,使配送在规模、水平、效率、速度、质量等方面远远超过以往的送货形式,使得整个配送作业像工业生产中广泛应用的流水线一样流畅,成为科学技术进步的一个产物。

表 5.1 现代配送的特点以及与一般送货业务的区别

项目	配送活动	送货活动
工作内容	货物经过分类、配组、分装货物整理	没有分类、配组等理货工作
工作效率	充分利用运力,考虑车辆的货物配载,重视运输路线优化,强调距离最短,一辆卡车向多处运送	不考虑车辆配载,不考虑科学制订运输规划、优化运输路线,卡车一次向一地单独运送
时间要求	送货时间准确,计划性强	时间不一定准确,计划性较差
成本费用	最优	存在运力浪费,成本费用高
与其他物流作业环节的关系	备货、储存、流通加工、分拣、送货等作业环节统一管理	备货、储存、流通加工、分拣、送货等各作业环节分割进行
市场性质	以市场需求为导向,客户需要什么送什么,以满足顾客需求为前提,是一项增值服务	有什么送什么,只能满足客户的部分需要,只是销售工作的一个普通服务项目
目的意义	是实现企业战略的重要组成部分,是提升企业竞争力的重要手段	只是企业的一种推销手段,通过送货上门服务提高销售量
组织管理	有专职的企业物流部门(公司)或物流企业组织作为组织保障,组织管理水平高,有完善的信息管理系统做支撑	在生产企业只是一项附带业务
基础设施	必须有完善的交通运输网络和设施,有将分货、配货、送货等活动有机地结合起来的专业配送中心	没有具体的要求
技术装备	全过程有现代化物流技术和装备的保证,在规模、水平、效率、速度及质量等方面占优	技术装备简单
行为性质	是一种定制化长期固定的服务,并且供需双方形成的是一种战略伙伴关系	是企业销售活动中的短期促销行为,可以是一种偶然行为

3. 配送的意义与作用

配送在本质上是运输,创造空间效用自然是它的主要功能。但配送不同于运输,它是运输在功能上的延伸。相对于运输而言,配送除创造空间效用这一主要功能之外,其作用还有其他方面。

(1)完善运输系统。

现代大载重量的运输工具,固然可以提高效率,降低运输成本,但只适于干线运输,因为干线运输才可能是长距离、大批量,才有可能呈现高效率、低成本的运输。支线运输一般是小批量,如果使用载重量大的运输工具则是一种浪费。支线小批量运输频次高、服务性强,要求比干线运输具有更高的灵活性和适应性,而配送通过其他的物流环节的配合,可实现定制化服务,能满足这种要求。因此,只有配送与运输的密切结合,使干线运输与支线运输有机统一起来,才能实现运输系统的合理化。

(2)消除交叉运输。

交叉运输是普遍存在的。由于交叉运输的存在,使输送路线长,规模效益差,运输成本高。如果在生产企业与客户之间设置配送中心,采取配送方式,则可消除交叉运输。因为设置配送中心以后,将原来直接由各生产企业送至各客户的零散货物通过配送中心进行整合再实施配送,减少了交叉输送,缩短了输送距离,成本得以降低。

(3)提高末端物流的经济效益。

采取配送方式,通过配货和集中送货,或者与其他企业协商实施共同配送,可以节约物流成本,提高物流系统末端的经济效益。

(4)实现低库存或零库存。

配送通过集中库存,可使系统总库存水平降低,既降低了存储成本,也节约了运力和其他物流费用。尤其是采用准时制配送方式后,生产企业可以依靠配送中心准时送货而无须保持自己的库存,或者只需保持少量的保险储备,这就可以实现生产企业的"零库存"或低库存,减少资金占用,改善企业的财务状况。"零库存"是一种特殊的库存概念,是指某种或某些货物的储存数量很低,甚至可以为"零",即不保持库存。不以库存形式存在就可以免去仓库存货的一系列问题,如仓库建设、管理费用、存货维护、储存、装卸、搬运等费用,存货占用流动资金及库存物的老化、损失、变质等问题。

(5)方便用户。

由于配送可提供全方位的物流服务,采用配送方式后,用户只需向配送供应商进行一次委托,就可以得到全过程、多功能的物流服务,从而简化委托手续和工作量,节省开支。

(6)保证供货。

采用配送方式,配送中心比任何单独供货企业有更强的物流服务能力,可使用户减少缺货风险。如巴塞罗那大众物流中心承担着大众、奥迪、斯柯达等大众系统数个品牌的汽车零部件的配送任务。4个品牌的汽车在整车下线前两个星期,有关这些车辆88 000种零配件在这里可以全部采购到。假如用户新买的车坏了,只要在欧洲范围内,24小时内就会由专门的配送公司把用户所需要的零部件送到手中。

二、配送的分类

配送有多种方式,按其组织方式、配送对象特性及内容不同可以有如下分类:

1. 按配送组织者不同分类

(1) 配送中心配送。

组织者是专职从事配送的配送中心。配送中心专业性强、规模较大,有专门的配送设备和设施,按配送需要储存各种商品,储存量较大,和用户有固定的配送关系,一般实行计划配送,需配送的商品有一定的库存量,一般情况下很少超越自己的经营范围。物流配送中心化也是物流社会化的基础条件。配送中心配送覆盖面较宽,是大规模的配送形式,配送能力强,配送距离远,配送品种多,配送数量大。可以承担工业生产主要物资的配送以及向商店实行补货性配送。配送中心的设施及工艺流程是根据配送需要专门设计的,投资建设费用较高,并且一旦建成,不易改变。

(2) 商店配送。

组织者是商业或物资的门市网点,除日常零售业务外,根据用户的要求将商店经营的品种配齐,或代用户外订或外购一部分本商店平时不经营的商品,和商店经营的品种一起配齐送达用户。多是小量、零星商品的配送,很难与大配送中心建立计划配送关系,但可承担生产企业非主要生产物资的配送及消费者个人的配送,是配送中心的辅助及补充的形式。

2. 按配送商品种类及数量不同分类

(1) 单(少)品种大批量配送。

工业企业需要量较大的商品,单独一个品种或几个品种就可达到较大输送量,可由专业性很强的配送中心实行配送。因配送量大,可使车辆满载并使用大吨位车辆,提高车辆利用率;配送中心内部设置、组织、计划等工作都比较简单,因而配送成本低。在生产领域,由于许多企业的产品品种不多、生产批量大,采用单品种、大批量直接配送方式,如钢铁厂、棉纺厂等,从生产企业将这种商品直接运抵用户,通过库存控制且不致使用户库存效益下降,采用这种配送方式往往使企业有更好的效益。

(2) 多品种、少批量配送。

多品种、少批量配送是按用户要求,将所需的各种物品(每种需要量不大)配备齐全,凑整装车后由配送据点送达用户。生产企业中,处于B、C类物资品种数远高于A类主要物资,B、C类的品种数量多,但是单种需要量不大,适合采用多品种、少批量配送。同时,生产企业为适应市场需求,生产出现柔性化,产品销售快速化,在新的市场环境下,各销售企业为提高市场份额,对自己的产品进行差异化、多样化、个性化处理,并广泛采用多品种、少批量、多批次的柔性配送方式,此种配送配货作业水平要求高,配送中心设备较复杂,配货配送计划难度大,要有高水平的组织工作保证和配合,符合现代"消费多样化""要求多样化"的新观念。特别在电子商务 B2C 模式,多品种、少批量、多批次配送是支持消费配送的有力物流平台,也是许多西方发达国家较为推崇的配送方式。

(3) 配套成套配送。

按企业生产需要,尤其是装配型企业生产需要,将生产每一台件所需全部零部件配齐,按生产节奏定时送达企业,生产企业随即可根据生产进度计划按时将此成套零部件送入生产线进行产品组装的一种配送方式。这种配送方式,配送企业承担了生产企业大部分供应工作,使生产企业专注于生产,与多品种、少批量配送效果相同。

3. 按配送时间及数量不同分类

(1) 定时配送。

按规定时间间隔(如数天或数小时一次即日配、时配),针对每次配送的品种及数量可按计划执行,也可在配送之前以商定的联络方式(如电话、计算机终端输入等)通知配送品种及数量。此种方式由于时间固定,易于安排工作计划、易于计划使用车辆,对用户来讲,也易于安排接货力量(如人员、设备等)。

(2) 定量配送。

按规定的批量在一个指定的时间范围内进行配送。这种方式数量固定,备货工作较为简单,可以按托盘、集装箱及车辆的装载能力规定配送的定量,能有效利用托盘、集装箱等集装方式,也可做到整车配送,配送效率较高。由于时间限定不严格,可能将不同用户所需物品凑整后配送,运力利用也较好。从用户角度,每次接货都处理同等数量的货物,有利于人力、物力的准备。定量配送适合于以下类型用户:①对于库存控制不十分严格,有一定的仓储能力,而且不实行"零库存"的企业;②从配送地点到用户的路线保证程度低,难以实现准时供应要求的企业。

(3) 定时定量配送。

按照规定配送时间和配送数量进行配送。这种方式兼有定时、定量两种方式的优点,是一种精益的物流配送服务方式。但特殊性强,计划难度大,组织工作难度增加,适合采用的对象不多,通常针对固定客户进行这项服务,不是一种普遍的方式。此种方式的管理和运用,一般都是靠配送供求双方事先的协议来进行,常常采用"看板方式"来决定配送的时间和数量。在交通与信息技术高度发达的环境下,可在局部区域内应用定时、定量配送服务方式,在大量并且生产相对稳定的汽车制造、家用电器、机电产品等物料供应领域使用此种配送方式较好。

(4) 定时、定路线配送。

在规定的运行路线上编制到达时间表,按运行时间表进行配送,用户可按规定路线及规定时间接货和提出配送要求,是一种高水平的配送服务方式。采用这种方式有利于配送企业计划安排车辆及人员。在配送用户较多的地区,也可免去过分复杂的配送要求所造成的配送组织工作及车辆安排困难,即依次对多个用户实行共同配送,无须每次决定配送路线、配车计划等问题,因而配送过程较容易监管。以用户的角度,既可在一定路线、一定时间进行选择,又可有计划地安排接货力量。但此种配送方式对配送线路交通环境、硬件设施要求较高,并且要保证定时运送有时会造成车辆装载量不足的浪费。

(5) 准时配送方式。

准时配送(Just In Time, JIT)是按照双方协议的时间,准时将货物配送到用户的一种服务方式。准时方式往往根据用户的生产节奏、销售进度,按指定的时间将货物送达,这种方式比日配、时配更精确,利用这种方式,用户的微量库存——保险储备也可以取消,可以实现用户企业"零库存"的目标。因为准时配送服务方式是通过协议确定的,而企业之间的协议相对比较稳定,因此计划性较强,可能通过看板方式来实现,特别是在企业内部供应配送上,往往是一对一的配送。

4. 按配送企业的业务关系分类

(1)综合配送。

综合配送是指配送商品种类较多,不同专业领域的产品在同一配送节点中组织对客户的配送。它可以减少客户为组织所需全部商品进货的负担,而且只需要通过和少数配送企业联系,便可以解决众多客户多种需求的配送。因此,综合配送是对客户服务较强的一种配送形式。综合配送的局限在于,由于产品性能、形状差别很大,在组织时技术难度较大。因此,一般只是对性状相同或接近的不同类产品实行综合配送,对性状差别过大的产品难以实现综合配送。

(2)专业配送。

专业配送是指按产品性能不同适当划分专业领域的配送方式。专业配送可按专业的共同要求优化配送设施,优选配送机械及车辆,制订适应性强的工艺流程,从而大大提高配送各环节的工作效率。专业配送并非越细越好,实际上同一性状而类别不同的产品也是有一定综合性的,包括:①中、小件杂货的配送,如各种百货、小机电产品、轴承、工具、标准件、中小零件、中小包装的化工产品、中小包装的建材产品、土产品、书籍、仪器仪表、电工器材等;②金属材料的配送;③燃料煤的配送;④水泥的配送;⑤燃料油的配送;⑥木材的配送;⑦平板玻璃的配送;⑧化工产品的配送;⑨生鲜食品的配送;⑩家具及家庭用具的配送。

(3)共同配送。

几个配送中心联合起来,共同制订计划,由若干个配送企业联合在一起共同完成的对某一地区用户进行的配送,具体执行时共同调配和使用配送车辆,这种配送即属于共同配送。共同配送可以发挥配送企业的整体优势,可以合理调配、调度运输工具和综合利用物流设施。共同配送的收益可按一定比例由各配送企业分成。

共同配送的适用范围有以下两种情况:一是在用户集中的地区,且该地区较为拥挤,各用户单独准备接货场地有困难的情况下,多用户联合设立配送的接货场地;二是在一个城市或一个地区中有数个不同的配送企业时,配送企业可以共同利用配送中心、配送机械等设施,对不同配送企业的用户实行共同配送。

三、开展配送的必备条件

1. 资源保障

货物配送是根据配送协议按照多个用户的不同要求进行,用户对货物的品种、数量、规格及送达时间都有要求,如果货源得不到保障,就会发生无货可配,进而无货可送,这样不仅会影响用户的生产,甚至会造成停工待料(或脱销),给用户造成难以弥补的经济损失,所以承担货物配送功能的流通企业,必须多渠道取得稳定的货源,以满足用户的要求。

2. 资金保障

货物配送,对于资金要求非常高,在运作过程中决不能缺少资金。在商品交换过程中,买方只有支付货币才能取得物资。流通企业为了保证配送的顺利进行,必须建立一定的物资储备,保证足够的库存。只有获得这部分储备必需的资金,物资储备才能得到保障。所以物流企业必须从多方面以多种形式筹措资金,以保证配送活动的顺利进行。

3. 配送设施和设备齐全

配送是一种综合物流活动,它包含对物品进行拣选、加工、包装、分割、组配等作业的物流活动,需要齐备、先进的物流设施和设备作为配送手段,这是保证配送得以顺利进行的基本的物质技术条件。配送作业一般在配送中心或仓库中进行,为保证配送作业活动的顺利进行,不仅需要有足够的场地和各种仓库建筑物作为保证,同时要配备计量、检验、保管、流通加工、分拣、装卸搬运、运输、信息处理等设备。其中特别对运输设备,在车型、载重量、载重总吨位等方面有更高的要求。

4. 信息系统支撑

货物配送活动与信息紧密相连,配送中心必须随时掌握市场供求情况,进行物资资源和用户需求预测,编制配送计划,进行订货、进货、存货、配货等信息处理以及对经济活动、配送计划执行情况进行相应分析,合理确定配送范围,合理选择配送路径等。这些信息的收集和处理,都应通过计算机信息系统来实现。

5. 员工素质

实施货物配送,除了上述条件外,人员的配备也是非常重要的,资源需要人去组织,资金需要人去筹措,物流技术装备需要人去配备和使用,配送信息系统也需要人去建立和开发。配送不仅对配送人员在数量和构成上有一定的要求,对人员的思想品德素质、技术素质、管理素质、文化素质等都有较高的要求,只有配备一支结构合理、高素质的职工队伍,才能获得高质量的配送。

第二节 现代配送模式及其选择

一、配送模式

配送模式是企业对配送所采取的基本战略和方法,根据国内外的发展经验及我国配送理论与实践,形成了以下几种配送模式。

1. 自营配送模式

企业物流配送的相应环节由企业自身筹建并组织管理,实现对企业内部及外部货物配送的模式。其优点是:此模式有利于企业供应、生产和销售的一体化作业,系统化程度相对较高。满足企业内部原材料、半成品及成品的配送需要,又可满足企业对外进行市场拓展的需求。其缺点是:配送体系的建立的投资规模将会大大增加,企业配送规模较小时,配送的成本和费用相对较高。

采取自营性配送模式的企业大多是规模较大的集团公司。另有代表性的是连锁企业的配送,其基本上是通过组建自己的配送系统来完成企业的配送业务,包括对企业内部各场、店的配送和对企业外部有配送需求顾客的配送。

2. 共同配送模式

(1) 共同配送的定义。

物流配送企业之间为了提高效率以及实现配送合理化所建立的一种功能互补的配送联合体。进行共同配送的核心在于充实和强化配送的功能，共同配送的优势在于有利于实现配送资源的有效配置，弥补单个配送企业功能的不足，促使企业配送能力的提高和配送规模的扩大，以便能更好地满足客户需求，提高配送效率，降低配送成本。

开展配送以坚持功能互补、坚持平等自愿、坚持互惠互利、坚持协调一致的 4 项原则，充实和强化配送功能，提高配送效率，实现配送的合理化和系统化。

(2) 共同配送的可行性论证。

① 从环境方面，主要分析宏观环境和微观环境。宏观环境有经济环境、法律环境、自然环境等，以经济环境为主，包括交通、通信及仓储等；微观环境主要包括对合作对象的分析，在共同配送的目标范围内，是否有可供选择的合作对象，着重在功能、区域及配送理念上进行分析。

② 从服务对象论证。主要从组建共同配送联合体，开展共同配送所提供的服务、形成的配送网络和竞争优势等来分析探讨，确定自己的目标市场及所达到的目标。

③ 从组织及技术论证。主要分析开展共同配送的组织管理模式、方法及组织保证。在技术方面，内容包括与共同化有关的技术及企业间资源、设备和管理技术方面，同时还包括与共同配送信息系统相关的安全技术、支付技术及网络技术的论证。

(3) 共同配送的运作方式。

共同配送联合体的合作形式，因所处环境、条件以及客户要求的服务存在着差异，导致共同配送的运作过程也存在较大的差异，在网络信息支持下，共同配送的一般运作过程如图 5.2 所示。

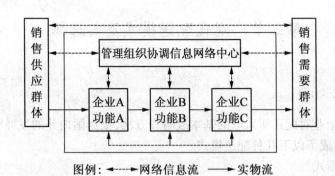

图 5.2 共同配送的一般运作过程

(4) 共同配送的类型。

按联合体组织的紧密程度来划分，有紧密型、半紧密型和松散型；按所承担的任务划分，有资源型和管理型；按配送角色划分，有功能型、集货型、送货型和集送型等。

3. 互用配送模式

(1) 互用配送模式的含义。

几个企业为了各自利益，以契约的方式达成某种协议，互用对方配送系统而进行的配送模式。其优点是：企业不需要投入较大的资金和人力，就可以扩大自身的配送规模和范围，但需要企业有较高的管理水平以及相关企业的组织协调能力。互用配送模式较适合于 B2B 的交易方式。

（2）互用配送的模式。

一般情况下，互用配送模式的基本形式如图 5.3 所示。

在网络经济环境下，因企业与消费者之间可直接通过网络进行信息交流与订货，此时互用配送模式的形式就转换成以网络控制为主的配送形式，如图 5.4 所示。

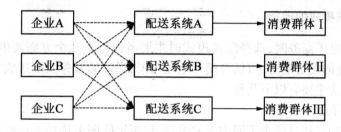

图 5.3　互用配送模式的基本形式

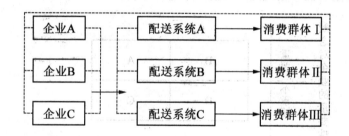

图 5.4　电子商务互用配送模式的基本形式

（3）互用配送模式和共同配送模式的区别。

第一，共同配送模式旨在建立配送联合体，以强化配送功能为核心，为社会服务，而互用配送模式旨在提高自己的配送功能，以企业自身为核心。

第二，共同配送模式旨在强调联合体的共同作用，而互用配送模式旨在强调企业自身的作用。

第三，共同配送模式的稳定性较强，而互用配送模式的稳定性较差。

第四，共同配送模式的合作对象是需要经营配送业务的企业，而互用配送模式的合作对象既可以是经营配送业务的企业，也可以是非经营业务的企业。

4. 第三方配送模式

第三方就是为供需交易双方提供部分或全部配送服务的一方，第三方配送模式是指交易双方把自己需要完成的配送业务委托给第三方来完成的一种配送模式。随着物流产业的不断发展以及第三方配送体系的不断完善，第三方配送模式应成为工商企业和网络企业进行货物配送的一个首选模式和方向，第三方配送模式的运作方式如图 5.5 所示。

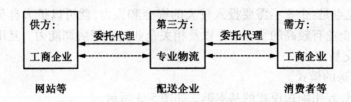

图 5.5 第三方配送模式的运作方式

二、现代配送模式的选择

企业在进行电子商务时,选择配送模式时主要考虑以下几个方面的因素:配送对企业的重要性、企业的配送能力、市场规模与地理范围、保证的服务及配送成本等。企业配送模式的选择方法主要有以下几种:

1. 矩阵图决策法

矩阵图决策法是通过两个不同因素的组合,利用矩阵图来选择配送模式的一种决策方法。其基本思路是选择决策因素,然后通过其组合形成不同区域或象限再进行决策。以配送对企业的重要性和企业配送的能力来进行分析,如图 5.6 所示。

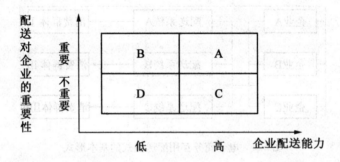

图 5.6 矩阵图决策法

状态 A:配送对企业重要性程度较大,企业有较强的配送能力,在配送成本较低和地理区域较小但市场相对集中的情况下,企业可采取自营配送模式,以提高客户的满意度和配送效率,与营销保持一致。

状态 B:配送对企业的重要程度较大,但企业的配送能力较低,企业可采取的策略是寻求配送伙伴来弥补自身在配送能力上的不足,可选择的 3 种模式:第一种是加大投入,完善配送系统,提高配送能力,采用自营配送;第二种是进行一些投入,强化配送能力,采用共同配送模式;第三种是采取第三方配送模式,将配送业务完全委托专业性的配送企业来进行。一般来说,在市场规模较大,且相对集中及投资量较小的情况下,企业可采取自营配送模式,如果情况相反,则可采取第三方配送模式。

状态 C:配送在企业战略中不占据主要地位,但企业却有较强的配送能力,企业可向外拓展配送业务,以提高资金和设备的利用能力,既可以采取共同配送模式,也可以采取互用配送模式。若企业在该方面具有较大竞争优势,也可适当地调整业务方向,向社会化的方向发展,成为专业的配送企业。

状态 D:企业的配送能力较弱,且不存在较大的配送需求,此时企业宜采取第三方配送模式,将企业的配送业务完全或部分委托给专业的配送企业去完成,而将主要精力放在企业最为擅长的生产经营方面,精益求精,获得更大的收益。

2. 比较选择法

(1)确定型决策。

只有一种确定的结果,比较各个方案的结果,做出选择配送模式的决策。如某企业,有三种配送模式可供选择,相关数据见表 5.2。

表 5.2 不同配送模式所需成本及预测销售额

配送模式	成本费用/万元	销售额预计数/万元	价值系数 $V = F/C$
自营配送模式	10	220	22
互用配送模式	8	180	22.5
第三方配送模式	5	140	28

配送模式的价值系数计算公式为

$$V = \frac{F}{C}$$

式中　V——价值系数;

　　　F——功能(为销售额预计数);

　　　C——成本费用。

某一种配送模式的价值系数越大,说明该种模式的配送价值就大,是企业最佳的配送模式或满意模式。此例中,应采取第三方配送模式。

实际经营中,考虑多方面因素,可以进行多目标定量决策,见表 5.3。综合价值系数计算公式为

$$V = \sum M_i F_i$$

式中　V——综合价值系数;

　　　M_i——分数;

　　　F_i——权数。

表 5.3 选择不同配送模式与多目标决策

配送模式	成本费用/万元[权数 0.1]	销售额预计数/万元[权数 0.3]	利润总额/万元[权数 0.4]	客户满意度/%[权数 0.2]	综合价值系数 $V = \sum M_i F_i$
自营配送模式	10	220	25	98	0.95
互用配送模式	8	180	17	97	0.76
第三方配送模式	5	140	15	99	0.73

综合价值系数计算如下

$$V_{自用} = \frac{5}{10} \times 0.1 + \frac{220}{220} \times 0.3 + \frac{25}{25} \times 0.4 + \frac{98}{99} \times 0.2$$
$$= 0.95$$

$$V_{互用} = \frac{5}{8} \times 0.1 + \frac{180}{220} \times 0.3 + \frac{17}{25} \times 0.4 + \frac{97}{99} \times 0.2$$
$$= 0.76$$

$$V_{第三方} = \frac{5}{5} \times 0.1 + \frac{140}{220} \times 0.3 + \frac{15}{25} \times 0.4 + \frac{99}{99} \times 0.2$$
$$= 0.73$$

可以得出自营配送模式的综合价值系数最大,是企业所要选择的配送模式。

(2)非确定型决策。

非确定型决策是指一个配送模式可能出现几种结果,而又无法知其概率时所进行的决策,见表5.4。该决策带有较大的主观随意性。

表5.4 不同配送要求采用不同配送模式时成本预计值　　　　　　　单位:万元

自然状态		配送模式		
		自营配送模式	互用配送模式	第三方配送模式
配送要求程度高		90	70	65
配送要求程度一般		50	35	45
配送要求程度低		10	13	30
不同准则决策	按乐观准则决策	10	13	30
	按悲观准则决策	90	70	65
	按折衷准则决策	42	35.8	44
	按等概率准则决策	50	39.3	46.7
	按最小后悔值准则决策	25	5	20

乐观准则的选择原则是每种模式选择一个最小成本为必然发生的自然状态,然后在这些最小成本的模式中,再选择一个最小成本的模式作为满意方案。按此原则选出自营配送模式,适用于把握较大和风险较小的情况。

悲观准则的选择原则是每种模式选择一个最大成本为必然发生的自然状态,然后在这些最大成本的模式中,再选择一个最小成本的模式作为满意方案。按此原则选出第三方配送模式,适用于把握较小和风险较大的情况。

折衷准则的选择原则是确定一个乐观系数 a,取值范围为 $0 < a < 1$,最好结果的权数为 a,最坏结果是 $(1-a)$,公式为

$$折衷成本值 = a \times 最小成本值 + (1-a) \times 最大成本值$$

设此题的乐观系数为0.4,计算结果可选择互用配送模式为满意方案。

等概率准则的选择原则是每种模式在每种自然状态发生的概率相等即为1/3,计算成本加权值,以成本值最小为选择,此原则选出的互用配送模式为满意方案。

按最小后悔值准则,以每个模式在不同自然状态下的最小成本为理想目标,在其他自然状态下的其他模式成本值与它在理想之差所形成的损失值,为"后悔值",按此方式选出最小后悔值中再选出最小的成本值,按此选出的互用配送模式为满意方案。

（3）风险型决策。

在目标明确的情况下,依据预测得到不同自然状态下的结果及出现的概率所进行的决策,见表5.5。但自然状态不能控制,有一定风险性。

表5.5 不同市场需求不同配送模式下的销售额

市场需求规模	概率	销售额/万元		
		自营	互用	第三方
大	0.5	1 000	1 200	1 500
一般	0.3	800	700	1 000
小	0.2	500	400	300
销售额		840	890	1 110

自营模式销售额

$$(1\,000 \times 0.5 + 800 \times 0.3 + 500 \times 0.2)万元 = 840\,万元$$

互用模式销售额

$$(1\,200 \times 0.5 + 700 \times 0.3 + 400 \times 0.2)万元 = 890\,万元$$

第三方模式销售额

$$(1\,500 \times 0.5 + 1\,000 \times 0.3 + 300 \times 0.2)万元 = 1\,110\,万元$$

第三方模式的销售额最大。

第三节 配送管理

配送管理是根据用户需求信息,将物品(货品)准确、准时地送到用户指定的地点,物流配送难度大,在实际操作中,会出现很多不合理的配送形式,配送线路的优化和配送的合理化是配送系统要解决的主要问题,也是衡量配送的主要指标。

一、配送路线的优化

配送路线合理与否对配送速度、成本、效益影响很大,因此,采用科学合理的方法确定配送路线是配送管理中非常重要的一项工作。

1. 确定目标

(1) 效益最高。

以企业当前的效益为主要考虑因素,效益是企业整体经营活动的综合体现,是企业再发展的一个基本前提,效益也可以用利润来表示,即以利润的数值最大化为目标。

(2) 成本最低。

成本高低对最终效益高低起决定作用时,选择成本低即是选择效益高为目标,进而演变成效益最高为目标,此目标也较为实用。

(3) 路程最短。

若需要计算的成本与路程相关性较强,而和其他因素是微相关时,则可以采取路程最短的目标,但为了单纯完成路程最短的这一目标,有时会受道路条件、道路收费等因素的制约和影响,所以有时路程最短未必是成本最低。

(4) 吨千米最低。

长途运输时的目标选择,在多个发货站和多个收货站的条件下,且在整车发到的情况下,选择吨千米最低为目标是可行的。

(5) 准时性。

准时性是配送中的重要服务指标,即对各用户的时间和路线进行协调安排,但物流配送企业为了保证用户准时性的承诺,有时难以顾及成本。

(6) 运力利用合理。

充分运用现有运力,不需外租车辆或新购车辆,以运力、人力的合理安排为目标,确定配送路线。

(7) 劳动消耗最低。

以油耗最低、司机人数最少、司机工作时间最短等劳动消耗为目标确定配送路线。

2. 配送路线的约束条件

(1) 满足所有收货人对货物品种、规格、数量的要求。

(2) 满足收货人对货物发到时间范围的要求。

(3) 在交通管制允许通行的时间、路段中进行配送。

(4) 各路线配送的货物量不能超过车辆容积及载重量的限制。

(5) 在配送中心现有运力允许的范围内。

3. 节约里程法

(1) 基本原理。

由克拉克、怀特于 1964 年提出的,在许多条可供选择的路径中,选出最佳配送路径的方法。基本原理即三角形任何一边的长一定小于另外两条边之和。其基本原理如图 5.7 所示。其中,P 为配送中心,A、B 为需要开展配送活动的用户(为简单和为说明基本原理,此处仅仅选两个用户)。以 P、A、B 组成一个三角形,其中任意两点构成一条边,进行原理说明。

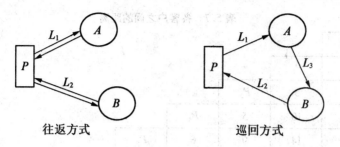

图 5.7 往返方式与巡回方式行走距离对比

配送中心 P 向 A、B 配送货物,P 至 A、B 的最短距离分别是 L_1、L_2,A 与 B 之间的最短距离为 L_3。用户 A、B 对货物的需求量分别为 q_1 和 q_2。

以往返送货方式配送货物,则汽车需行驶里程为 L:

$$L = 2(L_1 + L_2)$$

以巡回方式配送货物,则汽车需行驶里程为 L'(设汽车载重量允许):

$$L' = (L_1 + L_2 + L_3)$$

巡回方式比往返方式节约的里程数为:

$$\begin{aligned}\Delta L &= L - L' \\ &= 2(L_1 + L_2) - (L_1 + L_2 + L_3) \\ &= L_1 + L_2 - L_3\end{aligned}$$

在配送中心 P 的供货范围内还存在第 $3,4,5,\cdots,n$ 个用户,在运输工具载重量允许的情况下,按节约量的大小依次连入巡回路线,直到此运输工具满载为止。余下的用户采用同样的方法确定巡回路线,另外选派交通工具。

(2)节约里程法应用案例。

例:设配送中心 P 向 10 个客户 $P_j(j=1,\cdots,10)$ 配送货物。各个客户的需求量为 q_j 吨,从配送中心到客户的距离为 $d_{0j}(j=1,\cdots,10)$ 千米,具体数值见表 5.6 和表 5.7,配送中心可供调配的车辆额定载重量分别为 2 吨和 4 吨。试用节约里程法确定最优配送方案。

表 5.6 相应数据表

P_j	1	2	3	4	5	6	7	8	9	10
q_j	0.7	1.5	0.8	0.4	1.4	1.5	0.6	0.8	0.5	0.6
d_{0j}	10	9	7	8	8	8	3	4	10	7

表 5.7　各客户之间的距离

P_1	P_1								
P_2	4	P_2							
P_3	9	5	P_3						
P_4	14	10	5	P_4					
P_5	18	14	9	6	P_5				
P_6	18	17	15	13	7	P_6			
P_7	13	12	10	10	10	6	P_7		
P_8	14	13	11	12	12	8	2	P_8	
P_9	11	15	17	18	18	17	11	9	P_9
P_{10}	4	8	13	15	15	15	10	11	8

解：第一步，计算任意两点之间节约里程数，并绘制相应节约里程表。

以 P_4—P_5 的节约里程计算过程为例：

P—P_4 的距离为 $L_1 = 8$ 千米（表 5.6 可查），P—P_5 的距离为 $L_2 = 8$ 千米（表 5.6 可查），P_4—P_5 的距离为 $L_3 = 6$ 千米（表 5.7 可查），则 P_4—P_5 的节约里程数为 $\Delta L = L_1 + L_2 - L_3 = (8 + 8 - 6)$ 千米 $= 10$ 千米。

其他任意两点之间的节约里程数计算均如上述方式计算，每两点之间获得的相应数据汇总填入表 5.8。

表 5.8　节约里程表

P_1	P_1								
P_2	15	P_2							
P_3	8	11	P_3						
P_4	4	7	10	P_4					
P_5	0	3	3	10	P_5				
P_6	0	0	0	3	9	P_6			
P_7	0	0	0	0	1	5	P_7		
P_8	0	0	0	0	0	4	5	P_8	
P_9	9	4	0	0	0	1	2	5	P_9
P_{10}	13	8	1	0	0	0	0	0	9

第二步，编制节约里程顺序表，见表 5.9（由大到小的顺序）。

表5.9 节约里程排序表

序号	连接点	节约里程	序号	连接点	节约里程
1	P_1—P_2	15	13	P_6—P_7	5
2	P_1—P_{10}	13	13	P_7—P_8	5
3	P_2—P_3	11	13	P_8—P_9	5
4	P_3—P_4	10	16	P_1—P_4	4
4	P_4—P_5	10	16	P_2—P_9	4
6	P_1—P_9	9	16	P_6—P_8	4
6	P_5—P_6	9	19	P_2—P_5	3
6	P_9—P_{10}	9	19	P_4—P_6	3
9	P_1—P_3	8	21	P_7—P_9	2
9	P_2—P_{10}	8	22	P_3—P_{10}	1
11	P_3—P_4	7	22	P_5—P_7	1
12	P_3—P_5	6	22	P_6—P_9	1

第三步,初步绘制配送路线图。

绘制的依据,即以 P 为配送中心,其他物流配送点,按字母或数字符号的大小,依次进行顺时针或逆时针排序,轮转一圈,把所有的配送点排列在配送中心的周围,在绘制时,要按里程距离的大小比例,在图形中标记,将配送点相应地表示出来。

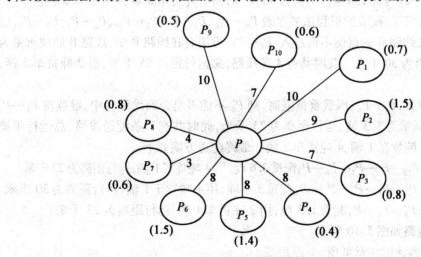

图5.8 初始配送线路

初始方案,从配送中心 P 分别向客户进行配送,总行程为 148 千米,需 2 吨货车 10 辆。

修正方案,参照表5.9,按照节约里程的大小顺序,依次连接 P_1—P_2, P_1—P_{10}, P_2—

P_3,划去 P—P_3,P—P_2,P—P_1,P—P_{10} 路线,形成 7 条配送路线,总运距为 109 千米,需 2 吨货车 6 辆,4 吨货车 1 辆。已规划出第一条配送线路为 A,货物装载为 3.6 吨,运行距离为 27 千米,如图 5.9 所示。

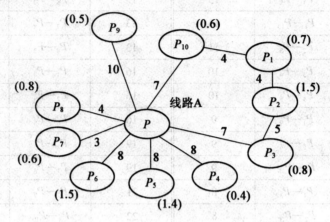

图 5.9　配送线路第一次修正图

按上述方法,继续进行第二次修正,依次连入 P_4—P_5,P_5—P_6,并划去 P—P_4,P—P_5 路线,此时载重量为 1.8 吨,运行距离为 22 千米。配送路线共有 6 条,总运行距离为 99 千米,需 2 吨货车 5 辆,4 吨货车 1 辆。继续第三次修正,接着按节约里程表大小顺序,P_1—P_9,因 P_1 已连入线路 A,且线路 A 不能再增加配送客户,故不连接 P_1—P_9,而 P_5—P_6 并入线路 B,划去 P—P_5,P—P_6 路线。此时配送线路出现 5 条,线路 B 的装载量为 3.3 吨,运行距离为 29 千米,总运行距离为 90 千米,需 2 吨货车 3 辆,4 吨货车 2 辆。

继续第四次修正,按节约里程法顺序表 P_9—P_{10},P_1—P_3,P_2—P_{10},P_2—P_4,P_3—P_5,已包括在线路 A 及线路 B 的点便不再连入,P_6—P_7,可组合在线路 B 中,线路 B 的载重量为 3.9 吨,运行距离为 30 千米。此时共有 4 条线路,总运行距离 85 千米,需 2 吨货车 2 辆,4 吨货车 2 辆。

确定最优方案,P_7—P_8,因载重量限制,则 P_8 不能再组合到线路 B 中,继续将 P_8—P_9 组成线路 C,装载量为 1.3 吨,运行距离为 23 千米,此时共有 3 条配送线路,总运行距离为 80 千米,需 2 吨货车 1 辆、4 吨货车 2 辆。最终配送方案如下:

线路 A:P—P_{10}—P_1—P_2—P_3—P,配重 3.6 吨,用 4 吨货车 1 辆,运行距离为 27 千米。

线路 B:P—P_4—P_5—P_6—P_7—P,配重 3.9 吨,用 4 吨货车 1 辆,运行距离为 30 千米。

线路 C:P—P_8—P_9—P,配重 1.3 吨,用 2 吨货车 1 辆,运行距离为 23 千米。

最优配送线路如图 5.10 所示。

(3)节约里程法的注意事项。

各配送线路的负荷要尽量均衡;实际选择线路时要考虑道路状况、驾驶员的作息时间及客户要求交货时间;适用于有稳定客户群的配送中心。

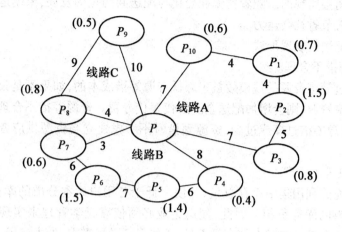

图 5.10 最优配送线路示意图

二、配送合理化管理

1. 配送合理化标志

(1) 库存标志。

具体指标有:库存总量是否下降、库存周转速度是否加快。前者表明配送中心库存数量加上各用户在实行配送后的库存量之和是否低于实行配送前各用户库存量之和;后者指各用户在实行配送前后的库存周转比较,是判断配送合理与否的一个重要标志。

(2) 资金标志。

实行配送应有利于资金占用的降低及资金运用的科学化。判断标志如下:一是用于资源筹措所占用的流动资金总量,随着储备总量的下降及供应方式的改变而下降;二是资金周转速度加快;三是资金投向的改变,实行合理配送后,资金必然应当从分散投入改为集中投入。

(3) 供应保证标志。

供应保证能力从以下方面判断:一是缺货次数得以下降;二是配送企业集中库存量所形成的保证供应能力远远高于配送前单个企业的保证程度;三是即时配送的能力及速度必须高于未实行配送前用户紧急进货能力及速度。

(4) 成本效益标志。

总效益、宏观效益、微观效益和资源筹措成本都是判断配送合理化的重要标志。

(5) 客户物流合理化标志。

实行配送后,客户企业的资源得以调整利用,其物流应该趋向合理化:一是从事物流作业的人员减少,物流费用降低;二是物流反应速度加快、技术手段不断提高;三是物流损失减少,物流一致性得到提高。

(6) 社会运力节约标志。

社会运力使用的合理化是依靠送货运力的规划和整个配送系统的合理流程及社会

运输系统合理衔接实现的。随着物流社会化与配送共同化的发展,末端运输即配送合理化发展必将大大节省社会运力。

2. 不合理配送的表现形式

(1)资源筹措不合理。

配送是通过筹措资源的规模效益来降低资源筹措成本的,如果不是集中多个用户需要进行批量筹措资源,则会增加配送企业的代筹代办费。资源筹措不合理还表现在配送量计划不准、资源筹措过多或过少,资源筹措时不考虑建立与资源供应者之间长期稳定的供需关系等。

(2)库存决策不合理。

配送能够充分利用集中库存总量,并使之低于各用户原本分散的库存总量,从而降低用户平均分摊的库存负担。因此,配送企业必须依靠科学管理来实现最低的总量库存。库存决策不合理还表现在储存量不足,不能保证随机需求,失去市场。

(3)价格不合理。

配送价格低于不实行配送时用户自己进货的购买价格加上自己提货、运输、进货成本总和,个别时候,如果配送服务水平较高,即使价格稍高,用户也可以接受,但不是普遍原则。

(4)经营观念不合理。

在开展配送时,有许多情况是由于经营观念不合理,使得配送的优势无从发挥,相反却损坏了配送的形象,需要注意避免的不合理现象。例如,配送企业利用配送手段,向用户转嫁资金、库存困难,在库存过大时,强迫用户接货,以缓解自己的库存压力;在资源紧张时,将用户委托资源挪作他用等。

3. 配送合理化措施

借鉴国外企业推行配送合理化的经验,可以采取一些措施推进配送的合理化。

(1)推行专业化配送。

通过采用专业设备、设施及操作程序,降低配送过分综合化的复杂程度及难度,进而取得较好的配送效果。

(2)推行加工配送。

通过加工和配送结合,充分利用本来应有的货物中转环节,以求得配送合理化。同时,通过加工加强与下游市场的紧密联系。

(3)推行共同配送。

共同配送可以整合物流资源,以最近的路程、最低的成本完成配送,从而获得配送合理化。

(4)实行送取结合。

配送企业通过与用户建立稳定、密切的协作关系,在配送时,将用户所需的物资送到,同时将该用户生产的产品用同一车运回,使得用户产品再次成为配送中心的配送产品,或者代存代储,免去生产企业的库存压力大的后果。

(5)推行准时配送系统。

准时配送可帮助企业实施低库存或零库存,同时也是物流一致性的极致表现。国外的成功经验表明,准时供应配送系统是现在许多配送企业实现配送合理化的重要手段。

第四节 配送中心

配送中心是以从事配送业务为主的物流中心组织。配送中心的基本功能是为局部范围内的客户进行配送服务,同时还兼有储存、运输、包装、装卸搬运、流通加工以及物流信息处理等物流处理功能。配送中心为了配送的需要,特别还设有集货、配货、分拣等功能。

一、配送中心的含义

1. 配送中心的概念

日本的《市场用语词典》将配送中心定义为"一种物流节点",它"不以贮藏仓库这种单一的形式出现,而是发挥配送职能的流通仓库,也称作基地、节点或流通中心";日本的《物流手册》则定义其为"是从供应者手中接受多种大量的货物,进行倒装、分类、保管、流通加工和情报处理等作业,然后按照众多需要者的订货要求备齐货物,以令人满意的服务水平进行配送的设施"。

不同国家、不同领域、不同产业、不同学者对于配送中心提出不同描述,《物流术语》(GB/T 18354—2006)中规范配送中心的定义为:配送中心(Distribution Center)是从事配送业务的物流场所或组织,应基本符合下列要求:主要为特定的客户服务;配送功能健全;完善的信息网络;辐射范围小;多品种、小批量;以配送为主、储存为辅。

2. 配送中心的基本功能

（1）备货功能。

备货是配送的基础工作,备货工作包括筹集货源、订货或购货、集货、进货及有关的质量检验、结算、交接待。配送的优势之一,就是可以集中客户的需求进行一定规模的备货。备货是决定配送成败的初期工作,备货成本太高,会大大降低配送效益。

（2）储存功能。

配送中心的服务对象是为数众多的生产企业和商业网点,如超级市场和连锁店。为顺利、高效、有序地完成向用户配送货物的任务,以及更好地发挥保证生产和消费需求的作用,通常配送中心都要兴建现代化的仓库并配备一定数量的仓库,储存一定数量的货物。储存在配送中心创造着时间效用。配送中心的储存有储备和暂存两种形态。其中配送储备数量较大,储备结构也较完善。配送暂存是按分拣配货要求,在理货场地所做的少量储存准备。我国拟建的配送中心,多为储存型。

（3）分拣配货功能。

作为物流节点的配送中心,其服务对象(客户)是数量众多的企业,不同的客户对于货物的种类、规格、数量等会提出不同的需求。根据客户对多种货物的需求和运输配载的需要,将所需货物从储存货物中挑选出来,以便集中配货。分拣配货是完善送货、支持送货准备性工作,是配送企业在配送货物时进行竞争和提高自身经济效益的有效手段,科学高效的分拣配货,会大大提高送货服务水平,也是决定整个配送系统水平的关键要素。

(4) 配装配送功能。

在物流实践中,配送中心通过其拥有的各种先进设施和设备,将分散在各个生产企业的货物集中到一起,再经过分拣、配装向多家用户发运,同时,配送中心将各个用户所需要的多种货物有效地组合(或配装)在一起,形成经济、合理的货载批量。在配送中,面对较多的配送用户,科学地组合最佳配送路线,并使配装及路线进行有效结合,是配送运输中的难度较大的工作。配送企业要做好配送计划通知、卸货地点、卸货方式的组织与管理,并且实现运到的货物的及时移交、有效方便地处理相关手续并完成结算,才标志着配送工作的终结。

(5) 配送加工及包装功能。

为扩大经营范围和提高配送水平,目前,国内外许多配送中心都配置了各种加工设备,加工货物也是某些配送中心的重要活动。在配送中心,根据客户需要,将材料进行简单加工,方便客户的运输和精加工。包装功能是将散货改为有包装货物,或大改小、小并大等工作。通过配送加工,可以大大方便用户,不仅省却了后者不少烦琐劳动,而且有利于提高物资资源的利用率和配送效率,进而提高客户的满意度。但配送加工一般取决于客户要求,其加工的目的较为单一。

(6) 信息功能。

配送中心为上下游企业及自身提供各种各样的信息,便于配送中心营运管理政策制定、配送商品路线开发、商品销售推广政策的制定参考等。配送中心不仅实现物的流通,也通过信息来协调配送中各环节的作业,协调生产与消费等。配送中心通过对物流信息收集与充分利用,低成本高效率地完成实物的配送,在干线物流与末端物流之间起到非常好的衔接作用。

3. 配送中心的作业流程及其管理

配送中心的作业管理主要有进货入库作业管理、在库保管作业管理、流通加工作业管理、理货作业管理和配货作业管理等内容。其作业流程及管理如图5.11所示。

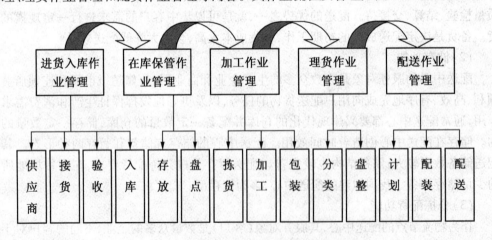

图5.11 配送中心作业流程及管理示意图

(1) 进货入库作业管理。

进货入库作业主要包括接货、检验和入库3个流程。接货指配送中心接收厂家按照进货送过来的货物。接货工作一定要慎之又慎,因为一旦商品入库,配送中心就要负担起商品完整的责任。配送中心应做好如下工作:及时掌握配送中心计划中或在途中的进货量、可用的库房空储仓位和装卸人力等情况,并及时与有关部门和人员进行沟通。核对采购订单与供应商发货单是否相符,开包检查商品有无损坏,进行商品分类,对所购商品的品质与数量进行比较等。经检查准确无误后,方可在厂商发货单上签字,将商品入库,并及时登录有关入库信息,转达采购部,经采购部确认后开具收货单,从而使已入库的商品及时进入可配送状态。

(2)在库保管作业管理。

在库保管作业管理主要目的是加强商品养护,确保商品质量安全,同时还要加强储位合理化工作和储存商品的数量管理工作。商品储位依据商品属性、周转率、理货单位等因素来确定。储存商品的数量管理则需依据商品账务制度和盘点制度来进行管理,并且商品储位合理与否、商品数量管理精确与否将直接影响商品配送作业效率。

(3)加工作业管理。

对需要配送的产品或半成品按销售要求进行再加工,包括:分割加工,如对大尺寸产品按不同用途进行切割;分装加工,将散装或大包装产品按零售要求重新包装;分选加工,对农副产品按质量、规格进行分选,并分别包装;促销包装,如促销赠品搭配;贴标加工等,如粘贴价格标签,打制条形码。加工作业完成后,商品进入可配送状态。

(4)理货作业管理。

配送中心接到配送指示后,按照出货优先顺序、储位区域、配送车辆趟次、先进先出等方法和原则,把配货商品整理出来,放置到暂存区,准备装货上车。理货作业方式分"摘果方式"及"播种方式"。在保管商品不易移动,客户数量较少且要货比较分散情况下,采用前一种方式。而后一种方式适用于保管的货物较易移动,客户数量多且需要量较大时。

(5)配货作业管理。按客户对货物的时间数量的需求,制订具体的配送计划。在配送实施阶段,首先将到货时间、到货品种、规格、数量以及车辆型号通知相应客户作好接车准备,同时向各职能部门下达配送任务,然后组织配送发运,理货部门按要求将客户所需各种货物进行分货及配货,按计划送至各客户,完成配送工作。如客户有退货、调货的要求,应及时将退调商品随车带回,并完成相关单证手续。

二、配送中心的作业环节

配送中心的主要作业活动包括:拣选、分货、流通加工、保管、配送、订单处理和信息处理等。

1. 拣选

拣选是配送中心作业活动中的核心内容。所谓拣选,就是按订单或出库单的要求,从储存场所选出物品,并放置在指定地点的作业。由于配送中心所处理的商品种类繁多,并且要面对众多的服务客户,因此,要在短时间内,高效率、准确地完成上百种甚至更多品种商品的拣选,就变成一项复杂的工作。拣选工作又是难以完全采用机械完成的工作,有时要依靠人工作业。为了达到高效、准确的要求,必须有一套科学的拣选方法,同时,要在信息系统的支援下,提高拣选作业效率和拣选的正确性。

2. 分货（货物分组）

配送中心的最终任务是按照客户的订单要求及时将商品送达客户手中。配送中心面对众多客户提供配送服务，因此，集中拣选出来的商品要按店铺、按配送车辆、配送路线等分组，也就是说，将集中拣选出来的货物按照店铺、车辆、路线分组码放在指定的场所。在大型配送中心和卡车中转站，一般利用大型的高速自动分拣设备完成分拣作业（在全部入库商品都需要一次配送到顾客，或如同卡车中转站那样的中转据点，已不存在从保管场所取出货物的作业环节，拣选实际上就是向分拣设备投入货物）。

货物分组作业还存在于货物在上架之前，例如将入库的货物按照入库的先后顺序进行分别码放，按照不同的客户分别码放，为提高下道作业效率进行合理分组码放等。

3. 流通加工

流通加工不是所有配送中心都必须具备的作业环节，但往往是有重要作用的功能要素。通过流通加工可以大大提高用户满意度，并可提高配送货物的附加价值。配送中心流通加工的内容与服务对象有关，例如，为生活消费品零售商提供服务的配送中心内从事的主要流通加工活动有贴标签、包装、组装、服装整烫、蔬菜加工、半成品加工等；为生产企业从事配送服务的配送中心的流通加工活动有卷板剪裁、木材加工等。

4. 保管

配送中心保管的商品一部分是为了从事正常的配送活动保有的存货，库存量比较少；另一部分是集中批量采购形成的库存，具有储存的性质；也有受供应商委托存放在配送中心准备随时满足顾客订货需要的存货。

5. 配送

配送是配送中心的核心功能，也是配送中心最终要完成的工作。

6. 订单处理

订单处理是指接收订货信息、核对库存、制作各种票据，根据订货要求做好相应的作业准备工作。在配送中心每天的营运作业里，订单处理为每日必行的作业，也是一切作业的起始，因此订单处理的效率极大地影响着后续的拣货配送等作业。

由于零售商多品种、小批量的订货趋势，配送中心面临着诸多课题，订单处理便是其中之一。如何快速、正确、有效地取得订货资料；如何有效处理因多品种、小批量、高频度订货所引发的大量、繁杂的订货资料；如何追踪、掌握订单的进度以提升客户服务水平，以及如何支持、配合相关作业等，是订单处理需要解决的问题。

7. 信息处理

配送中心作为连续供应者和需求者的中介，要同双方保持信息上的沟通。随着配送时效性的增强，信息的传递、处理速度必须加快，为此，配送中心必须构建高效率的信息处理和传递系统。此外，配送中心内部作业活动的效率化同样也离不开信息的支持。

三、配送中心的若干典型作业流程

1. 储存型物流配送中心的作业流程

此类物流中心以中、小杂货配送为主。在买方市场下，企业成品销售需要较大的库存支持，其配送中心有较强的储存功能；在卖方市场下，企业原材料、零部件供应需要有强大的库存支持,这种供应配送中心也有较强的储存功能。储存型物流配送中心作业流程如图 5.12 所示,其对理货、分类、配货、配装功能有要求,主要特点是储存、分拣、配货场所较大,作业装备也大。

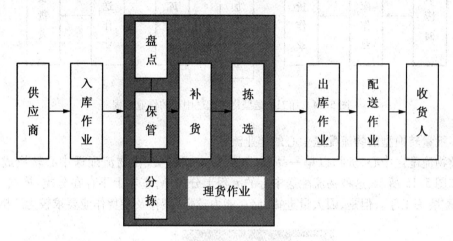

图 5.12　储存型物流配送中心作业流程

2. 流通型物流配送中心的作业流程

此流程中,专以配送为职能,只有为一时配送备货的暂存,而无大量储存。暂存区设在配货场地中,物流配送中心不单设储存区,作业流程如图 5.13 所示,其主要场所用于理货和配货。

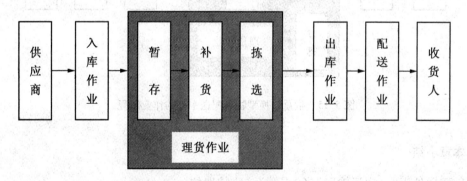

图 5.13　流通型物流配送中心的作业流程

3. 加工配送型的物流配送中心的作业流程

加工配送型物流配送中心有多个模式,随加工方式不同而有所区别。作业流程如图 5.14 所示,在此流程中,货物按少品种或单一品种、大批量进货,货物很少或无须分类存放,按客户要求进行,加工后直接按客户要求配货。有时不单设分货、配货或拣选环节,而加工部分及加工后分放部分是主要环节,占较多空间。

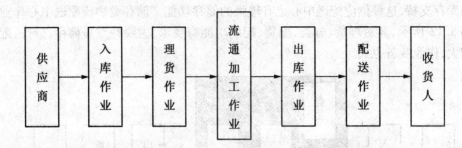

图 5.14 加工配送型物流配送中心的作业流程

4. 批量转换型的物流配送中心的作业流程

此物流配送中心,货物以单一品种、大批量方式进货,在物流配送中心转换成小批量。如图 5.15 所示,这种物流配送中心的流程十分简单,基本上不存在分类、拣选、分货配货、配装等工序。但是,因大量进货,储存能力较强,储存及装货作业要求较为严格。

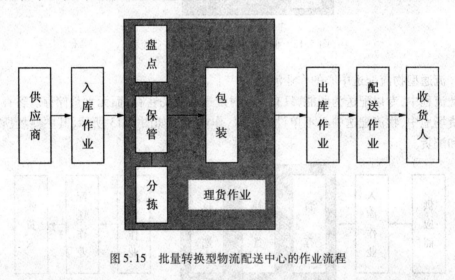

图 5.15 批量转换型物流配送中心的作业流程

本章小结

1. 配送处于"二次运输"或者"末端运输"的地位。
2. 配送按其组织方式、配送对象特性及内容有不同的分类方式。
3. 配送中心的配送流程。
4. 配送路线的确定原则。
5. 配送合理化的标志以及相应配送管理指标。
6. 现代配送模式及选择。

【案例分析】

华联超市的配送管理

案例背景：

一、华联超市的发展情况

上海华联超市创立于1992年7月，发展初期，公司决策层提出了"低投入、低风险、高效率、高产出"的两低两高原则，依托"华联超市"的品牌效力，大力推进加盟连锁；充分发挥经营管理的综合优势，提出经营发展的"重加盟、重管理、重质量、重效益"的四重方针。多年来，公司以开拓全国市场为目标，不断提高集约化水平和自我滚动发展的扩张能力，建立了以长江三角洲为重点，向全国辐射发展的战略框架，建立起了覆盖上海、北京及江苏、浙江等众多省、市的特许经营网络。上海华联超市公司于2000年10月借壳上市，更名为华联超市股份有限公司，成为中国第一家上市的连锁超市公司。

二、华联超市的配送管理

1. 华联超市配送服务的发展

华联超市在超常规发展的过程中，非常注重配送中心的建设和配送体系的构筑，不断扩大和增强配送中心的供货能力和服务水准，在华联超市创业初期，配货仓库只有2 500平方米。主要靠人力装卸搬运，配货仓库的功能很简单，主要是收货、储存和送货。随着华联超市的不断壮大，配货中心在各地租用了三四万平方米仓库，自建了占地2.8万多平方米的现代配送中心。

2. 华联超市配送服务目标

构筑物流系统的目的就是向门店（或客户）提供满意的物流服务，主要有10个物流服务项目：商品结构与库存问题；配送过程如何确保商品品质；根据需要确定配送时间安排；缺货率控制；退货问题；流通加工中的拆零工作；配送中心的服务半径；废弃物的处理与回收；建立客户服务窗口。

3. 华联超市配送服务运作

采用机械化作业与合理规划，减少搬动次数，防止保管与配送过程中的破损和差错；通过科学、合理地调度，提高送货的准点率；通过计算机信息管理等手段控制商品保质期；通过调查，制订门店加减条件，增加配送系统"紧急加减货功能"；根据商场的销售绩效、门店的要货截止时间、门店周围的交通状况、门店的规模大小以及节假日等来确定配送时间。

4. 华联超市配送服务技术

华联超市的绝大部分门店已实现网上订货，门店店长坐在商场办公室，打开计算机便可向距离几百千米的上海总部配送中心订货要货，非常方便快捷。在物流二期工程中，将把这种电子订货提升为"智能化的自动订货系统"，把门店的商品管理水平提到一个新的台阶。

华联配送的拆零商品已达2 500个品种，正在研究采用现代化的"电子标签拆零商品的拣选系统"，进一步扩大拆零商品的品种数，提高拆零商品的拣选速度和准确率，以满足加盟店的需要。

在华联配送中心全体员工的努力下,既提高了对门店的物流服务水准,又控制了配送中心的物流成本,实现了物流费用力配送中心处理商品进价的1%~1.15%的低成本运作;以配送中心最佳服务半径250千米作为基础,研究如何构筑适应华联超市向全国范围拓展的物料配送网络体系。

三、华联超市配送管理创新

1. 零库存管理创新

根据供应链管理理论,"零库存"是商品流通中各个环节在高度信息化的条件下,实行合作而产生的一种新型的经销方式,"零库存"使零售或批发环节减少了因库存而产生的各种费用,是流通企业提升效率的重要途径。

华联超市从1997年开始,在各门店就已推行了"零仓经营"。配送中心实行24小时的即时配销制度,各门店因取消了店内小仓库,公司一下子就增加了5 000平方米的营业面积,相当于新开了16家300平方米的门店;月销售额上升了1 800万元,并降低了库存资金占有额,减少了商品周转次数,提高了资金周转率。

2. 物流成本管理创新

降低总成本是华联超市力推的战略,有着一套有效和严密的体系。运用计算机从"有效控制管理费用"和"有效控制营业费用"两个方面着手,注重抓配送中心的"配送商品破损率"和"配送准点率"。为了降低商品的破损率,公司广泛深入地进行调查研究,找到了一整套有效的解决方法。例如加强对配送过程的全面控制,做到事前控制、事中控制和门店及时反馈后的退货处理。通过层层把关、步步设防、责任到人,终于使配送商品的破损率降低到行业的最低水平。

为了提高配送水平的准点率,公司对配送中心的人力资源、运输总量进行了统计分析,并结合配送信息,对运载方式和时段进行了合理调整。加强了准点率的考核力度,把"准点"的标准数字化,规定卡车抵达门店的数据与车队调度通知门店的"到店时间",误差在正负15分钟之内为准点。门店在收货的签收单上,注明收到商品的时间,公司根据记录,每月对配送中心的准点率进行考核。经过这些措施,取得了显著成效,配送水平的准点率一直保持在97%以上。

四、华联超市配送体系的现代化建设

新建的配送中心具有较高的科技含量,具体表现如下:

(1) 仓储立体化。配送中心采用高层立体货架和拆零商品拣选架相结合的仓储系统,大大提高了仓库利用率。在整托盘(或整辑)商品存货区,底层为配货区,存放7 000种整箱出货的商品,上面4层为储存区,向配货区补货;在拆零商品配货区,拆零货架上放置了2.5万种已打开包装纸箱的商品,供拆零商品拣选用。

(2) 装卸搬运机械化。配送中心采用前移式蓄电池叉车、电动搬运车、电动拣选车和托盘,实现装卸搬运作业机械化。同时,由于减少了装卸搬动作业量,既减轻了劳动强度,又降低了物流成本。再者,由于减少了搬运次数,使物流配送过程中的货损、货差率大幅度下降。

(3) 拆零商品配货电子化。电子标签拣选货系统自动引导拣货人员进行作业,大大提高了商品处理速度,减轻了作业强度,大幅度降低了差错率。

(4) 物流管理条码化与配送过程无纸化。采用无线通信的计算机终端,开发条形码技术,从收货验货、入库到拆零、配货,全面实现条码化、无纸化。

(5) 组织好"越库中转型物流""直送型物流"和"配送中心内的储存型物流",完善"虚拟配送中心"技术在现代企业商品配送体系中的应用。

(6) 建立自动补货系统。

问题分析：

华联超市配送体系的发展对我们有什么启示?

【思考与练习】

1. 简述配送及配送中心的定义。
2. 简述配送中心的作业流程。
3. 简述配送中心的基本功能。
4. 简述节约里程法计算配送路线。
5. 配送中心选址的因素有哪些?
6. 配送合理化的措施有哪些?

第六章 包 装

【学习目标】
- 了解包装的含义和种类；
- 了解包装在物流中的地位与作用；
- 掌握包装材料、包装容器的特点与应用；
- 掌握包装的合理化、现代化和标准化。

第一节 包装概述

在社会再生产过程中，为了达到保护产品、方便流通、促进销售等目的，需要对物品进行包装，包装对整个物流的合理化起着重要作用。

包装是一门新的科学技术，绝大部分商品都离不开包装。包装从最原始的竹筒发展到今天，走过了一个漫长的历程。目前，我国生产的瓦楞纸包装制品、复合软包装、金属桶、集装箱、塑料编织袋等主要包装产品产量已居世界前列。中国包装工业已经基本形成一个以纸、塑料、金属、玻璃、印刷、机械为主要构成，拥有一定现代化技术装备、种类比较齐全的工业体系。

目前，我国基本上已改变了"一流产品、二流包装、三流价格"的局面。包装行业已经从一个分散落后的行业，发展成一个比较完整的工业体系。形成了包装生产趋向多样化，包装设备开发向多用途、高效率发展。包装设计符合国际标准，降低包装材料和包装系统总成本的发展趋势。逐步建立了我国绿色包装工业体系，加快了与国际标准接轨的进程；加快了振兴包装装备制造业，以信息化促进包装工业化。

一、包装的含义

1. 包装的概念

我国国家标准《物流术语》中，对包装下了明确的定义："包装是为在流通过程中保护产品、方便储运、促进销售，按一定技术方法而采用的容器、材料及辅助物等的总体名称。也指为了达到上述目的而采用容器、材料和辅助物的过程中施加一定技术方法等的操作活动。"

由以上定义可知，在物流活动中，包装这一概念包含了静态和动态两层含义。包装的静态含义是指能够合理容纳商品、保护商品在流通过程中尽可能地免受各种外在不良因素的影响，顺利实现商品价值和使用价值的物体，如用各种包装材料制成的包装容器。

而包装的动态含义则是指将商品置于包装物保护之下的工艺操作过程,如对商品进行包裹、捆扎等。

在社会再生产过程中,包装既是生产的终点又是物流的起点。从生产的角度来看,包装是产品生产的最后一道工序,对产品的包装一旦完成,就意味着该产品可以从生产领域进入流通领域。从物流的角度来看,对产品的包装完成之后,该产品就具备了流通的能力,就可以经过装卸搬运、储存、运输等一系列物流活动,最终销售给消费者。

2. 包装与物流系统所有构成因素的关系

包装在整个物流活动中具有特殊的地位。包装的材料、形式、方法以及外形设计都对其他物流环节产生重要影响。在社会再生产过程中,包装处于生产过程的末尾和物流过程的开头,既是生产的终点,又是物流的始点。因此要根据生产后的流通情况来考虑包装,同时物流也受包装的制约。包装与物流系统要素的关系见表6.1。

表6.1 包装与物流系统要素的关系

包装与各要素	关　系
包装与运输	包装应尽量地满足物品运输、装卸的要求,选用合适的包装容器
包装与装卸搬运	包装应尽可能满足搬运作业的具体要求,以方便搬运工具对包装的操作为标准
包装与储存保管	包装应符合物品入库保管存放的要求,选用的包装应以方便入库的堆垛和取用为标准
包装与配送	包装应尽可能地满足配送中心的各项作业环节的要求,合理选择包装技术和方法,提高包装效率

(1)包装与运输的关系。

运输是物流的主要功能之一,是以改变物的空间状态为目的的活动。包装直接关系着运输过程中的物品安全、装卸便利和充分利用车船容积。因此,不同的运输方式对包装有不同的要求。其设计必须和运输方式、运输工具、运输距离等相适应,才能避免损失。如载货载运时,如果用货船混载,必须严格使用木箱包装,而改用集装箱后,只用纸箱就可以了。

(2)包装与装卸搬运的关系。

装卸搬运在物流活动中所占的比重较大,频繁发生,如果材料选用不当或设计不合理,就会造成包装损坏,甚至会严重影响包装物品,增加物流成本,造成重大经济损失。因此,要确定最恰当的装卸搬运方式,力求减少装卸次数,合理配置装卸机械,做到节能、省力、加快速度和减少损失。同时,对于需要使用手工搬运的,还应按人工可胜任的重量单位进行包装。如果运输过程中全部使用叉车,就无须包装成小单位,只要在交易上允许,则尽可能包装成大的单位。

(3)包装与储存保管的关系。

储存保管离不开包装对物品的保护,包装要适应储存需要,一方面要考虑物品储存保管的环境,如潮湿环境下,需对物品进行防潮、防湿包装;户外堆放需采用"茧式封存包装",另一方面还必须考虑物品堆码负荷,如果货物在仓库保管中需要码高,则下面货物的包装,应能承受压在上面的货物的总重量。

(4)包装与配送的关系。

在物流网络线路中的重要节点——配送中心的各项作业中,包装是其中重要的一项。配送中心集货中心、分货中心、加工中心诸功能于一身。在集货时,配送中心要对已破损的包装进行修补或更换,要进行适当的集装以便于储存;在分货后,配送中心要按用户要求形成新的组合或新的装运形态;配送中心要对加工后的商品进行包装,以便于储运和用户销售。在配送中心,既存在单件包装和内包装,又存在外包装和集合包装;有销售包装,但更多的是物流包装。因此,包装作业是物流配送中心的重要作业活动,应合理选择包装技法,提高包装效率。

二、包装的功能

包装在商品流通中发挥着重要的作用,具体而言,包装具有保护商品、方便流通与消费以及促进销售的功能。

1. 保护商品

商品包装的一个重要功能就是被保护包装内的商品不受损伤,它体现了包装的主要目的。

(1)防止物品的破损变形。

这就是要求包装能承受在运输、储存、装卸搬运等过程中的各种冲击、震动、颠簸、挤压、摩擦等外力的作用。

(2)防止物品发生化学变化。

即防止物品受潮、发霉、变质、生锈等,这就要求包装能在一定程度上起到隔离水分、潮气、光线以及其中各种有害气体的作用,避免外界不良因素的影响。

(3)防止有害生物的作用。

鼠、虫及其他有害生物对物品有很大的破坏性,包装封闭不严,会给细菌、虫类造成入侵之机,导致变质、腐败,特别是对食品危害性更大。

(4)防止异物流入、污物污染、丢失、散失等。

2. 方便物流

物品包装具有便利流通、方便消费的功能,主要体现在以下几个方面:

(1)便利运输。

包装的规格、形状、重量与运输关系密切。包装与运输工具车辆、船舶、飞机等运输工具箱、仓容积的吻合性,方便了运输,提高了运输效率。

(2)便利储存。

在商品的储存过程中,包装为仓库内的搬运、装卸作业提供了方便;包装物的各种标志便于识别,易于存取、易于盘点,有特殊保管要求的易引起注意;易于拆包、便于重新打包的包装方式为验收提供了方便。合理的包装在储存过程中对节约验收时间、加快验收速度也起重要的作用。

(3)便利装卸搬运。

商品从生产到销售可能经历很多次的装卸搬运。不合理的包装设计可能不利于装卸搬运,会使工作效率大大降低。包装规格尺寸的标准化为集合包装提供了条件,从而大大提高了装卸搬运效率。

(4)便利顾客消费。

商品包装可以提供商品自身的信息,包括商品的名称、生产厂家和商品的规格等,可以帮助顾客区分不同的商品;同时,商品包装设计应该适于顾客的使用,要便于顾客的搬运、储存等操作。这样商品才能更好地满足顾客的需求,企业才能更长远地发展。

3. 促进销售

在销售过程中,包装不仅仅起到使消费者识别商品和方便使用的作用,并且许多商品的推销往往要借助包装本身的吸引力和包装的质感、形象感,以达到促进销售的作用。杜邦定律(美国杜邦化学公司提出)认为,63%的消费者是根据商品的包装来进行购买的。包装的形态在一定意义上如广告说明一般发挥着宣传产品的作用。同时,精致、美观的商品包装可以增加产品的美感,吸引消费者的注意,唤起消费者美好的感情体验,诱发消费者的购买欲望与购买冬季,最终产生购买行为。尤其在商品质量相同的条件下,包装的状况在消费者制订购买决策的过程中发挥着重要的作用。包装的这一功能被形象地比喻为"无声的销售员"。

三、包装的种类

现代商品的品种繁多,性能和用途也多种多样。为了充分发挥商品包装的功能,有必要对商品包装进行科学的分类。

1. 按包装在物流中发挥的不同作用划分

(1)商业包装。

商业包装也称销售包装或内包装,这种包装是直接接触商品并随商品进入零售网点和消费者或客户直接见面的包装,其主要目的是美化商品、宣传商品、促进销售。这种包装的特点是造型美观大方,拥有必要的修饰,包装上有对商品的详细说明,包装的单位适合于顾客的购买以及商家柜台摆设的要求。在流通过程中,商品越接近顾客,越要求包装有促进销售的效果。

(2)运输包装。

运输包装也称工业包装或外包装,是以满足运输储藏要求为主要目的的包装。运输包装在商品运输、储存和装卸过程中起保护商品的作用。因此运输包装主要考虑的是在抵御在储运过程中温度、湿度等自然条件因素对商品的侵害;减缓压力、震动、冲击、摩擦力等外力对商品的作用;防止商品散漏、挥发等造成污染;便利流通过程中的运输、装卸、保管等各项作业;缩短各种作业时间和提高作业效率。

运输包装的方式主要有两种:单件运输包装和集合运输包装。

(1)单件包装。

单件运输包装是根据商品的形态或特性将一件或数件商品装入一个较小容器内的包装方式,制作单件运输包装时,要注意选择适当的材料,并要求结构造型科学合理,同时还应考虑不同国家和地区的气温、湿度、港口设施和不同商品的性能、特点、形状等因素。

单件运输包装的种类很多,包括以下几类:

①按照包装外形来分,习惯上常用的有包、箱、桶、袋等。

②按照包装的质地来分,有软包装、半硬性包装和硬性包装。

③按照制作包装所采用的材料来分,一般常用的有纸质包装,金属包装,木制品包装,塑料包装,棉麻制品包装,竹、柳、草制品包装,玻璃制品包装和陶瓷包装。

(2)集合包装。

集合包装是将一定数量的单件商品组合成一大件的包装或装入一个大的包装容器内。

集合运输包装的种类有:

①集装箱。集装箱一般由钢板、铝板等金属制成,多为正方形,可以反复周转使用,它既是货物的运输包装,又是运输工具的组成部分。目前国际上最常使用的海运集装箱规格为 8 英寸×8 英寸×20 英寸和 8 英寸×8 英寸×40 英寸两种。

②集装包、袋。集装包是用合成纤维或复合材料编织成抽口式的包,适于装载已经包装好的桶装和袋装的多种商品。每包一般可容纳 1~1.5 吨重的货物。

③托盘。托盘是在一件或一组货物下面所附加的一块垫板。为防止货物散落,需要用厚箱板纸、收缩薄膜、拉伸薄膜等将货物牢固包扎在托盘上,组合成一件"托盘包装"。每一托盘的装载量一般为 1~1.5 吨。此外还有一种两面插入式托盘。

2. 按包装材料的不同划分

按不同用途,包装材料可分为以下几类:

(1)容器材料。

用于制作箱子、瓶子、罐子,可以是纸制品、塑料、木材、玻璃、陶瓷、各类金属等。

(2)内包装材料。

用于隔断物品和防震,有纸制品、泡沫塑料、防震用毛等。

(3)包装用的辅助材料,如各类结合剂、捆绑用的细绳(带)等。

3. 按照商品包装形态的不同划分

按包装层次及防护要求分为单个包装、内包装和外包装。

(1)单个包装。

单个包装是指物品按个进行的包装,目的是为了提高商品的价值或保护商品。它也称为小包装,是物品送到使用者手中的最小单位。用袋或其他容器对物体的一部分或全部包裹起来,并且印有商品或产品说明等信息资料。这种包装一般属于商业包装,注重美观,能起到促进销售的作用。

(2)内包装。

内包装指包装货物的内部包装,目的是防止水、湿气、光热和冲击碰撞对物品造成的破坏。它是将物品或单个包装,或两个以上的较大商品归整包装,或置于中间容器中,为了对物品及整个包装起保护作用,在容器里放入其他材料时应采用的一定措施。

(3)外包装。

外包装是指货物的外部包装,即将物品放入箱、袋、罐等容器中或直接捆扎,并做上标记、印记等。其目的是便于对物品的运输、装卸和保管,以保护物品。从运输作业的角度考虑,要起到保护作用并且考虑输送、搬运作业方便,货物一般置于箱、袋之中,根据需要对容器有缓冲防震、固定、防潮和防水的技术措施要求。一般外包装有密封、增强功能,并且有相应的标识说明。

4. 按照商品包装的使用广泛性划分

(1)专用包装。

根据被包装物的特点进行专门设计、专门制造,只适用于某种专用产品的包装。

(2)通用包装。

不进行专门设计、制造,而根据标准系列尺寸制造的包装,用于包装各种标准尺寸的产品。

5. 按照商品包装的容器划分

包装按容器形状可分为5类:包装袋、包装箱、包装盒、包装瓶和包装罐(筒)。

6. 按照同期抗变形能力划分

按容器抗变形能力可分为硬包装和软包装,硬包装也叫刚性包装,即有固定的形状与一定强度;软包装也叫软性包装,有一定程度柔软、有弹性。

7. 按照容器结构形式划分

按容器结构形式可分为固定式包装和拆卸折叠式包装。固定式包装的尺寸、外形是固定不变的;可拆卸折叠式包装可以拆卸折叠,在不需要包装时通过缩减包装容积以利于管理及返运。

8. 按照商品包装的保护技术划分

按包装保护技术可分为防潮、防锈、防虫、防腐、防震包装及危险品包装。

第二节 包装材料与包装技术

一、包装材料

包装材料与包装功能存在不可分割的联系,为了保证和实现物品包装的保护性、便利性等功能,常用的包装材料有以下几种:

1. 纸质包装材料

在包装材料中,纸的应用最为广泛,它的品种最多,耗量也最大,由于纸具有价格低、质地细腻均匀、耐摩擦、耐冲击、容易黏合、不受温度影响、无毒、无味、质轻、易加工、废弃物易回收、适于包装生产的机械化等特性,纸质包装在现代包装中占有重要的地位。纸质包装材料的类型见表6.2,纸作为包装材料有纸袋、瓦楞纸箱和纸箱,其中瓦楞纸箱是颇受欢迎的纸质包装材料。用瓦楞纸做的纸箱具有一定的刚性,因此有较强的抗压、耐冲击能力。但是,纸的防潮、防湿性较差,这是纸质包装材料的最大弱点。

表 6.2　纸质包装材料的类型

纸质包装材料	纸	普通包装纸	如牛皮纸、包裹纸、纸袋纸等
		特殊包装纸	如鸡皮纸、羊皮纸、上蜡纸、透明纸、沥青纸、油纸、耐碱纸、防锈纸等
		包装装潢纸	如胶版纸、铜版纸、压花纸、肋纹纸等
	纸板	普通纸板纸	如箱板纸、黄板纸、白板纸、卡片纸等
		瓦楞纸	瓦楞原纸、瓦楞纸板

2. 木材包装材料

木材包装是指以木板、胶合板、纤维板为原材料制成的包装。常用的有各种箱、桶、笼、托盘等。木材作为物品的外包装材料,具有抗压、抗震等有点,木材包装至今在包装材料中仍占有十分重要的地位。但由于木材资源有限,用途又比较广泛,各国也采取限制使用木材的措施,因此木材作为包装材料前景不佳,使用比重也在不断下降。木质包装材料的类型见表 6.3。

表 6.3　木质包装材料的类型

木质包装材料	天然材料	针叶木材	如红松、马尾松、落叶松等软质木材
		阔叶木材	如杨木、榆木、柞木等硬质木材
	人造木材	纤维板	如木丝板、刨花板等
		胶合板	如三夹板、五夹板

3. 合成树脂包装材料

合成树脂制作的各种塑料容器在现代包装中所处的地位越来越重要。所料包装材料具有如下优点:透明,内部物品不用拆开包装一目了然;有适当的强度,可保护商品安全;有较好的防水、防潮、防霉等性能;有耐药剂、耐油性能;耐热、耐寒性能好,对气候变化有一定的适应性;有较好的防污染能力。

4. 金属容器包装材料

金属包装材料是将金属压制成薄片用于制作各种包装容器,其主要形式是薄板和金属箔。金属包装材料具有良好的延展性,易于加工成型;不易破碎,密封性好,能有效地保护内装商品;可以再生,能够重复利用;金属包装容器外表的光泽具有一定的装潢效果,有利于发挥包装促进销售的功能。金属包装材料的类型见表 6.4,但是,金属包装材料又有成本高、易生锈、在储运过程中易变形等缺点,所以使用受到一定限制。

表 6.4　金属包装材料的类型

金属包装材料	黑色金属	板材	如镀锌板、钢板、马口铁等
		带材	如打包钢带、铁丝等
	有色金属	板材	如铝材、合金铝材等
		箔	如铝箔、合金铝箔等

5. 玻璃陶瓷包装材料

玻璃包装材料具有多项优点：①质地较为坚硬，不易变形；②化学稳定性好，耐风化、不变形、耐热、耐酸、耐磨、无毒无异味，尤其适用于各种液体物品的包装；③透明性好，易于造型，有利于对产品的美化和宣传；④陶瓷、玻璃制作的包装容器可以回收复用，容易洗刷、消毒、灭菌，能保持良好的清洁状态，且一般不宜造成污染。同时，它们有利于包装成本的降低。玻璃包装材料的类型见表6.5。

然而，玻璃也有许多缺点，耗能高、易破碎、自身重量比较高等。

表6.5 玻璃包装材料的类型

玻璃包装材料	普通瓶罐玻璃	主要是钠、钙硅酸盐玻璃等
	特种玻璃	如中性玻璃、石英玻璃、着色玻璃、钢化玻璃（玻璃钢）等

6. 纤维包装材料

即用各种纤维制作的袋状包装材料。天然的纤维材料有黄麻、红麻、大麻、青麻、罗布麻、棉花等；经工业加工提供的纤维材料有合成树脂、玻璃纤维等。

7. 塑料包装材料

塑料是随着科技的发展、新材料的使用而出现的一种现代包装材料。由于其自身的特性，塑料材料被广泛应用于各种商品的包装。塑料包装材料的类型见表6.6。

表6.6 塑料包装材料的类型

塑料包装材料	热塑型塑料	主要有聚乙烯、聚氯乙烯、聚苯乙烯、聚丙烯和各种塑料薄膜等
	热固型塑料	主要有酚醛树脂、脲醛树脂等

塑料包装材料有以下优点：①物理机械性能良好，具有一定的弹性和强度，耐折叠，抗震动；②化学稳定性好，耐酸碱，耐化学试剂，耐油脂，耐锈蚀；③容易加工成型，款式多样化，制成的包装容器自身重量较轻；④透明性较好，且表面具有一定光泽，易于印刷且具装饰性，能够起到美化商品的作用。

但是，塑料包装材料的强度不如钢铁，耐热性也不如玻璃，且在外界因素的长期作用下容易老化；有的塑料有异味，废弃物难以处理，易产生环境污染。这些不足在一定程度上限制了塑料包装材料的应用。

8. 复合材料包装材料

复合包装材料是将两种或两种以上具有不同特性的材料，通过一定的方法复合在一起，其目的是为了避免单一包装材料的缺点，充分发挥各种材料的优点。复合材料在现代商品包装领域有广泛的应用。目前使用较多的是薄膜复合材料，主要有纸基复合材料、塑料基复合材料和金属基复合材料。

其他材料包装是以竹、藤、苇等制成的包装。主要有各种筐、篓和草包等。

9. 包装辅助材料

除了主要的包装材料外,各种辅助材料在包装过程中也发挥着重要作用,常用的包装辅助材料有:

(1)黏合剂、黏合带,主要用于包装袋和包装箱的封口,如淀粉、胶、聚氨酯、橡胶带和热敏带等。

(2)捆扎材料,主要用于打捆、压缩、包扎、缠绕、保持形状等,如草绳、麻绳、纸绳和塑料绳。

二、包装容器

包装容器是包装材料和造型结合的产物。现代运输包装容器有包装袋、包装盒、包装箱、包装瓶、包装罐5类。

1. 包装袋(Packaging Bag)

包装袋为柔性包装中的重要一种,材料是挠性材料,有较高的韧性、抗拉强度和耐磨性。

包装袋按盛装重量分为:

(1)集装袋。

盛装重量在1吨以上,一般用聚酯纤维编织而成,顶部一般装有金属吊架或吊环,便于起重机吊装搬运,卸货时可打开袋底的卸货孔,非常方便。

(2)一般运输包装袋。

盛装重量在50~100千克,大部分是由植物纤维或合成树脂纤维编织而成,或者由几层挠性材料构成的多层材料包装袋。

(3)小型包装袋。

小型包装袋也称普通包装袋,盛放重量较少,根据需要可单层材料、多层同质材料或多层不同质材料复合而成。

上述几种包装袋中,集装袋适于运输包装,一般运输包装袋适于外包装及运输包装,小型包装袋适于内装、个装及商业包装。

包装袋应用范围较广,液状、粉状、块状或异形物等都可采用这种包装。

2. 包装盒(Packaging Box)

包装盒介于刚性和柔性包装两者之间。包装结构是规则几何形状的立方体,也可以裁制成其他形状,如圆盒状、尖角状,一般容器较小,有开闭装置。包装操作一般采用码入或装填,然后将开闭装置闭合。包装盒整体强度不大,包装量也不大,不适合做运输包装,适合做商业包装、内包装,包装块状及各种异形物品。

3. 包装箱(Packaging Case)

包装箱是刚性或半刚性容器,有较高的强度且不易变形,包装量也较大。包装箱的种类很多,常用的主要有以下几种。

(1)瓦楞纸箱。

瓦楞纸箱是采用具有空心结构的瓦楞纸板,经成型工序制成的包装容器。按外形结构分,瓦楞纸箱大体有折叠式、固定式和异型类。瓦楞纸箱的应用范围广泛,几乎包括所有的日用消费品,如水果蔬菜、加工食品、针棉织品、玻璃陶瓷、化妆品、医药药品等各种日常用品,以及自行车、家用电器、精美家具等。

(2)木箱。

木箱作为传统的运输包装容器,虽在很多情况下,已逐渐被瓦楞纸箱所代替,但木箱与瓦楞纸箱相比,仍在某些方面有其优越性和不可替代性。常见的有木板箱、框板箱和框架箱。

(3)托盘集合包装。

托盘集合包装是为了满足装卸与搬运作业机械化的要求,把若干件货物集中在一起,堆叠在运载托盘上,构成一件大型货物的包装形式。托盘集合包装是在任何时候都可以转入运动的准备状态,使静态的货物转变成动态的货物。它既是更高层次的包装容器,又是运输工具。托盘按其结构形式,可分为平板式托盘、箱式托盘、立柱式托盘。

(4)集装箱。

集装箱是密封性好的大型铁制包装箱。它的载重分为 5 吨、10 吨、20 吨和 30 吨 4 种。集装箱属于大型集合包装,既是运输工具,又是包装容器。它更适合于现代化物流。

(5)塑料箱。

塑料箱自重轻,耐腐蚀性好,可装载多种商品和反复使用,适合短途运输。一些产销挂钩、快进快出的商品都可采用,例如饮料、肉食、豆制品、牛奶、糕点、禽蛋等食品。

4. 包装瓶(Packaging Bottle)

包装瓶主要包装液体和粉状货物。包装瓶的包装量一般不大,适合美化装潢,主要做商业包装、内包装。包装瓶的材料要有较高的抗变能力,刚性、韧性要求也较高。包装瓶按外形可分为圆瓶、方瓶、高瓶、矮瓶、异形瓶等若干种。

5. 包装罐(Packaging Tin)

包装罐的罐身各处横截面形状大致相同,罐颈短,罐颈内径比罐身内径稍小或无罐颈的一种包装容器,是刚性包装的一种。要求包装材料强度较高,罐体抗变形能力强。通常带有可密封的罐盖。包装罐是典型的运输包装,适合包装液体、粉状及颗粒状物品。也可做外包装、商业包装、内包装。

包装罐按容积分有小型包装罐、中型包装罐和集装罐 3 种;按制造材料分有金属罐和非金属罐两种。

三、包装技术

包装技术种类繁多,常用的主要包装技术如下:

1. 防震包装技术

防震包装技术在包装中占重要的地位,产品从生产出来到最后送达顾客手中要经历一系列的运输、储存、装卸搬运等程序,在多数情况下不可避免要受到外力作用。防震包装可以减缓内装物受到冲击和震动,保护其免受损害。

(1)常用的防震包装材料。

防震材料是防震包装的关键,防震材料种类很多,有天然的、合成的、定型的、无定型的等。常用的防震包装材料是泡沫塑料。

（2）防震包装技术。

防震包装主要有以下4种方法：

一是全面防震技术：是指内装物和外包装之间全部用防震材料填满进行防震的包装方法。主要有压缩包装法、浮动包装法、裹包包装法、横盒包装法、就地发泡包装法。

二是部分防震包装技术：此技术适用于大批量物品的包装。部分防震包装应根据内装物特点，使用较少的防震材料，在最适合的部位进行衬垫，力求以较低的包装成本获得好的防震效果，所用包装材料主要有泡沫塑料防震垫、充气型塑料薄膜和橡胶弹簧等。目前广泛应用于电视机、收录机、洗衣机、仪器仪表等的包装上。

三是悬浮式防震包装技术：对于某些高价值易损的物品，为了有效地保证在流通中不被损坏，外包装容器比较坚固，然后用绳、带、弹簧等将被装物悬挂在包装容器内，在物流过程中，内装物都稳定悬挂而不与容器发生碰撞，从而避免损坏。

四是联合技术：有时防震包装采用两种或两种以上的防震方法配合使用，以使产品得到充分保护。

2. 防破损包装技术

缓冲包装具有较好的防破损能力，除此之外还有以下几种技术：

（1）捆扎及裹紧技术。

捆扎及裹紧技术使杂货、散货形成一个牢固整体，以增加整体性，便于处理以及防止散堆，以减少破损。

（2）集装技术。

利用集装，减少与外界接触，从而防止破损。

（3）使用高强保护材料。

通过外包装材料的高强度来防止内装物受到外力作用而破损。

3. 防锈包装技术

防锈包装是通过在包装本身或包装容器内加入防锈物质，以保护被包装的金属制品不被锈蚀的包装技术。具有操作简单、立即起效、成本低、防锈效果好等特点。

主要方法有以下几种：

（1）防锈油防锈包装技术。

用防锈油封装金属制品，要求油层有一定厚度，油层的连续性好，涂层完整均匀。不同类型的防锈油要采用不同的方法进行涂覆。防锈油防锈蚀包装方法见表6.7。

表6.7　防锈油防锈蚀包装方法

名　称	方　法
防锈油脂浸涂法	将产品完全浸渍在防锈油中，涂覆防锈油膜
防锈油脂刷涂法	在产品表面刷涂防锈油脂
防锈油脂充填法	在产品内腔填充防锈油脂，充填时注意使内腔表面全部涂覆，且应留有空隙，并不应泄漏

(2)气相防锈包装技术。

其作用是抑制大气对金属锈蚀。目前气相防锈已成为防锈包装技术的主流。气相防锈包装方法见表6.8。

表6.8 气相防锈包装方法

名　称	方　法
气相缓蚀剂法	按产品的要求,采用粉剂、片剂或丸剂状气相缓蚀剂,散步或装入干净的布袋或盒内
气相防锈纸法	对形状比较简单并且容易包扎的产品,可用气相防锈纸包封,包封时要求包装接触或接近金属表面
气相防锈塑料薄膜法	产品要求包装外观透明时采用气相防锈塑料薄膜袋热压焊封

(3)可剥性塑料。

防锈塑料模,具有可剥性。它是以塑料为基体的一种防锈包装材料。其作用是保证产品表面不会产生锈蚀及氧化层。

(4)封套防锈封存包装。

其作用是避免装备因长期露天储存或装备包装不完善所造成的锈蚀、损坏与零件不正常损耗。

4.防潮包装技术

包装技术防潮包装技术的目的主要有两个:一是为阻隔外界水分的侵入;二是为减少、避免由于外界温度、湿度的变化,而引起包装内部产生返潮、结露和霉变现象。防潮包装主要根据内装物的性质、储运期限和储运过程的温、湿度气候环境条件来设计和选用。防潮包装主要材料构成是外壁材料、内衬材料、密封材料与防水涂料。

(1)外壁材料。

外壁材料必须有一定的机械强度,以保护内装物的质量。外壁材料应既能承受内装物的质量,又能承受搬运、装卸和运输各环节中所遇到的各种机械外力的作用,包括物流系统各种作业中所发生的动应力和堆码中的静应力;特别是在外部浸水受潮的条件下,要仍能保持其刚性不变。

常用的外壁材料主要有:木材板、金属板、瓦楞纸板等。

(2)内衬材料。

内衬材料必须具有防潮、防水、保护性能。常用的内衬材料主要有纸张类、薄膜塑料、金属和复合材料等。

(3)密封材料与防水涂料。

密封材料和防水涂料主要用于包装箱外的覆盖材料,要求具有耐水性、耐老化、耐高低温、耐日晒,有一定的强度。

常用的密封材料有防水胶粘带、防水胶粘剂、密封用橡胶皮。常用的防水涂料是石蜡和沥青。

5. 防霉包装技术

防霉包装技术就是指在物品包装时,采用一定的技术措施使其处在能够抑制霉菌微生物滋长的特定条件下,防止内装物霉变,保护产品质量完好,从而延长商品保质期的包装技术。主要适用于保鲜的水果、食品、粮食等。

防霉技术的运用可根据产品和包装的性能、要求的不同,而采用不同的防霉途径和措施,可以使用的材料和包装两个方面着手加以解决。

(1) 防霉包装材料。

防霉材料的选择要根据国家包装标准 GB/T 4768—2008《防霉包装》对防霉内装物及其包装的质量、材料和环境条件提出的具体要求采用有效措施。

在进行防霉包装的过程中,应保护内装物和包装容器的整洁,要避免手上汗渍和其他污染物的污染。同时还应当注意,操作防潮包装的环境要保持整洁、干燥、无积水和无有害介质。

(2) 防霉包装技术。

防霉包装技术主要有以下几种方法:

一是化学药剂防霉包装技术。化学药剂防霉包装技术主要是使用防霉防腐化学药剂将待包装物品、包装材料进行适当处理的包装技术。使用防霉防腐剂应选择具有高效、低毒、使用简便、价廉、易购等特点的防霉防腐剂。同时还要求该防霉防腐剂不影响物品的性能和质量。

二是气相防霉包装技术。气相防霉包装技术是使用具有挥发性的防霉防腐剂,利用其挥发产生的气体直接与霉腐微生物接触,杀死这些微生物或抑制其生长,以达到物品防腐的作用。这种技术要求包装材料和包装容器具有密封性能好的特点。

三是气调防霉包装技术。气调防霉是生态防霉腐的形式之一。霉腐微生物与生物性商品的呼吸代谢都离不开空气、水分、温度这 3 个因素。只要有效地控制其中一个因素,就能达到防止商品发生霉腐的目的。气调防霉包装技术的关键是密封和降氧,包装容器的密封是保证气调防霉腐的关键。降氧是气调防霉腐的重要环节。

四是低温冷藏防霉包装技术。低温冷藏防霉包装技术是通过控制商品本身的温度,使其低于霉腐微生物的生长繁殖的最低界限,控制酶的活性。它一方面抑制了生物性商品的呼吸氧化过程,使其自身分解受阻;另一方面抑制霉腐微生物的代谢与生长繁殖来达到防霉腐的目的。

五是干燥防霉包装技术。干燥防霉包装技术是通过降低密封包装内的水分与物品本身的含水量,使霉腐微生物得不到生长繁殖所需水分来达到防霉的目的。

六是真空包装技术。真空包装技术也称减压包装技术或排气包装技术。这种包装可阻挡外界的水汽进入包装容器内,也可防止在密封着的防潮包装内部存有潮湿空气,在气温下降时结露。采用真空包装技术,要注意避免过高的真空度,以防损伤包装材料。

另外还有电离辐射防霉包装技术、紫外线、微波、远红外线和高频电场包装防霉变质的措施。

6. 防虫包装技术

防虫包装技术,常用的是驱虫剂,即在包装中放有一定毒性和气味的药物,利用药物在包装中挥发的气体来杀灭和驱除各种害虫。常用的驱虫剂有萘、对位二氯甲苯、樟脑精等。也可采用真空包装、充气包装、脱氧包装等技术,使害虫无生存环境,从而防虫防害。

7. 危险品包装技术

危险品包装就是根据危险品的特点,按照有关法令、标准和规定专门设计的包装。在其包装上,尤其是运输包装上必须表明不同类别和性质的危险货物标志。

危险品有上千种,按其危险性质、交通运输及公安消防部门规定分为十大类,即爆炸性物品、氧化剂、压缩气体和液化气体、自燃物品、遇水燃耗物品、易燃液体、易燃固体、毒害品、腐蚀性物品、放射性物品等,有些物品同时具有两种以上危险性能。

(1) 有毒物品的包装技术。

包装必须明显标明有毒的标志。防毒包装的主要措施是包装严密不漏、不透气。

(2) 腐蚀性物品的包装技术。

对于腐蚀性物品的包装,要注意商品和包装容器的材质是否发生化学变化。金属类的包装容器,要在容器内壁涂上防腐涂料,防止腐蚀性物品对容器的腐蚀。对一些易挥发出腐蚀性气体的货物,应装入良好的耐腐蚀的瓷瓶、玻璃瓶或塑料桶中,严密封口,再装入坚固的木箱或金属桶中。

(3) 易燃、易爆物品包装技术。

对于易燃、易爆商品,例如有强烈氧化性的,遇有微量不纯物或受热即急剧分解引起爆炸的产品,有效的防爆炸包装方法是采用塑料桶包装,然后将塑料桶装入铁桶或木箱中,每件净重不超过 50 千克,并应有自动放气的安全阀,当桶内达到一定气体压力时,能自动放气。

8. 特种包装技术

特种包装技术是随着物流与现代包装技术水平的发展,而产生的为满足人们不断提高的物质和精神需求而产生的新的包装技术。

(1) 充气包装。

充气包装是采用二氧化碳气体或氮气等不活泼气体置换包装容器中空气的一种包装技术方法,因此也称为气体置换包装。这种包装方法是根据好氧性微生物需氧代谢的特性,在密封的包装容器中改变气体的组成成分,降低氧气的浓度,抑制微生物的生理活动、酶的活性和鲜活商品的呼吸强度,达到防霉、防腐和保鲜的目的。

(2) 真空包装。

真空包装是将物品装入气密性容器后,在容器封口之前抽真空,使密封后的容器内基本没有空气的一种包装方法。

一般的肉类商品、谷物加工商品以及某些容易氧化变质的商品都可以采用真空包装,真空包装不但可以避免或减少脂肪氧化,而且抑制了某些霉菌和细菌的生长。同时在对其进行加热杀菌时,由于容器内部气体已排除,因此加速了热量的传导。提高了高温杀菌效率,也避免了加热杀菌时,由于气体的膨胀而使包装容器破裂。

(3) 收缩包装。

收缩包装就是用收缩薄膜裹包物品(或内包装件),然后对薄膜进行适当加热处理,使薄膜收缩而紧贴于物品(或内包装件)的包装技术方法。

收缩薄膜是一种经过特殊拉伸和冷却处理的聚乙烯薄膜,由于薄膜在定向拉伸时产生残余收缩应力,这种应力受到一定热量后便会消除,从而使其横向和纵向均发生急剧收缩,同时使薄膜的厚度增加,收缩率通常为30%～70%,收缩力在冷却阶段达到最大值,并能长期保持。

(4)拉伸包装。

拉伸包装是20世纪70年代开始采用的一种新包装技术,它是由收缩包装发展而来的,拉伸包装是依靠机械装置在常温下将弹性薄膜围绕被包装件进行拉伸、紧裹,并在其末端进行封合的一种包装方法。由于拉伸包装不需进行加热,所以消耗的能源只有收缩包装的二十分之一。拉伸包装可以捆包单件物品,也可用于托盘包装之类的集合包装。

(5)脱氧包装。

脱氧包装是继真空包装和充气包装之后出现的一种新型除氧包装方法。脱氧包装是在密封的包装容器中,使用能与氧气起化学作用的脱氧剂与之反应,从而除去包装容器中的氧气,以达到保护内装物的目的。脱氧包装方法适用于某些对氧气特别敏感的物品,适用于那些即使有微量氧气也会促使品质变坏的食品包装中。

9. 防伪包装技术

目前,有许多技术应用于商品的防伪包装,常用的有条码技术、激光光刻技术、激光全息图像技术、油墨技术、印刷技术和破坏性防伪技术等。

(1)条码技术。

条码是通过国际或国家编码中心注册登记编发的原始条码胶片,印刷在商品包装上的标志,只有通过原始胶片才能复制。对于伪造的条码,尽管外形相似,当经高检激光检测时,电脑会拒绝工作,其准确率达百万分之一到亿万分之一,防伪效果非常好,受企业和用户欢迎。

(2)激光光刻技术。

激光光刻是利用高能量的激光在被印物表面聚焦将其烧灼刻印而成的,刻印的结果是被刻印的基材表面用激光刻出一个个凹下去的预定字符、图形等。

(3)激光全息图像技术。

激光全息图像技术在防伪包装上的应用主要是印刷防伪商标。防伪商标除了具有一般的防伪作用外,另一个突出的优点是装饰效果好,因而很多企业都乐于使用激光全息图像防伪技术。激光全息图像防伪商标有不干胶型、防揭型和烫印型3种。

(4)油墨印刷技术。

油墨技术是印刷技术在防伪包装上应用的一个重要方向。它通过改变油墨的配方,或者在普通的油墨中添加一些特殊的敏感材料,如光敏材料、热敏材料、磁性材料等而实现的。用特种油墨印制的商标有一些独特的特点,消费者根据不同的特点可以分辨出商品的真伪,商标本身也不易被仿制,因而有防伪的效果。

(5)破坏性防伪技术。

破坏性防伪技术即一次性防伪技术,它是靠确保包装物的一次性使用来进行防伪的,包装物在完成一次包装功能后就被损坏,不能重复使用。假冒者要想假冒该产品,就必须购买或生产该种包装,由于需要付出较大的代价,所以可以抑制假冒伪劣产品的生产。

第三节 包装管理

一、包装的标准化

1. 包装标准化的含义

包装的标准化是指对产品包装的类型、规格、容量、使用的包装材料、包装容器和结构造型、印刷标志以及产品的盛放、衬垫、封装方式、名词术语、检验要求等加以统一规定,并贯彻实施的政策和技术措施。

2. 包装标准的类型

包装标准可分为以下3类:

(1)包装基础标准和方法标准。

包装基础标准和方法标准是包装工业基础性的通用标准。例如运输包装件实验方法、包装通用术语、包装的尺寸系列等。

(2)包装工业的产品标准。

包装工业的产品标准是指包装工业产品的技术要求和规定。例如塑料打包袋、普通食品包装纸、高压聚乙烯包装袋等。

(3)工农业产品的包装标准。

工农业产品的包装标准是针对产品包装的技术要求或规定而制订的。一种是单独制订的包装标准,如针织内衣包装与标志、铝及铝合金加工产品的包装、标志、储存及运输的规定;一种是产品质量标准中对标志、包装、储存、运输等方面的规定。

3. 包装标准化的意义

商品包装标准化对于现代企业具有重要的意义。通过商品包装的标准化,可以增加包装的通用性,从而提高包装的生产效率。通过商品包装的标准化,可以提高包装的质量,节省包装的材料,节省流通费用,而且便于专用运输设备的应用。通过商品包装的标准化,简化和统一了包装容器的规格和型号,在生产和流通过程中便于识别、使用和计量。通过商品包装的标准化,可以促进可回收型包装的使用,促进商品包装的回收利用,从而节省社会资源,产生较大的社会和经济效益。

二、包装现代化

包装工业已成为国民经济的一个重要产业,以先进的科学技术对包装工业进行技术改造,是促进我国包装工业发展的主要途径。因此,包装现代化有利于推动包装工业的发展,进而促进物流的现代化。

1. 包装现代化的含义

包装现代化,是指在包装产品的包装设计、制造、印刷、信息传递等各个环节上,采用先进、适用的技术和管理方法,以最低的包装费用,使物品经过包装顺利进入消费领域。

2. 包装现代化的内容

包装现代化主要有以下几个方面的内容：

(1) 开发新的包装材料和包装器具。

利用各种复合技术、包装容器技术开发新包装材料和容器是包装现代化的重要内容。

(2) 包装的多次、反复使用和废弃包装处理。

① 通用包装。按标准模数尺寸制造瓦楞纸、纸板及木制、塑料制通用外包装箱,这种包装箱不必专门安排回返使用,由于其通用性强,无论在何处,都可转用其他包装。

② 周转包装。有一定数量规模并有较固定供应流转渠道的产品,可采用周转包装多次反复周转使用的方法。

③ 梯级利用。一次使用后的包装物,用完可转作他用或用毕进行简单处理后再转作他用。还有的包装设计时,设计成多用途的,在一次使用完毕后,可再使用其他功能。

④ 再生利用。对废弃的包装经再生处理,转化为其他用途或制成新材料。

三、包装的合理化

包装作为物品流通的起点,对整个物流过程起着重要作用。因此,在包装设计及管理过程中,必须合理规划和运作,以实现包装的合理化。

1. 包装合理化的含义

包装的合理化是指在包装过程中使用适当的材料和技术,制成与被包装商品相适应的容器,使其既满足保护商品、方便流通与消费的要求,又能达到节约包装费用、降低包装成本、提高包装的经济效益的目的。

2. 不合理包装

不合理包装是指包装不当,而造成包装不足、包装过剩、包装污染等问题。目前存在的不合理包装形式主要有以下几个方面的内容：

(1) 包装不足。

包装不足指在包装强度、包装材料水平、包装容器层次及容积等方面不足,从而使包装不能起到保护被包装商品、方便储运和促进销售的功能。我国进行的全国包装大检查,有统计显示,由于包装不足引起的损失,一年达到100亿元以上。

(2) 包装过剩。

就是要防止包装设计过高、包装材料选择过高、包装层次过多或体积过大,从而导致对商品的防护过当,造成对资源的浪费以及包装成本的增加。根据日本的调查统计,目前发达国家包装过剩问题严重,约在20%以上。

(3) 包装污染。

包装污染主要是指包装材料中大量使用的纸箱、木箱、塑料容器等,要消耗大量的自然资源;还有商品包装的一次性、豪华性,甚至采用不可降解的包装材料,严重污染环境。

3. 包装合理化的途径

包装合理化是既要充分发挥包装的功能,适应物流的不断发展,又要取得最佳的经

济效益和社会效益,包装合理化途径主要包括以下几个方面:

(1)包装的标准化。

通过包装标准化节约包装材料,降低包装成本,保证物流过程的畅通无阻,从而提高产品在国际市场上的竞争力。

(2)包装的机械化和集装单元化。

开发和利用各种包装机械,利用电子程序控制,提高包装作业的机械化和自动化程度,对实现包装的合理化具有重要意义。包装的集装单元化可以保护商品,降低成本,提高效率,是现代物流的重要标志。

(3)包装的简单化和实用化。

商品包装尽量简化,采用少品种、易回收的包装方式,从而提高包装的作业效率。

(4)包装的绿色化。

采用少污染、无伤害,符合环保要求,可降解、易回收、可再利用的包装,有利于环境保护。

(5)包装智能化。

包装智能化是物流信息发展和管理的一个基础。包装上信息不足或错误可能直接影响物流活动的进行。因此,包装上除了表明内容物的数量、重量、品名、生产厂家、保质期及搬运储存所需条件等信息外,还应附有商品条形码、流通码等,以实现包装智能化。

四、绿色包装

包装作为物品流通的起点,对整个物流过程起着重要作用。因此,在包装设计及管理过程中,必须合理规划和运作,以实现包装的合理化。

1. 绿色包装的含义

绿色包装是指能够循环使用、再生利用或降解腐化,且在产品的生命周期中对环境不造成公害的适度包装。

2. 绿色包装材料的种类

(1)重复再用和再生的包装材料。

重复再用包装,如啤酒、饮料、酱油、醋等包装采用玻璃瓶反复使用。

(2)可食性包装材料。

可食性包装膜,如糖果包装上使用的糯米纸以及包装冰激凌的玉米烘烤包装杯都是典型的可食性包装。具有多种功能性质以及一定的可选择透气性,因而在食品工业,尤其在果蔬保鲜方面,具有广阔的应用前景。

(3)纸材料。

纸的原料主要是天然植物纤维,在自然界可以很快腐烂,不会造成环境污染,也可回收重新造纸。

(4)可降解材料。

可降解材料指在特定时间内造成性能损失的特定环境下,其化学结构发生变化的一种塑料。可降解塑料包装既具有传统塑料的功能和特性,又可在完成使用寿命后,通过阳光中紫外线的作用或土壤和水中的微生物作用,在自然环境中分裂降解和还原,最终以无毒形式重新进入生态环境中。

本章小结

1. 包装是在流通过程中保护产品、方便储运、促进销售,按一定技术方法而采用的容器、材料及辅助物等的总体名称。也指为了达到上述目的而采用容器、材料和辅助物的过程中施加一定技术方法等的操作活动。可以按不同的标准对包装进行分类。

2. 包装是包装物及包装操作的总称,是生产过程的最后一道工序,既是生产的终点,同时它又是物流的始点。包装的功能主要包括保护功能、便利功能和促销功能。包装的种类可以从形态、功能、目的等多个角度进行划分,具体来说,可以按形态、功能包装方法、包装材料、包装商品、内容状态和包装阶段等多个标志进行分类。

3. 包装材料与包装功能存在着不可分割的关系,无论物品包装材料的选择还是包装技术的设施,都是为了保证和实现物品包装的保护性、便利性等功能。由于包装材料的物理性能和化学性能千差万别,所以包装材料的选择对保护物品具有非常重要的作用。常用的包装材料包括纸质包装材料、木质包装材料、草制包装材料、金属包装材料、纤维包装材料和玻璃陶瓷包装材料,以及黏合剂、黏合带、捆扎材料等包装用辅助材料。

【案例分析】

"瑞贝克"药品包装

案例背景：

随着市场竞争的日益激烈,以及大量的产品充斥着市场,对于厂家来说,如何将自己的品牌或服务与其他同类产品的品牌或服务明显地区分开来,变得越来越重要。当前,企业产品的质量日趋同化,价格也不相上下,消费者多种价值观并存,形成激烈的竞争。因而,消费者在购物时有了更多的困惑,而提高产品的信誉度和知名度,把更多的科学和人文精神体现在产品的包装之中,是现代企业生存发展的手段与法宝。

当前,不少企业只注重广告战略和品牌战略,却忽视了产品包装战略。好的包装可以通过图形和文字语言向消费者提供详尽的商品信息,从这个意义上讲,包装本身是一种特殊的广告,是面对面宣传的广告。

"瑞贝克"是由中国医科大学和江西制药有限责任公司共同研制,获国家专利的新药,但随着产品市场销售量的增加,全国各地反馈的信息显示,其包装存在缺陷,影响了产品的销售。主要问题在于：

（1）包装设计陈旧,在色块与文字的构成上处理不当,造成品牌不突出。

（2）色彩不够鲜艳明亮,放在货柜里不突出,与其他产品无较大的差别性。

（3）包装材料选用不当,直接影响产品在消费者心目中的档次和地位,难以提高包装在产品中的附加值。

企业领导层认识到,为了能占有市场和保持市场的占有率,产品或服务必须具有自己独特的销售观点和主张,而这些独特的观点和主张又必须通过一种清楚明了且富有创造性的方式出现在消费者眼前,并能够与消费者进行沟通和交流。因此,对该产品的包装重新进行设计,是新的销售计划的首要任务。

公司对新包装的主题和定位是：新的包装设计应该传递的属性为高品质、独特、具有影响力和容易辨认。最后确定了一款黄底深蓝色的包装设计。事实上，新包装上市后，产品销售量月月上升，大大超出了预期的效果。

"瑞贝克"新包装从决策、设计到销售的成功，主要原因在于：

1. 信息齐全

现代包装的重要职能之一，就是使消费者在购物时得到必要的信息。国家规定，在药品的包装上必须印刷的文字和图形包括：产品商标、批准文号、条形码、防伪商标、性能成分、出厂日期、保质期、保存方法、厂名、厂址、邮编、电话等。设计师将国家专利号至于较为明显的位置。正是这些信息使消费者大大增加了对该产品的信赖度。

2. 区别性

包装设计是一个产品的"外观"，它必须使产品很容易与同类产品区分开来。

在众多的同类产品中，为了提高某一产品在市场中的竞争力，它必须具有某种特性或个性，以引起消费者的兴趣，这叫"展示特色"。为了达到这一目的，所有影响产品销售的因素——外包装的形象，包括形、色、文字等都必须充分考虑。设计师在市场调查中发现目前大多数药品包装白底较多，而"瑞贝克"的主要功能是治疗胃病，因此大胆采用柠檬黄色，给人一种温暖关怀的感觉；而放大了的产品名称凸显品牌，其中两粒药片的强烈白色光晕渐变则展示了一种辉煌的效果。它的小、中、大3个包装放在一起，与其他产品形成一种鲜明的反差，在诸多产品中凸显出来。

3. 融合

一个成功的包装，首先必须是功能和艺术的融合。因为商品包装不同于绘画，它必须首先突破其包装盒保护产品的基本功能；其次是传统的和现代的感情的结合。社会和市场正日益变化，设计师必须不断关注社会和市场动态，收集最新信息，设计出对消费者起引导作用、提升文化品位的作品。最后就是创造力和实用性相结合。没有艺术性而纯粹是用的物品是不会引人注目的，但那些太新奇、消费者不能理解的设计也是无用的。

4. 材料工艺选择

对包装材料的准确选用，也是非常重要的一个环节。一盒"瑞贝克"的12粒装在市场上的零售价是二十元左右，改包装后选用较为高档的芬兰白底白卡纸，纸质由原来的250克提高到300克，表面再过油，让它有种整齐、挺括、标准的形象，外观档次明显提高。小包装的成本仅提高了5厘钱，由原来的0.11元到现在的0.115元。可见，具有说服性的印刷材料和工艺起到了非常好的烘托和宣传作用。

现代消费者对产品包装的要求也是十分苛刻的，它需要在艺术中张扬人类意志的表达，同时也接受科学设定的功能特质与求真方式，这正是人们认同的"设计＝艺术＋科学"的公式。因此，企业应把产品的包装设计策略作为实现产品价值、寻求自身发展的法宝。这是因为，21世纪是设计的时代，21世纪的人类更向往科学和人文精神的结合，向往艺术在生活中承担更多的使命，更加向往人与自然的和谐共处。

问题分析：

1. 通过将包装业务转移到仓储过程中完成，为什么可以使库存和运输成本减少？
2. 包装和物流其他活动之间存在怎样的关系？

【思考与练习】

1. 简述包装在物流系统中的基本功能。
2. 简要说明如何使物流系统中的包装合理化。
3. 简要说明包装标准化的主要表现。

第七章 装卸搬运与流通加工

【学习目标】
- 了解装卸搬运与流通加工的含义和种类；
- 了解装卸搬运与流通加工在物流中的地位与作用；
- 掌握流通加工和生产加工的区别；
- 了解装卸搬运和流通加工的合理化措施。

第一节 装卸搬运概述

装卸搬运是物流系统的构成要素之一，属于衔接性的物流活动。在任何其他物流活动互相过渡时，都是以装卸搬运来衔接，因而，装卸搬运往往成为整个物流系统的"瓶颈"，是物流各功能之间能否形成有机联系和紧密衔接的关键。在实际操作中，装卸与搬运是密不可分的，两者伴随在一起发生。因此，在物流学科中并不过分强调两者之间的差别而是作为一种活动来对待。

一、装卸搬运的概念与作用

1. 装卸搬运的概念

装卸是指物品在指定地点以人力或机械装入或卸下运输设备，其结果是物品的垂直位移。搬运是指在同一场所内对物品进行水平移动的物流作业，其结果是物品的水平位移。在物流实践中，装卸和搬运往往是密不可分的，因此，通常合称"装卸搬运"，即在同一地域范围内进行的，以改变物品存放状态和空间位置为主要目的作业活动。在强调物品存放状态的改变时，常用"装卸"一词；在强调物品空间位置的改变时，常使用"搬运"一词。

装卸搬运的基本动作包括装车（船）、卸车（船）、堆垛、入库、出库，以及连接上述各项动作的短程输送，是随运输和保管等活动而产生的必要活动。

在物流过程中，装卸搬运活动是不断出现并反复进行的，出现的频率高于其他各项物流活动。装卸搬运活动消耗时间长，消耗的人力也很多，所以装卸搬运费用在物流成本中所占的比重也较大。以我国为例，铁路运输的始发和到达的装卸搬运花费大致占运费20%左右。因此，装卸搬运是降低物流费用的一个关键环节。

2. 装卸搬运的特点

（1）附属性、伴生性。

装卸搬运是物流每一项活动开始及结束时必然发生的活动，因而有时常被忽视，有时被看作在进行其他操作时不可缺少的组成部分。例如,一般而言的"汽车运输",就实际包含了相随的装卸搬运,仓库中泛指的保管活动,也含有装卸搬运活动。

(2)支持性、保障性。

装卸搬运的附属性不能理解成被动的,实际上,装卸搬运对其他物流活动有一定决定性。装卸搬运会影响其他物流活动的质量和速度,例如,装车不当,会引起运输过程中的损失;卸放不当,会引起货物下一步转换的困难。许多物流活动在有效的装卸搬运支持下,才能实现高水平。

(3)衔接性。

在任何其他物流活动互相过渡时,都是以装卸搬运来衔接,因而装卸搬运往往成为整个物流的"瓶颈",是物流各功能之间能否形成有机联系和紧密衔接的关键。而这又是一个系统的关键。建立一个有效的物流系统,关键看这一衔接是否有效。比较先进的系统物流方式——联合运输方式就是着力解决这种衔接的。

(4)均衡性、波动性。

生产领域的装卸搬运必须与生产活动的节拍一致,因均衡性是生产的基本原则,所以生产领域的装卸搬运作业基本上也是均衡的、平稳的、连续的;流通领域的装卸搬运是随车船的到发和货物的出入库而进行的,作业常为突击性、波动性和间歇性。对作业波动性的适应能力是流通领域装卸搬运系统的特点之一。

(5)稳定性、多变性。

生产领域的装卸搬运的作业对象是稳定的,或略有变化但有一定规律,故生产领域的装卸搬运具有稳定性。而流通领域的装卸搬运的作业对象是随机的,货物的品种、形状、尺寸、重量、体积、包装、性质等差异很大,车型、船型、仓库形式也各不相同。对多变的作业对象的适应能力是流通领域装卸搬运系统的特点。

3. 装卸搬运的作用

无论是在生产领域还是在流通领域,装卸搬运都是影响物流速度和费用的重要因素,在物流系统中发挥如下作用:

(1)衔接生产各阶段和流通各环节的转换。

在物流作业过程中,从一个环节转换到另一个环节,几乎都伴随着装卸搬运活动,运输、储存、包装等环节一般都以装卸搬运为起点和终点。

(2)保障生产和流通各环节作业的顺利进行。

虽然装卸搬运活动本身不产生有形产品,但其工作质量却对生产和流通的其他环节有很大的影响。如果生产过程中的物料搬运不能适应生产要求,就可能导致停工;如果流通过程中的装卸搬运出现问题,就可能导致货物滞留于某一环节,从而中断流通过程。

(3)影响物流活动的效率。

在物流过程中,装卸搬运是不断出现、反复进行的,并且每一次装卸活动都要耗费时间,而这一时间的长短是决定物流速度的关键。并且在进行装卸搬运操作时,一般都要发生人员或机械与货物的直接接触,从而可能造成货物破损、散失、损耗、混合等损失。因此装卸搬运的效率直接影响物流活动的效率。

二、装卸搬运作业的流程

不同的装卸搬运作业,其具体流程也不尽相同,但无论哪一种都要经过作业前的准备、作业的实施和作业绩效的评价3个基本阶段。

1. 装卸搬运作业的准备

装卸搬运作业的准备是进行具体的装卸搬运作业操作前的规划和组织工作。在这一阶段,通常要明确装卸搬运作业的任务,确定装卸搬运作业的方式、规划装卸搬运作业过程,选择装卸搬运的工具和设备,组织装卸搬运作业人员。

2. 装卸搬运作业的实施

这一阶段是根据准备阶段的各项规划和组织结果,进行具体的装卸搬运操作。

3. 装卸搬运作业的绩效评价

装卸搬运作业的绩效评价是对装卸搬运作业的事前计划与控制以及事后的分析与评估,以衡量其作业活动的投入、产出状况。对作业绩效的评价有助于发现装卸搬运作业过程中存在的问题,并进一步寻找解决方案。

需要注意的是,在装卸搬运的各个阶段都涉及合理化的问题,实现作业合理化有助于装卸搬运作业效率的提高。

三、装卸搬运作业的类型

物流过程中的装卸搬运作业形式有很多种,按照不同的标准可以进行不同的分类。

1. 按装卸搬运的作业场所分类

(1) 仓库(或配送中心)装卸搬运。

仓库(或配送中心)装卸搬运是配合入库、维护保养、出库等活动进行,并且以堆垛、上架、取货等操作为主的活动。

(2) 铁路装卸。

铁路装卸是对火车车皮的装进及卸出,其特点是一次作业就需实现一车皮的装进或卸出,很少有像仓库装卸时出现的整装零卸或零装整卸的情况。

(3) 港口装卸。

港口装卸既包括码头前沿的装船卸船,也包括后方的支持性装卸搬运。有的港口装卸还采用小船在码头与大船之间"过驳"的方式,因而其装卸的流程较为复杂,往往经过几次的装卸及搬运作业才能最后实现船与陆地之间货物过渡的目标。

(4) 汽车装卸。

汽车装卸是对汽车车厢的装进及卸出,一次装卸批量不大。由于汽车的灵活性,可以减少或根本减去一些搬运活动,直接或单纯利用装卸作业达到车与物流设施之间货物过渡的目的。

(5) 飞机装卸。

飞机装卸是对飞机机舱的装进及卸出,一般通过传送带搬运,自动化程度较高。

2. 按装卸操作的内容分类

(1) 堆码拆垛作业。

堆码拆垛作业是指在车船内、仓库内、货场内等对货物进行的码垛、拆垛作业。其中，堆码作业是把货物从原先放置的场所，移动到车船等运输工具或仓库等保管设施的指定场所，并按要求将货物整齐、规则地摆放成货垛的作业活动；拆垛作业是堆码作业的逆向作业。

(2) 分拣配货作业。

分拣配货作也是指将货物按品种、到站、货主等特点的不同对货物进行的分类作业。其中，分拣作业是将货物按品种、出入库顺序、货物的流向等进行分拣分类整理，再分别放到规定位置的作业活动；配货作业是按照不同客户的要求，将货物进行分类、组配、集中，并分别放到指定位置的作业。

(3) 挪动移位作业。

挪动移位作业即狭义的装卸搬运作业，分别是指单纯地改变货物的支撑状态（如从车厢内将货物移到站台上）的作业，以及显著（较远距离）改变空间位置的作业。

3. 按装卸搬运的作业方式分类

(1) 吊上吊下方式。

采用各种起重机械从货物上部起吊，依靠起吊装置的垂直移动实现装卸，并在吊车运行的范围内或回转的范围内实现搬运或依靠搬运车辆实现搬运，属垂直装卸方式。

(2) 叉上叉下方式。

叉上叉下方式采用叉车从货物底部托起货物，并依靠叉车的运动进行货物位移，搬运完全靠叉车本身，货物可不经中途落地直接放置到目的处，属于水平装卸方式。

(3) 滚上滚下方式。

滚上滚下方式主要用于港口装卸，利用叉车或半挂车、汽车承载货物，连同车辆一起开上船，到达目的地后再从船上开下，称"滚上滚下"方式。滚上滚下方式需要有专门的船舶，对码头也有不同要求，这种专门的船舶称"滚装船"。

(4) 移上移下方式。

移上移下方式是在两车之间（如火车及汽车）进行靠接，然后利用各种方式，不使货物垂直运动，而靠水平移动从一个车辆上推移到另一车辆上，称之为移上移下方式。汽车与仓库或配送中心货台高度一致时，也可采用移上移下方式。

(5) 散装散卸方式。

散装散卸方式是集装卸与搬运于一体的装卸方式，一般从装点直到卸点，中间不再落地，适用于对散装物进行装卸。

此外，按作业动态分类，有垂直装卸、水平装卸两种形式；按作业特点分类，有连续装卸搬运、间歇装卸搬运两种形式。按作业对象分类，有散装货物装卸、单件货物装卸、集装货物装卸等形式。

第二节 装卸搬运管理

一、装卸搬运的原则

在物流活动中,组织装卸搬运作业,应遵循以下原则:

1. 减少环节,有效作业原则

装卸活动本身并不增加物品的价值和使用价值,相反却增加货物损坏的可能性和成本。因此,首先应从研究装卸搬运的功能出发,分析各项装卸搬运作业环节的必要性,尽量消除那些可有可无、重复无效的作业环节。如车辆不换装直接过境、门到门的集装箱联运等,都可以大幅度地减少装卸搬运的环节和次数。

对于必须进行的装卸搬运作业,应尽量做到不停顿、不间断,实行连续作业;工序之间要紧密连接,作业路线应当最短、直线,消灭迂回和交叉;作业流程尽量简化,作业过程不要移船、调车,以免干扰装卸作业的正常进行;必须进行换装作业的,尽量不要让货物落地,直接换装,以减少装卸次数,简化装卸程序等。

2. 文明装卸,科学作业原则

在装卸搬运过程中,应杜绝"野蛮装卸",通过文明装卸尽可能保证货物完好无损,保障作业人员安全。同时,避免因不合理作业而损坏装卸搬运设备和设施等。

对于可能造成环境污染的装卸作业,应采取相应措施使污染控制在相关标准的范围内;整个作业过程应严格按照相关标准和工艺要求,合理组织,科学安排;装卸搬运作业人员应按劳动保护要求,配备劳保用品,劳动强度和负荷应控制在合理范围内;作业环境的光线、色调、温湿度、卫生状况等要符合人体生理学和心理学的科学原理。

3. 集中作业,效率优先原则

集中包括搬运场地的集中和作业对象的集中两方面。前者是在有条件的情况下,把作业量较小的分散的作业场地适度集中,例如取消一些运输量小的路线和业务量小的中间小站等,以利于装卸搬运设备的配置和使用,提高机械化作业水平,以及合理组织作业流程,提高作业效率;后者是把分散的零星货物汇集成较大的集装单元,例如,集装成集装箱、托盘、货捆、网袋等,再进行装卸搬运,或者将各种粉状、粒状货物尽可能装入专用车、船、库,以提高装卸作业效率。

4. 省力节能,尽量"活化"原则

节省劳动力,降低能耗,是装卸搬运工作的基本要求。因此,保持作业场地平整结实,去除不必要的外包装,尽量采取水平装卸搬运和滚动装卸搬运等,以达到省力节能的效果。

提高装卸搬运的灵活性,也是节省人力、减少能耗的基本要求。装卸搬运的灵活性是指货物的存放状态对于装卸搬运作业的方便难易程度。在物流过程中,为了便于下一作业环节的进行,应尽可能使货物处于更便于装卸搬运的状态,即"活化状态"。因此,通过对装卸搬运工艺的设计,尽量提高货物的活性指数,对于减少装卸搬运过程中的人力和物力消耗具有重要意义。

5. 巧装满载,安全高效原则

装卸作业一般是与运输和存储联系在一起的,运输工具满载和库容的充分利用是提高运输与存储效益的主要因素之一,在运量大于运能、储量大于库容的情况下尤为重要。所以,在装卸搬运时,应根据货物的轻重、大小、形状、物理化学性质等,以及货物的去向、存放期限、车船库的情况等,采用恰当的装载方式,巧妙配装,使装载工具满载,库容得到充分利用。同时,为了保证运输存储安全,装载时要采取一定的方法保持货物稳固,以防止在运输或存储时发生倾斜甚至倒塌等现象。

二、装卸搬运的作业组织

在具体实施装卸搬运作业之前,需要对作业方式、作业过程、作业设备以及作业人员进行一定的组织规划,以确保高效率地完成装卸搬运活动。

1. 装卸搬运作业的任务

确定作业任务是进行装卸搬运作业的基本前提。装卸搬运的任务有可能事先确定,也有可能临时变动。但在通常情况下,可以根据物流计划、经济合同、装卸作业的不均衡程度以及装、卸车的时限等因素来确定作业现场的装卸搬运任务量。

在确定了装卸搬运的任务以后,就必须对装卸作业对象的特点进行详细了解,据此确定作业方式,选择作业工具,组织作业人员。具体而言,需要了解作业对象的物理和化学特性,以确定其可运行性;需要了解作业对象对物流条件的要求,包括质量保证方面的要求、环境保护方面的要求和某些特殊要求,如精密仪器的搬运就需要采取特殊的方法,贵重物品的搬运需要特殊控制等。

2. 装卸搬运作业的方式

在明确作业任务和作业对象的特点之后,需要根据所掌握的信息确定装卸搬运作业的方式。如前所述,装卸搬运作业的方式有多种,每一种都具有适用的作业对象,例如,对散装货物的装卸搬运就要采用散装作业方式。同时,对于不同的作业方式而言,与其相适应的作业过程、作业设备也不相同。确定作业方式有助于进一步规划装卸搬运的作业过程,选择作业工具和设备。

3. 装卸搬运作业路线

规划装卸搬运作业路线,即对装卸搬运作业整个过程各个环节的连续性进行合理安排,以缩小搬运距离,减少搬运次数。

作业现场的平面布局是直接影响搬运距离的因素,因此,首要问题就是对各环节的作业点进行空间布局,要留有足够的场地集结货物,并满足装卸机械工作面的要求;场内道路的分布要为装卸搬运作业创造良好条件,要有利于加速货位的周转。

在作业现场空间布局一定的情况下,需要根据物流量大小和搬运距离的长短来选择较为合理的搬运路线,通常,搬运路线可分为直达型、渠道型和中心型3种,如图7.1所示。

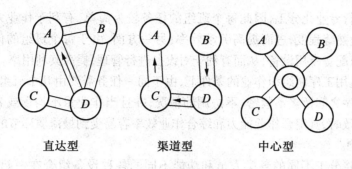

图 7.1 搬运路线

(1) 直达型。

直达型是指货物经由最近的搬运路线到达目的地。当物流量大、距离短或距离中等时,选择这种路线较为经济。另外,当货物具有一定特殊性并且时间较为紧迫时,也可采用这种路线。

(2) 渠道型。

渠道型即货物在预定路线上移动,与来自其他不同地点的货物一起运到同一终点。当物流量中等或较少而距离为中等或较长,采用这种路线较为经济。尤其当作业现场的平面布局不规则并较为分散时,也适于采用这种方法。

(3) 中心型。

中心型即各种货物从起点移动到一个中心分拣处或分发处,然后再运往终点。当物流量较小且距离中等或较远时,选择这种路线较为经济。尤其作业现场的平面布局基本是正方形且管理水平较高时,采用这种路线能取得较好的效果。

此外,对作业过程的规划还要注意:装卸搬运机械要与货场长度、货位面积等相协调,各种机械设备之间要合理衔接;不同的装卸搬运设备连接使用时,应尽量使其作业速率相等或相近;同时,还要充分发挥调度人员的作用,以保证作业的连续性和作业现场的秩序。

4. 选择装卸搬运的工具和设备

不同的装卸搬运工具有不同的功能,适用于不同的作业方式、作业对象和作业场所。因此,在组织装卸搬运作业时,要根据作业对象的特点、作业场所的条件,结合不同工具和设备的性能来选择适用的作业工具和作业设备。

5. 组织装卸搬运作业的人员

装卸搬运作业的最终完成必须依靠作业人员对作业设备的操作和控制,以及对作业规划的贯彻实施。所以,按照一定原则将作业人员与作业设备以一定方式结合起来,是完成装卸搬运任务的保证。装卸搬运作业人员的基本组织形式通常有工序制和包干制两种。

(1) 工序制。

工序制是按照作业内容或作业工序将人员和设备分别组合成装卸、搬运、堆垛、整理等作业班组,这些班组共同组成一条作业流水线,共同完成装卸搬运作业。

这种人员组织形式的优点是:可以保证作业质量和提高作业效率。一方面,由于按照作业内容进行专业化分工,因此每个班组的任务较为简单,有利于作业人员掌握作业技术,提高作业熟练程度,进而提高劳动效率;另一方面,由于每个班组的作业内容较为固定,所以可以配备专用设备,从而有利于对设备进行管理,提高其利用率。

但是,在运用工序制组织作业的条件下,由于同一任务需要由几个班组共同完成,因此容易出现工序之间衔接不紧密、不协调的情况,并且当作业量不均衡或者各个工序的作业进度不一致时,其综合作业能力和综合作业效率容易受到最薄弱环节的影响。

(2)包干制。

包干制是将分工不同的各类人员和功能不同的各种设备组合在一起,成为一个班组,全面负责装卸搬运作业的整个过程。

这种人员组织形式的主要优点是:作业的协调性和灵活性较强。因为一个班组在班组长的统一指挥下完成装卸搬运作业的各项内容,所以各项工序之间可以较好地进行配合与协调,从而提高作业的连续性。当作业量不均衡时,班组内部可以及时进行调整,具有较强的适应性。同时,由于可以集中进行人力、物力和设备的调配,因此有利于提高综合作业能力。

但是,在同一作业班组内配置多种作业人员和设备,不利于实现专业化,不利于提高作业人员的劳动熟练程度,从而影响劳动生产率的提高。

工序制和包干制这两种人员组织方式各有利弊,需要在装卸搬运作业组织中视具体情况而定。通常,规模较大的装卸作业部门由于人员多、设备齐全、任务量大,可以采用工序制;否则,采用包干制较为有效。

三、装卸搬运作业的合理化

在组织装卸搬运作业时,要使作业过程的各环节、各要素实现合理化,以提高物流活动的效率,装卸搬运作业合理化的要点如下:

(1)防止和消除无效作业。

所谓无效作业是指消耗于有用货物的必要的装卸搬运劳动之外的多余的劳动消耗。防止和消除无效作业应注意以下几个方面:

①减少装卸搬运次数。在很多情况下,搬运本身可能成为玷污、损坏货物的原因。因此,除非必要,尽量不要移动货物,尽量减少转搬运的次数,这样既可以节约劳动,又可以减少货损。

②避免对无效物质的装卸搬运。在流通过程中,某些货物里可能混杂着没有使用价值的物质,如煤炭中的矸石,因此,要注意保持货物纯度,以避免对其中无效掺杂物进行反复的装卸搬运,浪费劳力和动力。

③避免过度的包装。包装可以起到保护商品的作用。但是,过大、过厚的包装会增加装卸搬运过程中的劳动消耗。所以,不影响商品保护功能前提下的轻便包装有助于减少装卸搬运中的无效作业。

④尽量缩短搬运距离。在条件允许的情况下,要选择搬运距离最短的搬运路线。

(2)提高作业对象的"活性"。

所谓"活性",是指作业对象从静止状态转变为装卸搬运运动状态的难易程度,也即对其进行装卸搬运作业的难易程度。货物的装卸搬运活性级别见表7.1。

表7.1 货物的装卸搬运"活性"级别

装卸搬运"活性"级别	货物状态
0级	货物杂乱地堆于地面
1级	货物已被捆扎或装箱
2级	捆扎过的货物或箱子下面放有枕木或衬垫,便于叉车或其他机械进行作业
3级	被置于台车或其中机械上,可以即刻移动
4级	货物已被移动,正在被装卸或搬运

从理论上讲,货物的"活性"级别越高越好,但同时要考虑到实施的可能性。所以,应在允许的情况下,尽量使货物处于"活性"级别较高的状态,例如,将货物整理归堆,将货物包装后置于托盘上等。

(3)充分利用重力和消除重力影响。

在装卸搬运作业中,视情况不同而对重力的作用进行利用或消除其影响,也是实现其合理化的途径之一。

在进行装卸搬运时,可以利用货物本身的重量进行有一定落差的装卸搬运,从而达到节省动力的目的。例如,从卡车上卸货时,利用卡车与地面或与小型搬运车之间的高度差,借助溜槽或溜板等简单工具,使货物自动从高处滑到低处,此时就无须消耗动力。

与此相反,在某些情况下需要消除重力的影响,才能达到节约动力消耗的目的。例如,两种运输工具进行换装时,如果从一种运输工具上将货物搬下,再搬上另一种运输工具,需要耗费动力以克服重力的影响。因此,若能设法使两种运输工具靠接,仅使货物做水平引动,就可以消除重力的影响,节约劳力。

(4)实现机械化作业。

使用装卸搬运机械作业能够将作业人员从重体力劳动中解放出来,实现人力的节省。同时,机械化作业易于实现规模化,也有助于实现标准化,进而提高装卸搬运的作业效率。

(5)尽量使装卸搬运单元化。

在装卸搬运作业中,对于包装成件的货物,应尽量对其进行"集装处理",即按照一定的原则将一定数量的货物汇集起来,成为一个装卸搬运单元,以便充分利用机械进行操作。装卸搬运单元化的优点是:装卸搬运单位大、作业效率高,可以节省作业时间;操作单元的尺寸一致,有利于实现标准化;不必用手触及作业对象,可以避免或减少货损。

(6)创建"复合终端"。

"复合终端"是指在不同运输方式的终端装卸场所集中建设不同的装卸设施,以实现合理配置装卸搬运机械、有效联结各种运输方式的目的。例如,在"复合终端"内集中设置水运港、铁路站场、汽车站场等。

"复合终端"对于装卸搬运合理化,乃至物流系统合理化的意义在于:一方面,取消了各种运输工具间的中转搬运,减少了装卸搬运次数,加快了物流速度;另一方面,"复合终端"集中了各种装卸搬运场所,可以实现设备的共同利用,并可以利用规模优势进行技术改造,提高作业效率。

第三节 流通加工

一、流通加工的概念

流通加工是物品在从生产地到使用地的过程中,根据需要施加包装、分割、计量、分拣、刷标志、拴标签、组装等作业的总称(参见 GB/T 18354—2006《物流术语》中的定义)。

流通加工与生产销售的关系如图 7.2 所示。

流通加工是在流通领域从事的简单生产活动,具有生产制造活动的性质,因此,它和一般的生产型加工在加工方法、加工组织、生产管理方面并无显著区别,但在加工对象、加工程度方面差别较大,流通加工具有以下特点:

(1)流通加工的对象是进入流通领域的具有商品属性的产品,而生产加工的对象则是原材料、零部件和半成品。

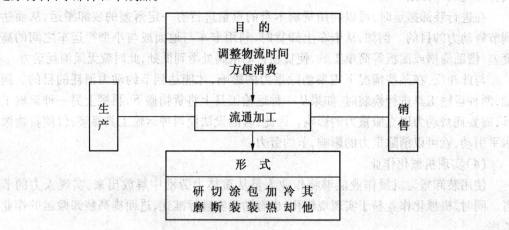

图 7.2 流通加工与生产销售

(2)大多数的流通加工都是简单加工,而非复杂加工。一般来说,如果需要复杂加工过程才能形成人们需要的商品,那么就应专设生产过程完成这种加工。所以,流通加工对生产加工而言是一种辅助和补充,而非对生产加工的替代。

(3)从价值观点来看,生产加工创造了商品的价值和使用价值,而流通加工则旨在完善商品的使用价值,并在不改变产品的物理化学性能的情况下提高其价值。

(4)生产加工的组织者是从事生产活动的人,从加工单位来看则是生产企业;而流通加工的组织者则是从事流通加工的人,从加工单位来看是流通企业。

(5)商品生产是为了交换和消费,流通加工的目的之一也是为了消费,但是在有些情况下,流通加工进行仅仅是以方便流通为目的,纯粹是为流通创造条件。因此,这种为流通进行的加工在目的上与直接为消费而进行的加工有着明显差异。

流通加工与生产加工的比较见表7.2。

表7.2 流通加工和生产加工的比较

	流通加工	生产加工
加工对象	进入流通过程的商品	原材料、半成品、零配件
所处环节	流通过程	生产过程
加工难度	简单	复杂
价值	完善或提高价值	创造价值及使用价值
加工单位	流通企业	生产企业
目的	促进销售、维护产品质量、实现物流高效率	消费

二、流通加工的地位和作用

1. 流通加工在物流中的地位

(1)流通加工方便了用户,包括方便运输、方便储存、方便销售、方便用户。

例如流通加工中的集中下料,将生产企业直接运送来的整包装、标准化产品,分割成适合用户需要的规格、尺寸或包装数量的物品,不仅运输、吊装、储存都非常方便,而且用户买回来就可以直接使用。

(2)流通加工有效完善了流通,为流通部门增加了收益。

流通加工不是物流的主要功能要素,也不是对所有物流都必需的。但是它具有补充、完善、提高与增强的作用,能起到运输、保管等其他功能要素无法起到的作用。

从事流通活动的部门所获得的利润一般只能从生产部门的利润中转移过来,它自身不可能创造出高于物质生产部门所创造的产品价值总和的任何价值。流通部门要想获得更多的收益,流通加工是一项极为理想的创造价值的劳动。这样,流通部门不仅能够获得从生产领域转移过来的一部分价值,而且能创造新的价值,从而获得更大的利润。

(3)流通加工是物流业的重要利润源。

流通加工是一种低投入高产出的加工方式。往往通过简单的加工增加产品的价值和使用价值。实践证明,流通加工可以向流通企业提供利润,其成效甚至不亚于从运输和仓储中挖掘的利润,是物流中的重要利润源。

(4)流通加工为配送创造了条件,是物流配送的组成部分。

物流配送是流通加工、整理、拣选、分类、配货、末端运输等一系列活动的集合。从开展配送活动的配送中心看,它们把加工设备的种类、加工能力看作对物流配送的重要影响因素,随着我国配送业务的广泛开展,流通加工必然得到更深入的发展。

2. 流通加工的作用

流通加工之所以会出现并得到发展,是因为生产环节的加工活动往往不能完全满足消费的需要。从生产方面,要想保持生产的高效率,产品的规模就不能太复杂;从消费方面,则要求产品是多样化的,因此,需要对生产出来的定型产品再做进一步的加工。过去这种加工往往是由用户进行的,有很多缺点,而当这种加工从生产者和用户环节中剥离出来设置于流通环节,流通加工就诞生了,流通加工的作用主要包括:

(1) 弥补了生产领域的不足。

流通加工实际是生产的延续,对弥补生产领域的加工不足有重要意义。有许多产品在生产领域只能加工到一定程度,这是由于存在许多限制因素,限制了生产领域不能完全实现终极的加工。例如,钢铁厂的大规模生产只能按标准规定的规格生产,以便产品有较强的通用性,使生产能有较高的效率和效益;木材如果在产地完成材料制成木器,就会造成运输的困难,所以原生产领域只能加工到圆木、板、方材这些程度,进一步的下料、切割、处理等加工则由流通加工完成。

(2) 节约材料,降低物流成本。

节约材料是流通加工十分重要的特点之一。由于流通加工属于深加工性质,直接面对终端用户,综合多方需求,集中下料,合理套裁,充分利用边角材料,减少碎块的浪费,做到最大限度的物尽其用,节约了大量的原材料。另外,流通加工一般都在干线和支线运输的节点进行,这样就能使大量运输合理分散,有效地缓解了长距离、大批量、少品种的物流与短距离、少批量、多品种物流的矛盾,实现物流的合理流向和物流网络的最佳配置,从而避免不合理的重复、交叉及迂回运输,大幅度节约运输、装卸搬运和保管等费用,降低物流总成本。

(3) 满足客户多样化需求。

随着生产的规模化、效率化及消费者需求的个性化发展,批量生产的产品很难满足个性化需求。这就需要在流通领域进一步加工,以满足不同客户群体的需求,例如,许多生产消费型用户的再生产往往从原材料的初级处理开始的。这种初级加工如果由流通加工来完成,用户则可缩短生产过程,集中力量从事技术性较强的劳动。

(4) 创造产品附加价值,提高服务水平。

生产产品的目的是创造价值,流通加工是在此基础上完善、增加商品的价值。在生产和消费之间,由于存在生产集中、大批量与用户需求的分散、小批量之间的差异,因此,流通加工可以在生产和消费之间,起着承上启下的作用。它把分散的用户需求集中起来,使零星的作业集约化,作为广大终端用户的汇集点发挥作用。更好满足消费者的个性化的需求,从而增加商品的附加价值。

(5) 提高加工效率及设备利用率。

建立集中加工点,可以采用效率高、技术先进、加工量大的专门机具和设备。这样做可提高加工质量、设备利用率和加工效率,从而降低加工费用及原材料成本。例如,一般的使用部门在对钢板下料时,采用气割的方法,留出较大的加工余量,出材率低,加工质量也不好。集中加工后,利用高效率的剪切设备,在一定程度上防止以上缺点。

(6) 充分发挥各种输送手段的优势。

流通加工环节将实物的流通分成两个阶段。一般来说,由于流通加工环节设置在消费地,从生产企业到流通加工这一阶段输送距离长,可以采用船舶、火车等大运量输送工具;而从流通加工到消费环节这一阶段距离短,主要利用汽车和其他小型车辆来配送经过流通加工后的多规格、小批量、多用户的产品。这样,可以充分发挥各种输送手段的优势,加快输送速度,节省运力、运费。

三、流通加工的类型

由于具有不同的目的和作用,流通加工的类型多样,主要有:

1. 增值性流通加工

(1)以弥补生产领域加工不足为目的的流通加工。

由于技术、生产规模等因素的限制,有许多产品在生产领域只能被加工到一定程度,而不能完全实现终极加工。而进一步的加工成型要依靠流通加工来完成。所以,这种流通加工实际是对生产加工的进一步完善,能够弥补生产加工的不足。

(2)以满足需求多样化为目的的流通加工。

由于需求具有多样性和多变性的特点,从事大规模生产的企业很难使产品完全满足不同客户的使用要求。因此,客户往往根据自身需要对产品自行进行加工。这种加工活动如果由流通加工来完成,用户就可以缩短生产过程,集中力量从事技术性强的劳动。所以,这类流通加工带有服务的性质。

(3)以促进销售为目的的流通加工。

对于即将进入销售领域的产品,可以通过各种形式的流通加工使其便于销售。例如,对大包装或散装的商品进行分装加工,使其成为符合消费者购买要求的小包装;将运输包装改成美观的销售包装;对农产品等进行精加工,或者进行切分、洗净、封装等加工,便于消费者的购买和使用。

(4)以提高加工效率为目的的流通加工。

许多生产企业的初级加工由于数量有限而导致加工效率不高,也难以采用先进的加工技术。通过集中形式的流通加工,以集中的流通加工替代若干企业的初级加工工序,能够实现规模效益,采用先进的技术,专业的管理和操作经验,从而大大提高加工效率。

(5)以提高原材料的利用率为目的的流通加工。

利用流通领域的集中加工代替各使用部门的分散加工,可以进行集中下料,做到小材大用、合理套裁,进而提高原材料的利用率,减少浪费损失。

2. 增效性流通加工

(1)为保护产品所进行的流通加工。

在物流过程中,存在保护产品在运输、储存、包装、装卸搬运等过程中以免遭受损失,为保护产品所进行的加工并不改变进入流通领域的物品的外形及性质,这种加工主要采取稳固、改装、保鲜和涂油等方式。

(2)以提高物流效率、方便物流为目的的流通加工。

在物流过程中,一些产品自身的形态决定了难以对其进行物流操作。例如,鲜鱼、鲜肉等生鲜产品的装卸、储运较为困难,大型设备、气体产品的装卸搬运也有一定难度,在运输时常常使车船满装但不能满载。因此,通过流通加工可以方便物流作业,提高物流效率。对这类产品进行加工,可以使物流的各环节易于操作。如大型设备解体、气体液化、海鲜冷冻等。

(3)衔接不同运输方式,使物流合理化的流通加工。

在干线或支线运输的节点,设置流通加工环节可以有效解决大批量、低成本、长距离干线运输与多品种、小批量、多批次末端运输之间的衔接问题。可以以流通加工中心为核心,组织对多用户的配送,也可以在流通加工点根据顾客的需求对物品进行适当的包装变换或精加工。

(4)生产流通一体化的流通加工形式。

依靠生产企业与流通企业的联合,或者生产企业涉足流通企业,或者流通企业涉足生产,形成对生产与流通加工进行合理分工、合理规划、合理组织,统筹进行生产与流通加工的安排,这就是生产流通一体化的流通加工形式。这种形式可以促成产品结构及产业结构的调整,充分发挥企业集团的经济技术优势,是目前流通加工领域的新形式。

四、各种产品的流通加工形式

流通加工方式中,常见的有以下几种:

1. 钢板剪板及下料的流通加工

热轧钢板和钢带、热轧厚钢板等板材最大交货长度常可达7~12米,有的是成卷交货,对于使用钢板的用户来说,大、中型企业由于消耗量大,可设专门的剪板及下料加工设备,按生产需要剪板、下料;但对于使用量不大的企业和多数中、小型企业来讲,单独设置剪板、下料设备,会使设备闲置时间长,人员浪费大,不容易采用先进方法。

钢板剪板及下料的流通加工有如下优点:首先保证了高质量的交货状态,有利于进行高质量加工;其次,加工精度高,可以减少废料和边角料,既可提高再加工效率,又有利于减少消耗降低成本;最后可使用户简化生产环节,提高生产水平。

2. 木材的流通加工

(1)磨制木屑压缩运输。

木材是比较轻的物资,在运输时占有相当大的容积,往往使车船满装但不能满载,同时,装车、捆扎也比较困难。为此,在林木生产地就地将原木磨成木屑,然后采取压缩方法,使之成为比重较大、容易装运的形状,然后运至靠近消费地的造纸厂。

(2)集中开木下料。

在流通加工点将原木锯裁成各种规格木材,同时将碎木、碎屑集中加工成各种规格板,甚至还可以进行打眼、凿孔等初级加工。过去用户直接使用原木,不但加工复杂、加工场地大、加工设备多,而且资源浪费大,木材平均利用率和出材率低。实行集中下料按用户要求的规格供料,可以提高原木利用率和出材率,取得相当好的经济效益。

3. 煤炭及其他燃料的流通加工

(1)配煤加工。

配煤加工是指在使用地区设置加工点,将各种煤及一些其他发热物资,按不同配方进行掺配加工,生产出各种不同发热量的燃料。防止热能浪费或发热量过小的情况发生。

(2)除矸加工。

除矸加工是以提高煤炭纯度为目的的加工形式。矸石发一定热量,煤炭混入一些矸石是允许的,也是较经济的。但是运力十分紧张的地区,要求充分利用运力,多运"纯物质",少运矸石,这种情况下,可以采用除矸的流通加工来排除矸石。

(3)天然气、石油气的液化加工。

由于气体输送、保存都比较困难,天然气及石油气往往只好就地使用。但是将天然气、石油气进行液化加工,即在生产地将其压缩到临界压力之上,使之由气体变成液体,然后用容器装运,使用时机动性较强,这是目前采用较多的形式。

4. 水泥熟料的流通加工

水泥熟料的流通加工是指在需要长途调入水泥的地区,变调入成品水泥为调进熟料这种半成品,在该地区的流通加工据点粉碎,并根据当地资源和需要情况掺入混合材料及外加剂,制成不同品种及标号的水泥,供应给当地用户,这是水泥流通加工的重要形式之一。

在需要经过长距离输送供应的情况下,以熟料形态代替传统的粉状水泥,有以下优点:一是大大降低运费,节省运力;二是发展低标号水泥品种;其次可以大大降低水泥的输送损失;最后可以更好地衔接产需,方便用户。

5. 商品混凝土的流通加工

水泥的运输与使用,以往习惯以分装水泥供给用户,由用户在建筑工地现制现拌混凝土使用。而现在将粉状水泥输送到使用地区的流通加工据点,在那里搅拌成生混凝土,然后供给各个工地或小型构件厂使用。这是水泥流通加工的另一种重要方式。

这种流通加工形式,把水泥的使用从小规模分散形态改变为大规模的集中加工形态,可充分应用现代化的科学技术,组织现代化大生产,提高生产效率和混凝土质量;由于生产量大可以有效地回收使用废水,防止环境污染;同时,设备固定不动,还可以避免经常拆建所造成的设备损坏,延长设备的使用寿命;此外,这种加工方式,还有利于新技术的推广、应用,简化工地管理手续,节约施工用地,减少加工费用。

6. 机械产品及零配件的流通加工

(1)自行车及机电设备储运困难较大,主要是不易进行包装,如果进行防护包装,成本过高,并且运输装载困难,装载效率低,流通损失严重。为解决储运问题,降低储运费用,以半成品(部件)高容量包装出厂,在消费地拆箱组装。组装一般由流通部门进行,组装后随即进行销售。这种流通加工形式近年在我国广泛采用。

(2)石棉橡胶板是机械装备、热力装备、化工装备中经常使用的一种密封材料,单张厚度3毫米左右,单张尺寸有的达4米,在储运过程中极易发生折角等损失。此外许多用户所需的垫圈规格比较单一,不能安排不同尺寸垫圈的套裁,利用率也很低。石棉橡胶板开张成型加工,是按用户所需垫塞物体尺寸裁制,不但方便用户使用及储备,而且可以安排套裁,提高利用率,减少边角余料的损失,降低成本。这种流通加工套裁的据点一般设在使用地区,由供应部门组织。

7. 平板玻璃的流通加工

平板玻璃的"集中套裁,开片供应"是重要的流通加工方式。这种方式是在城镇中设立若干个玻璃套裁中心,按用户提供的图纸统一开片,供应用户成品。在此基础上,可以逐渐形成从工厂到套裁中心的稳定、高效率、大规模的平板玻璃"干线输送",以及从套裁中心到用户的小批量、多用户的"二次输送"的现代物流模式。

这种方式首先可以促进平板玻璃包装方式的改革，从工厂向套裁中心运输平板玻璃，如果形成固定渠道，可以大规模集装，节约了大量包装用木材，同时防止流通中的大量破损；其次套裁中心按需要裁制，有利于玻璃生产厂简化规格，搞单品种大批量生产。不但能提高工厂的生产率，而且简化了工厂切裁、包装等工序，使工厂集中力量解决生产问题。此外，现场切裁玻璃劳动强度大，废料也难于处理；搞集中套裁，可以广泛采用专用设备进行裁制，废玻璃相对减少，并且易于集中处理。

8. 生鲜食品的流通加工

食品流通加工的类型繁多，既有为了保鲜而进行的流通加工，如保鲜包装，也有为了提高物流效率而进行的对蔬菜和水果的加工，如去除多余的根叶，鸡蛋去壳后加工成液体装入容器，鱼类和肉类食品去皮、去骨等。此外，半成品加工、快餐食品加工业成为流通加工的组成部分。

五、流通加工的合理化

流通加工合理化的含义是实现流通加工的最优配置，在满足社会需求这一前提的同时，合理组织流通加工生产，并综合考虑运输与加工、加工与配送、加工与商流的有机结合，达到最佳的加工效益。

1. 不合理的流通加工

合理的流通加工可以起到方便流通和消费的作用，但如果流通加工活动组织不合理，则会给商品流通带来负面效应。

不合理流通加工主要有以下几种情况：

(1) 流通加工地点设置不合理。

流通加工地点的合理布局是使流通加工具有有效性的重要前提。一般来讲，为了衔接单品种、大批量生产与多样化需求的流通加工，加工地点应设置在需求地区，才能实现大批量的干线运输与多品种末端配送的物流优势。

同时，流通加工也存在小地域范围的正确选址问题，如果选择不当，仍然会出现交通不便，加工地点周围的社会、环境条件不佳，流通加工与生产企业或客户之间的距离较远，流通加工的投资过高（受选址的低价影响），这些都可能造成流通加工的不合理。

(2) 流通加工方式不合理。

流通加工不是对生产加工的替代，而是一种补充。所以，如果工艺复杂，技术装备要求较高，或加工可以由生产过程延续或轻易解决的加工方式，都应当由生产加工完成。如果设置在流通加工环节，则会导致时间和资源的浪费，会出现与生产加工争夺市场、争夺利益的恶性竞争。

(3) 流通加工未发挥充分作用。

流通加工的主要目的是方便物流与消费。如果流通加工过于简单，对生产或消费作用不大，或者流通加工具有盲目性，不能真正解决品种、规格、包装等问题，那么，流通加工活动就不能真正起到应有的作用，反而会增加一个多余的作业环节，影响物流效益和效率。

(4)流通加工成本过高,未实现预期效益。

较高的投入产出比是流通加工的重要优势之一。如果流通加工成本过高,不仅不能实现以较低投入实现更高价值的目的,还可能增加流通费用,影响流通加工企业的经济效益。

2. 流通加工合理化的途径

实现流通加工合理化,主要考虑以下几个方面:

(1)加工和配送相结合。

加工和配送相结合就是将流通加工设置在配送点中,一方面按配送地需要进行加工,另一方面又是配送业务流程中分货、拣货、配货之一环,加工后的产品直接投入配货业务。这就需单独设置一个加工的中间环节,使流通加工与中转流通结合在一起。同时由于配送之前根据实际需求进行了适当加工,可使配送服务水平大大提高。

(2)加工和运输相结合。

流通加工能有效衔接干线运输和支线运输,促进两种运输形式的合理化。利用流通加工,在支线运输转干线运输或干线运输转支线运输这本来就需要停顿的环节,按干线运输或支线运输合理化的要求进行适当加工,从而大大提高运输水平。

(3)加工和配套结合。

在对配套要求较高的流通中,配套主要来自各个生产单位,但是,完全配套有时无法全部依靠现有的生产单位,进行适当的流通加工,可以有效促成配套,大大提高流通的桥梁与纽带作用。

(4)加工和合理商流相结合。

通过加工有效促进销售,使商流合理化。此外,通过简单地改变包装加工,形成方便的购买量,或通过组装加工解除用户使用前进行组装调试的难处,都可有效促进商流。

(5)加工和节约相结合。

节约能源、节约设备、节约人力、节约消耗是流通加工合理化重要的考虑因素,也是目前我国设置流通加工,考虑其合理化的较普遍形式。

本章小结

1. 流通加工是物品在从生产地到使用地的过程中,根据需要施加包装、分割、计量、分拣、刷标志、拴标签、组装等作业的总称。流通加工可以弥补生产加工的不足,方便客户,为流通企业增加收益和为配送创造条件。

2. 流通加工的合理化要注意流通加工要与配送合理结合,流通加工要与合理运输相结合,流通加工要适应客户需求,流通加工要实现绿色化。

3. 流通加工是社会生产高度发展的新型产业,能够带来直接或间接的经济效益。流通加工产业将向市场化、社会化和网络化方向发展。

【案例分析】

A医药有限公司装卸搬运系统改造

案例背景：

A医药有限公司是一个以市场为核心、以现代医药技术为先导、以金融支持为框架的新型公司，是西南地区经营药品品种较多、较全的医药专业公司。

目前，A公司虽然已经形成规模化的产品生产和网络化的市场销售，但其流通过程中物流管理严重滞后，造成物流成本居高不下，不能形成价格优势。这严重阻碍了物流服务的开拓与发展，成为公司业务发展的瓶颈，其中装卸搬运费用过高是重要的一项。

装卸搬运活动是衔接物流各环节活动正常进行的关键，它渗透到物流各个领域，控制点在于管理好储存物品、减少装卸搬运过程中商品的损耗和装卸时间等。而A公司恰好忽视了这一点，由于搬运设备的现代化程度较低，只有几个小型货架和手推车，大多数作业仍处于人工作业为主的原始状态，工作效率低，且易损坏物品。另外，仓库设计不合理，造成长距离的搬运，且库内作业流程混乱，形成重复搬运，大约有70%的无效搬运，这种过多的搬运次数，损坏了商品，也浪费了时间。

为此，A公司进行了装卸搬运系统改造，通过系统分析作业环节的劳动消耗，采用现代技术手段，实行科学管理的方法，减少作业环节，提高装卸搬运效率，降低装卸搬运费用。

1. 采用"二就直拨"的方法

(1)"就厂直拨"。企业可以根据订单要求，直接到制药厂提货，验收后不经过仓库就将商品直接调运到各店铺或销售单位。

(2)"就车直拨"。对外地运来的商品，企业可事先安排好短途运输工具，在车边进行分拨，装上其他车辆，转运收货单位，省去入库后再外运的手续。

以上两种方法既减少了入库过程中的一切作业环节，又降低了储存成本。

2. 减少装卸搬运环节

改善装卸作业，既要设法提高装卸作业的机械化程度，还必须尽可能地实现作业的连续化，从而提高装卸效率，缩短装卸时间，降低物流成本，其合理化措施如下：

(1)防止和消除无效作业。尽量减少装卸次数，努力提高被装卸物品的纯度，选择最短的作业路线等，都可以防止和消除无效作业。

(2)提高物品的装卸搬运活性指数。企业在堆码物品时事先应考虑装卸搬运作业的方便性，把分类好的物品集中放在托盘上，以托盘为单元进行存放，既方便装卸搬运，又能妥善保管好物品。

(3)积极而慎重地利用重力原则，实现装卸作业的省力化。装卸搬运使物品发生垂直和水平位移，必须通过做功才能完成。由于我国目前装卸机械化水平还不高，许多尚需人工作业，劳动强度大，因此，必须在有条件的情况下利用重力进行装卸，将设有动力装置的小型输送带（板）斜放在货车、卡车上进行装卸，使物品在倾斜的输送带（板）上移动，这样就能减轻劳动强度，减少能量的消耗。

(4)进行正确的设施布置。采用"L"型和"U"型布局，以保证物品单一的流向，既避免了物品的迂回和倒流,又减少了搬运环节。

(资料来源:中国物流与采购联合会网站)

问题分析:
1. 分析装卸搬运环节对企业发展的作用。
2. 结合案例分析装卸搬运合理化的途径。

【思考与练习】
1. 装卸搬运在物流系统中的作用体现在哪些方面?
2. 装卸搬运的基本流程包括哪些环节?
3. 流通加工在物流过程中发挥何种作用?
4. 流通加工与生产加工的区别是什么?
5. 流通加工合理化的主要途径有哪些?
6. 流通加工的主要形式有哪些?
7. 流通加工的作用是什么?

第八章 物流企业

【学习目标】
- 了解第三方物流的概念和特征;
- 了解第三方物流企业的类型;
- 了解第三方物流产生的动因;
- 了解第三方物流的利弊;
- 了解第四方物流概念及特征。

第一节 第三方物流

第三方物流(Third-Party Logistics,TPL 或 3PL)自 20 世纪 80 年代在欧美等发达国家出现以来,就以其独特的魅力受到大部分企业的青睐,并得到迅猛发展。

一、第三方物流的定义

第三方物流作为一种新型的物流形态,自 20 世纪 90 年代以来,受到产业界和理论界的普遍关注,但对第三方物流存在着各种不同的解释。

《物流术语》(GB/T 18354—2006)中对第三方物流的表述是:"由供方与需方以外的物流企业提供物流服务的业务模式"。这一定义明确了"第三方"的内涵,即物流服务提供者作为发货人(甲方)和收货人(乙方)之间的第三方,代表甲方或乙方来执行物流功能。但是这一定义的外延过于宽泛,对于"物流企业"和"物流服务"所涵盖的范围界定不明。

在美国的相关专业著作中,将第三方物流定义为:"通过合同的方式确定回报,承担货主企业全部或一部分物流活动的企业。所提供的服务形态可以分为与运营相关的服务、与管理相关的服务以及两者兼而有之的服务 3 种类型。无论哪种形态都必须高于过去公共运输业者和契约运输业者所提供的服务"。与《物流术语》相比,这一定义除了强调"第三方"不拥有货物所有权外,特别突出了第三方物流企业与传统仓储业的重大区别,即管理的功能和契约式共同利益。

在日本,对第三方物流中的"第三方"有两种解释:一种理解是将供应商和制造商看作是第一方,批发商和零售商看作是第二方。无论哪一方,都是商品所有权的拥有者。传统的物流运作方式是由货主企业构筑物流系统,物流企业在货主构筑的物流系统中提供仓库和运输手段,这种方式现在仍大量存在。与此不同的另一种方式是不拥有商品所有权的业者向货主企业提供物流系统,为货主企业全方位代理物流业务,即物流的外部委托。这里的第三方不仅局限于物流企业,无论是商社、信息企业还是顾问公司,只要能提供物流系统,运营物流系统,都可以成为所谓的第三方物流业者。第二种理解是货主(制造商、批发商、零售商)为第一方,运输业者(拥有运输手段的物流业者)为第二方,而不拥有运输手段的商社、信息企业为第三方。这里之所以强调不拥有运输手段,是因为第三方的特征体现在为货主企业提供物流系统设计方案上。日本的第三方物流强调物流全系统、全方位代理。

由上可以看出,对于第三方物流概念并没有一个明确、统一的标准。然而在现代物流理论研究和实践探索中,通常认为第三方物流是在物流渠道中由中间服务提供商提供的服务,中间服务提供商以合同的形式在一定期限内,提供企业所需的全部或部分物流服务;第三方物流提供者是一个由外部客户管理、控制并提供物流服务作业的企业,只是通过提供一系列物流活动来服务于供应链。

此外,还有一些其他术语,如合同物流/契约物流(Contract Logistics)、外协物流/外包物流(Logistics Outsourcing)、全方物流服务企业(Full-Service Distribution Company, FSDC)、物流联盟或物流伙伴(Logistics Alliance)等,都可以从某个侧面反映第三方物流的实质和特点,也基本能表达与第三方物流相同的概念。

二、第三方物流产生的原因

第三方物流是在物流演变过程中适应了新的经济环境和需求而出现的一种新型物流形态,是社会分工、市场竞争、物流专业化的结果。

1. 第三方物流的兴起是社会分工的必然结果

面对越来越激烈的市场竞争,各企业纷纷将资金、人力、物力投入到其核心业务上去,寻求社会化分工协作带来的效率和效益的最大化。外包成为企业提高核心竞争力的必然选择,也顺应了社会化分工和专业化协作的潮流。专业化分工的结果导致许多非核心业务从企业生产经营活动中分离出来,其中包括物流业。将物流业务委托给第三方物流公司负责,可降低物流成本,完善物流活动的服务功能。

2. 第三方物流的产生是适应新型管理理念的要求

进入20世纪90年代后,信息技术特别是计算机技术的高速发展与社会分工的进一步细化,推动者管理技术和思想的迅速更新,由此产生了供应链、虚拟企业等一系列强调外部协调和合作的新型管理理念,这既增加了物流活动的复杂性,又对物流活动提出了零库存、准时制、快速反应、有效的顾客反应等更高的要求,使一般企业很难承担此类业务,由此产生了专业化物流服务的需求。第三方物流的出现一方面迎合了个性需求时代企业间专业合作不断变化的要求。另一方面实现了物流资源的整合,提高了物流服务质量,加强了对供应链的全面控制和协调,促进供应链达到整体最佳性。

3. 第三方物流的出现是改善物流与强化竞争力相结合意识的萌芽

物流研究与物流实践的发展经历了成本导向、利润导向、竞争力导向等几个阶段,将物流改善与竞争力提高的目标结合是物流理论与技术成熟的标志。这也是第三方物流概念出现的逻辑基础。

4. 第三方物流的出现是物流领域的竞争激化导致综合物流业务发展的历史必然

随着经济全球化和贸易自由化发展,物流领域的政策不断放宽,同时也导致物流企业自身竞争的激化,物流企业不断地拓展服务内涵和外延,从而加速了第三方物流的出现,这也是第三方物流概念出现的历史基础。

三、第三方物流的主要特征

第三方物流具有以下基本特征:

1. 建立在现代信息技术基础之上

信息技术的发展是第三方物流出现的必要条件,信息技术实现了数据的快速、准确传递,提高了库存管理、运输、采购、订货、配送发货、订单处理的自动化水平;企业可以更方便地使用信息技术与物流企业进行交流和协作,企业间的协调和合作有可能在短时间内迅速完成;同时,计算机软件的飞速发展,使混杂在其他业务中的物流活动成本能被精确地计算出来,还能有效地管理物流渠道中的商流,这就使企业有可能把原来在内部完成的物流作业交给物流公司运作。

在物流服务过程中,信息技术发展实现了信息实时共享,促进了物流管理的科学化,提高了物流服务的效率。

2. 基于合同管理的企业服务

第三方物流和客户之间存在着契约关系,只有这样才能明确双方的责任和权利。第三方物流不同于传统的外协,外协仅限于一项或一系列分散的物流功能,如运输公司提供运输服务,仓储公司提供仓储服务。第三方物流虽然也提供单项服务,但是更多的是提供多功能、全方位的物流服务。它注重的是客户物流体系的整体运作效率与效益。同时,第三方物流都是根据合同条款的要求,而不是客户的临时需求来提供合同约定的物流服务。

3. 个性化物流服务

第三方物流服务对象一般较少,只有一家或几家,但是服务时间却较长,往往长达几年。第三方物流服务应按照顾客的业务流程来定,第三方物流正从过去的面向社会提供服务的传统外包进化到面向企业的个性化服务阶段。第三方物流企业更像是客户的一个专职物流部门,只是这个物流部门更具有专业优势和管理经验。

4. 企业之间是联盟关系

依靠现代电子信息技术的支撑,第三方物流与企业之间充分共享信息,这就要求双方互相信任、合作双赢,以达到比单独从事物流活动所能取得的效果更好。从物流服务提供者的收费原则来看,企业之间是共担风险、共享收益的关系。再者,企业之间所发生的关联并非一两次的市场交易,在交易维持一定时期之后,可以相互更换交易对象。在行为上,各自既非采用追求自身利益最大化行为,也非完全追求共同利益最大化行为,而是通过契约结成优势互补、风险共担、要素双向或多向流动的中间组织,因此企业之间是物流联盟关系。

5. 整合社会资源

作为客户的物流服务商,第三方物流能凭借良好的信息技术、客户关系以及比较完善的运作网络、系统的解决方案和人才优势占有市场客户,但是具体到实际运作,并不一定能完全满足客户在资源上的需求,因此,第三方物流只能是依靠整合社会资源来完成。在整合其他资源方面对于第三方物流显得尤为重要,如果不能采购到服务质量好、具有价格优势的资源,势必会造成企业成本加大或不能满足客户的需求而导致客户流失。

四、第三方物流企业的分类

纵观国内外物流现状,物流企业种类非常多,但不同种类的第三方物流企业提供服务的内容与复杂程度不一样。按照不同的标准,可以将第三方物流企业划分为以下几种不同类型。

(一)根据是否拥有资产

1. 资产型第三方物流企业

资产型第三方物流企业的资产,有两种类型:

第一种是指机械、装备、运输工具、仓库、港口、车站等从事实物物流活动,具有实物物流功能的资产。

第二种是指信息资产,包括信息系统硬件、软件、网络及相关人才等。

资产型第三方物流的特点是:可以向客户提供稳定的、可靠的物流服务,由于资产的可见性,这种物流企业的可信程度也比较高,这对客户来讲,是很具有吸引力的。资产型第三方物流需要建立一套物流工程系统,这需要有很大的投资,同时维持和运营这一套系统仍然需要经常性的投入。另外,这套工程系统一旦形成,虽然可以有效地提供高效率的服务,但是很难按照客户的需求进行灵活的改变,往往会出现灵活性不足的问题,如UPS、FedEx等公司。

2. 管理型第三方物流企业

管理型第三方物流企业是以本身的管理、信息、人才等优势作为企业的核心竞争力,主要拥有第二种类型资产。在网络经济时代,实际是以"知识"作为核心竞争力,通过网络信息技术的深入运用,以高素质的人才和管理力量,利用社会的设施、装备等劳动手段最终向客户提供更优良服务。

自己不拥有需要高额投资和经营费用的物流设施设备,而是灵活运用其他企业的生产力手段,这需要有效的管理和组织,管理型第三方物流的最大优势,具有信息能力、组织能力、管理能力,还可以有效地运用虚拟库存等手段,可以获得较低的成本。非资产型物流公司大体可分为三类:以提供货物代理为主的物流公司、以提供信息和系统服务为主的物流公司、以提供物流增值服务为主的物流公司。

(二)根据第三方物流的运作模式

1. 传统外包型物流运作模式

这是一种简单的物流运作模式,是第三方物流企业独立承包一家或多家生产商或经销商的部分或全部物流业务。

企业外包物流业务降低了库存,甚至达到"零库存",节约物流成本,同时可精简部门,集中资金、设备于核心业务,提高企业竞争力。第三方物流企业各自以契约形式与客户形成长期合作关系,保证了自身稳定的业务量,避免了设备闲置。这种模式以生产商或经销商为中心,第三方物流企业几乎不需专门添置设备和进行业务训练,管理过程简单。订单由产销双方完成,第三方物流只完成承包服务,不介入企业的生产和销售计划。

目前,我国大多数物流业务就是这种模式,实际上这种方式比传统的运输、仓储业并没有走多远。这种方式以生产商或经销商为中心,第三方物流之间缺少协作,没有实现资源更大范围的优化。这种模式最大的缺陷是生产企业与销售企业以及第三方物流之间缺少沟通的信息平台,会造成生产的盲目和运力的浪费或不足,以及库存结构的不合理。根据统计,目前物流市场以分包为主,总代理比较少,难以形成规模效应。

2. 战略联盟型物流运作模式

这种模式是第三方物流包括运输、仓储、信息经营者等以契约形式结成战略联盟,内部信息共享和信息交流,相互间协作,形成第三方物流网络系统,联盟可包括多家同地和异地的各类运输企业、场站、仓储经营者,理论上联盟规模越大,可获得的总体效益越大。信息处理部分,可以共同租用某信息经营商的信息平台,由信息经营商负责收集处理信息,也可连接联盟内部各成员的共享数据库实现信息共享和信息沟通。目前,我国一些电子商务网站普遍采用这种模式。

这种模式比起第一种有两方面改善:首先,系统中加入了信息平台,实现了信息共享和信息交流,各单项实体以信息为指导制订运营计划,在联盟内部优化资源。同时信息平台可作为交易系统,完成产销双方的订单和对第三方物流服务的预定购买;其次,联盟内部各实体实行协作,某些票据联盟内部通用,可减少中间手续,提高效率,使得供应链衔接更顺畅。例如,联盟内部各种经营方式的运输企业进行合作,实现多式联运,一票到底,大大节约运输成本。

3. 综合代理物流运作模式

中国目前物流企业在数量上,供给数量大于实际能力。在质量上,满足不了客户需求的质量。物流网络资源丰富,但利用和管理水平低,缺乏有效的物流管理者。国际著名的专门从事第三方物流的企业如美国的联邦快递、日本的佐川急便,国内专业化的第三方物流企业如中国储运公司、中外运公司等,这些公司都已经在不同程度进行综合物流代理运作模式的探索实践。发展综合物流代理业务具体是指:不进行大的固定资产投资,低成本经营,将部分或全部物流作业委托他人处理,注重自身的销售队伍与管理网络,实行特许代理,将协作单位纳入自己的经营轨道,公司经营的核心能力就是综合物流代理业务的销售、采购、协调管理和组织的设计与经营,并且注重业务流程的创新和组织机构的创新,使公司经营不断产生新的经济增长点。

简言之,综合物流代理企业实际上就是高效的物流管理者,采用这种模式的第三方物流企业应该具有很强的实力,同时拥有发达的网络体系,这样的企业在向物流转型时能做到综合物流代理,从而为客户提供全方位的服务。

(三)根据第三方物流企业的资本归属分类

1. 外资和中外合资物流企业

随着中国经济的快速发展,国外物流公司开始涌入中国,它们以独资和合资方式进入中国物流领域,逐渐向中国市场提供延伸服务,另外用他们的经营理念、经营模式和优质服务吸引着中国企业。他们具有丰富的行业知识和实际运营经验,与国际物流客户有良好关系,有先进的 IT 系统,还有来自总部的强有力的财务支持。

2. 民营物流企业

我国民营物流企业多产生于 20 世纪 90 年代以后,是物流行业中最具朝气的第三方物流企业,它们的业务地域、服务和客户相对集中,效率也比较高,机制灵活、发展迅速。如宝供物流、南方物流、天津大田物流、珠海九川物流、上海炎黄在线物流等。但是,它们只有有限的固定资产,对市场控制缺乏强有力的财务支持,在实力增强之后争取上市是它们的一条重要途径。

3. 国有物流企业

我国多数国有物流企业借助于原有物流资源发展起来,近年来,也产生了一些新的国有第三方物流公司,如中国物资储运公司、中国远洋运输有限公司、五粮液安吉物流集团公司等企业。

五、利用第三方物流的利与弊

(一)利用第三方物流的优越性

探讨第三方物流的优越性,其实就是解决第三方物流存在合理性的问题。第三方物流概念的提出,可以说是物流业的一次革命,因为它有着很多传统物流所无法比拟的优越,除了宏观上有助于缓解交通压力、保护环境和促进产业结构调整,第三方物流在微观上也给使用服务的企业带来诸多好处,具体表现在以下几个方面:

1. 有利于业主集中于主业

任何公司的资源都是有限的,很难成为一个业务上面面俱到的专家。因此,企业必须充分利用现有资源,集中精力于核心业务,将不擅长或条件不足的功能弱化或外包。第三方物流为企业提供了集中于擅长领域的机会,而把不擅长的物流业务留给物流公司,从而能够实现企业资源的优化配置,将有限的资源集中于核心业务,发展基本技术,努力开发出新产品参与世界竞争。物流外包使得生产经营企业和第三方物流企业各自的优势得到强化,既能促使生产经营企业专注于提高自身核心能力,又有利于带动包括第三方物流在内的行业整体的发展。

2. 有利于减少投资和加快资本周转

企业自营物流,往往要进行物流设施设备的投资,如建设仓库、购买车辆、构建信息网络等,这样的投入往往是相当大的,对于缺乏资金的企业特别是中小企业是个沉重的负担。采用第三方物流,企业可以减少在此领域的巨额投资,使得固定成本转化为可变成本。通常,企业仅需向第三方物流企业支付服务费用,不需要自己内部维持物流基础设施来满足物流需求。这样,企业不仅可以减少在物流设施上的投资,对物流信息系统的投资也可转嫁给第三方物流企业承担,而且解放了仓库、车队等方面的资金占用,加快了资金周转。

3. 有利于减少库存

企业不能承担多种原料和产品库存的无限增长,尤其是高价值的配件要及时被送往装配点才能保证库存最小。在保证生产经营正常进行的前提下实现零库存,是所有企业的理想目标。但是由于自身配送能力、管理水平有限,为了及时对客户订货做出反应,防止缺货和做到快速交货,企业往往需要采取高水平库存的策略,即在总部和各分散的订货点处维持大量的存货。第三方物流企业借助精心策划的物流计划和适时运送手段及强大的信息系统,既可实现以信息换库存,即通过上下游各个环节信息的及时、快速、准确交换,实现精益生产,减少无效库存数量,缩短库存时间,又能加快存货流动速度,从而最大限度地盘活库存、减少库存,改善企业的现金流量,实现成本优势。

4. 有利于灵活运用新技术

随着物流业务的发展和科技进步的加速,物流领域的新技术、新设备层出不穷,表现在运输工具的多样化和专业化、保管装卸技术的自动化和机械化、包装技术的新材料和流水线、物流配送活动的高速度和信息管理的网络化等。物流技术和设备日新月异的变化,代表着现代物流发展的需要。第三方物流企业为了提高自己的竞争能力和专业化水平,会不断追寻物流技术的发展,及时更新物流设备,这也是他们生存的需要。而普通的非物流企业,通常没有时间、资源或技能来跟上物流技术和设备变化的潮流。采用第三方物流,企业可以在自己不增加投入的情况下,不断获取最新的技术。

5. 有利于提高顾客服务水平

顾客服务水平的提高会增加顾客满意度,增强企业信誉,促进销售,提高市场占有率,进而提高利润率。在市场竞争日益激烈的今天,高水平的顾客服务对企业来说是至关重要的,它是企业优于其同行的一种竞争优势。物流能力是企业顾客服务的一大内容之一,会制约企业的顾客服务水平。第三方物流在帮助企业提高自身顾客服务水平上有其独到之处,并且帮助企业提高顾客服务水平和质量也正是第三方物流所追求的根本目标。利用给第三方物流信息网络和节点网络,有助于提高市场响应速度,加快对顾客订货的反应能力,加快订单处理,缩短从订货到交货的时间,进行门到门运输,实现货物的快速交付,提高顾客满意度。通过第三方物流先进的信息和通信技术,可加强对在途货物的监控,及时发现和处理运输过程中的意外事故,保证订货及时、安全送达目的地,尽可能实现对顾客的安全、准点送货等承诺。产品的售后服务、送货上门、退货处理、废品回收等也可由第三方物流来完成,保证企业为顾客提供稳定、可靠的高水平服务。

6. 有利于降低物流成本

通常情况下,总成本中物流成本占有很高的比例。第三方物流企业是提供物流服务的专业机构,拥有高素质的专业物流管理人员和技术人员,能充分利用专业化物流设备、设施和先进的物流信息系统,发挥专业化物流运作的管理经验,提高各环节能力的利用率,最大限度地取得整体最优的效果,从而为客户企业降低物流成本。如采用第三方物流后,企业可以减少直接从事物流业务的人员,削减工资支出;提高单证处理效率,减少单证使用费用;提高库存管理能力,降低存货水平,削减存货成本;提高运输效率,减少运输费用等。

7. 有利于提升企业形象

第三方物流企业与客户企业之间是相互依赖的市场共生关系,两者是战略合作伙伴,不是竞争对手。第三方物流企业为客户企业着想,通过全球性的信息网络使客户企业的供应链透明化,客户企业可以随时通过 Internet 了解供应链的情况;第三方物流企业是物流专家,他们利用完备的设施和训练有素的员工对整个供应链实施完全的控制,减少物流的复杂性;他们通过遍布全球的运输网络和服务提供者大大缩短了交货期,从而也帮助客户企业改进服务,树立自己的品牌形象。第三方物流企业通过"量体裁衣"式的设计,制订出以客户为导向、低成本、高效率的物流方案,为客户企业在竞争中取胜创造了条件,使客户在同行中脱颖而出。

(二)利用第三方物流的弊端

第三方物流确实能给企业带来多方面的利益,但这并不意味物流外包就是所有企业的最佳选择,事实上,第三方物流也不可避免地存在一定的弊端。

1. 企业对物流的控制能力降低

由于第三方物流介入企业的采购、生产、分销、售后服务等多个环节,使得企业自身对物流的控制能力下降,双方在协调出现问题的情况下,可能会出现物流业务失控的风险,从而使企业的经营受到影响,顾客服务质量降低。另外,由于外部服务商的存在,企业内部更容易出现相互推诿的局面,影响企业的运作效率。

2. 客户关系管理存在风险

客户关系管理存在两方面的风险。首先,企业与客户的关系被削弱。由于生产企业是通过第三方物流来完成产品的配送与售后服务的,同客户的直接接触少了,这对建立稳定密切的客户管理非常不利。其次,客户信息泄露风险。客户信息对企业而言是非常重要的资源,但第三方物流公司并不只面对一个客户,在为企业竞争对手提供服务的时候,企业的商业机密被泄露的可能性将增大。

3. 连带经营风险

企业与第三方物流之间通过合同和信任形成一种长期的合作关系,如果第三方物流企业自身经营不善,则可能影响企业的经营,解除合作关系又会产生较高的转换成本,会给企业带来连带的经营风险。

第二节　第三方物流的选择与实施管理

企业物流模式主要有自营物流和第三方物流等。企业在进行物流决策时,应根据自己的资源条件和需求的状况,综合考虑各种因素,慎重选择物流模式,以提高企业的市场竞争能力。

第三方物流的评价与选择,要经过分析企业的物流系统、对第三方物流企业进行评价、第三方物流实施等几个步骤。

一、企业物流系统分析

分析企业的物流系统,包括分析企业自营物流的能力、企业物流系统的战略地位、物流总成本和服务水平等内容。

1. 企业物流系统的战略地位

企业自营物流的能力是指企业自己经营物流的能力,即企业具备物流设施、技术和管理水平。企业物流系统的战略地位一般可以从以下几方面进行判断:

(1)他们是否高度影响企业业务流程;

(2)他们是否需要相对先进的技术,采用此技术能否使公司在行业中领先;

(3)他们在短期内是否不能为其他企业所模仿。

如果上述问题能得到肯定回答,那么就可以断定物流子系统在战略上处于重要地位。由于物流系统是多功能的集合,各功能的重要性和相对能力水平在系统中是不平衡的,因此,还要对各功能进行分析。

2. 企业对物流控制力的要求

越是竞争激烈的产业,企业越要对供应和分销渠道加强控制,此时,企业应该自营物流。通常情况下,最终产品制造商对渠道或供应链过程的控制比较强,一般都选择自营物流,也就是将物流业务作为企业的重要业务,来组织全过程的物流活动和制订物流服务标准。

3. 企业产品自身的物流特点

对大宗工业品原料的运输或鲜活产品的分销,则应利用相对固定的专业物流服务供应商和短渠道物流;对全球市场的分销,宜采用地区性的专业物流公司提供支援;对产品线单一或与总装厂相配套的企业,则应在核心企业统一下自营物流;对于技术性较强的物流服务,如口岸物流服务,企业应采用委托代理的方式;对非标准设备的制造商来说,企业自营虽有利可图,但还是应该将其交给专业物流服务公司去做。

4. 企业规模和实力

一般来说,大中型企业由于实力较雄厚,有能力建立自己的物流系统,制订合适的物流需求计划,保证物流服务的质量;另外,其还可以利用过剩的物流网络资源拓展外部业务(为其他企业提供物流服务)。而规模较小的企业则受人员、资金和管理资源的限制,物流管理效率难以提高。此时,企业为把资源用于主要的核心业务上,把物流管理交给第三方专业物流公司才是明智的选择。例如,实力雄厚的麦当劳公司,为了保证每天把汉堡等保鲜食品准确及时运往各地,组建了专门的货运公司进行物流配送。

5. 企业物流系统的总成本

在选择是自营还是物流外协时,必须弄清两种模式物流系统总成本的情况,选择成本较低的方式进行运营。

6. 物流服务水平

物流服务水平是物流能力的综合体现,它是指消费者对物流服务的满意度。工商企业重视物流不仅仅是为了节约成本,而是越来越认识到物流对提高顾客服务水平的重要性。这种物流服务水平的衡量包括3个部分,即事前要素、事中要素和事后要素。

顾客服务的事前要素是指公司的有关政策和计划,如服务政策、组织结构和系统的灵活性;顾客服务的事中要素是指在提供物流服务的过程中,是否满足用户的需求,如订货周期、库存水平、运送的可靠性等;顾客服务的事后要素是指产品在使用中的维护情况,如维修服务、对顾客的产品退换等。

二、第三方物流的评价

当企业不具备自营物流的能力时,就要将物流业务外包出去。企业可以将物流业务外包给一家第三方物流企业,也可以外包给多家第三方物流企业。企业要想选择好第三方物流企业,就必须对第三方物流企业进行合理的评价。

1. 第三方物流供应商的核心竞争力

在选择第三方物流供应商时,企业应首先考虑第三方物流供应商的核心竞争力是什么。例如,美国联邦快递和联合包裹服务公司最擅长的服务是包裹的限时速递;中国储运总公司的核心竞争力在于其拥有大型的仓库。

2. 第三方物流供应商是自有资产还是非自有资产

自有资产的第三方物流是指有自己的运输工具和仓库,从事实实在在物流作业操作的专业物流公司。他们有较大的规模、雄厚的客户基础、到位的系统,专业化程度较高,但灵活性受到一定限制。非自有资产第三方物流是指不拥有硬件设施或只租赁运输工具等少量资产的物流管理公司,他们主要从事物流系统设计、库存管理和物流信息管理等职能,而将货物运输和仓储保管等具体作业活动由其他物流企业承担,但对系统运营承担责任。这类公司运作灵活,能根据服务内容自由组合、调配供应商,管理费用较低。企业应根据自己的要求对这两种模式加以选择和利用。

3. 第三方物流供应商服务的地理范围

第三方物流供应商按照其所服务的地理范围可分为全球性、国家性和地区性。选择第三方物流供应商时,要与本企业业务范围相一致。

4. 第三方物流供应商的服务成本

在计算第三方物流服务的成本时,首先要弄清自营物流的成本,然后将两者对应起来进行比较。物流服务的成本计算方法与分析企业物流系统的成本计算相同。

5. 第三方物流供应商的服务水平

在选择物流模式时,考虑成本尽管比较重要,但第三方物流为本企业及企业顾客提供服务的能力对选择物流服务更是至关重要的。也就是说,第三方物流在满足企业对原材料及时需求的能力和可靠性,以及对本企业的零售商和最终顾客不断变化的需求反应能力等方面,应该作为首要的因素来考虑。

三、第三方物流的实施

第三方物流的实施包括以下内容:

1. 做好业务规划

专业、合格的物流顾问是企业物流外包的核心技术人员,企业应聘请专业的物流顾问来进行物流外包项目的设计和规划,分析企业需要从第三方物流公司得到什么,制订衡量绩效的标准和方法。

2. 严格筛选第三方物流公司

一个企业外包物流业务,可能有许多第三方物流公司经过努力最终都能完成,但是问题在于并不是所有的能完成这种业务的第三方物流公司都适合该企业的企业文化,都能高效率、高质量地完成企业的外包任务。

因此,在选择第三方物流公司时,必须制订科学、合理的评估标准。目前,企业在选择物流服务供应商时,主要从物流服务的质量、成本、效率与可靠性等方面考虑。此外,由于第三方物流公司与企业是长期的战略伙伴关系,在考核第三方物流企业时,要非常关注降低风险和提高服务能力的指标。如经营管理水平、财务状况、运作柔性、客户服务能力和发展能力等指标。

3. 制订具体的、详细的、具有可操作性的工作范围

工作范围即物流服务要求明细,它对服务的环节、作业方式、作业时间、服务费用等细节做出明确的规定。工作范围的规定是物流外包最重要的一个环节,它是决定物流外包成败的关键要素之一。

4. 协助物流供应商认识企业

视物流供应商的人员为内部人员,一般需要与物流供应商分享公司的业务计划,让其了解公司的目标及任务,因为对于一个对企业一无所知的人来说,很难要求其有良好的表现。

5. 建立冲突处理方案

与物流供应商的合作关系并不总是一帆风顺的,若彼此的看法能确切地表达,公司将从中获益良多。所以为避免冲突的发生,事前就应该规划出冲突发生时双方如何处理的方案,一旦有一方的需求不能达到满足时,即可以引用并借此改进彼此的关系。

6. 动态监控

市场需求千变万化,外包后要进行动态监控,发现问题并及时解决。

7. 明确制订评估标准

物流业务外包可能是一个长期的过程,在此过程中,需要不断对外包业务进行考核,使每个步骤都能达到预期的目的。当建立合作关系后,应依据既定合约,充分沟通协商、详细列举绩效考核标准,并对此达成一致。绩效评估和衡量机制不是一成不变的,应该不断更新以适应企业总体战略的需要,促进战略的逐步实施。绩效考核的标准应立足实际,不能过高而使第三方物流无法达到。同时也要有可操作性,标准应该包含影响企业发展的所有重要因素。

第三节 国内外第三方物流的发展状况

一、国外第三方物流蓬勃发展

现代意义的第三方物流业仅仅有 20 多年的发展历史,是个相对年轻的行业,20 世纪 90 年代是国外第三方物流发展的黄金时期,现在一些国家的物流已经形成了一个比较完整的产业。

1. 美国第三方物流现状

美国将在第二次世界大战中的"后勤供应"手段用于物流管理,并且在公路、水路、铁

路、管道、航空5种运输业中广泛使用信息技术等手段。早在20世纪70年代,仅汽车货运及相关行业的产值就达到国民经济总产值的7%以上。90年代中后期,第三方物流服务的使用比例约为50%,市场规模为200亿美元,像苹果电脑、通用汽车等企业都是依托第三方物流而达到接近"零库存"管理的。

美国企业为了有效利用有限的物力和人力资源,将本企业的物流功能交由外部管理,企业组织朝着缩小的方向发展。第三方物流业者提供的主要服务有仓库管理、物流信息系统、出货配载、运价交涉、车辆管理运作、运输手段选择、退货、贴标签、再包装、履行订货、订货处理、客户条件、库存补充、检验、制品组装安装、进出口等。

物流外部委托表面看来似乎是企业对物流的轻视,实际情况却是正相反。许多企业将高质量的物流服务作为企业战略武器。这可以从货主同第三方物流业者签订合同需要半年到一年的时间上得到佐证,也就是说,货主在选择第三方物流业者的问题上是非常谨慎的。

货主选择第三方物流业者通常采用招标的形式,分为三个阶段:第一阶段是公开招标阶段,有10~20家参加,由第三方物流业者回答货主准备好的有关物流业务的调查问卷;约半数的业者进入第二阶段,回答更为详尽的问卷,并与货主企业的经营层接触。随着阶段的进展,货主开始公开物流量、物流单价以及经营状况等更为详细的信息供第三方物流业者确定方案时参考;第三阶段物流业者限制在5家以下,进行两次洽谈,并考察物流现场,最终接受一家的承包。第三方物流业者的策划能力、提案能力、实物执行能力以及费用标准等都要受到评估。最终,货主对第三方物流业者的要求是能够顺畅地无缝地进入货主的工作,精通货主的工作,能够跟上信息技术的进步,能够控制同中间商和最终用户的关系等。

货主在提出苛刻条件的同时,也不会忘记作为回报的激励措施。合同中规定,在第三方物流业者保证削减物流成本目标实现的情况下,双方分享利益。这样有利于营造双方不遗余力改善现状的环境,这也是第三方物流业者取得高利润的原因。

尽管第三方物流在美国发展仅有20年的时间,还不是很成熟的业态,但是,它代表了物流业的发展方向。

2. 欧洲第三方物流现状

推动欧洲第三方物流发展的根本原因是较少成本、改善服务。欧洲劳动力成本较高,工会会费数额较大和税负较重,还有法规和经营限制。欧洲的物流经营成本达到美国的两倍。在欧洲开设分支机构的公司选择第三方物流管理和经营物流设施,不仅能降低分销成本,而且能提供专业化的服务。物流需求的膨胀导致欧洲物流服务供应商的剧增,第三方物流为欧洲带来了范围广泛的创新服务。

在物流服务市场上,欧洲的第三方物流公司分为不同的层次,面向不同的目标市场,提供不同层次的服务,但基本可分为以下4类:

第一类是服务范围广泛的大型物流企业。最高一层的大型物流企业为制造商提供了范围广泛的服务,包括制作不同语言的标签和包装,帮助这些制造商在欧洲不同市场进行销售。在这一层次里,有一些领先和经营良好的欧洲物流公司,也有总部设在美国的物流公司,如UPS环球物流。

第二类是从事传统物流的欧洲公司。这类第三方物流公司经营规模很小,是国际物流营运商中欧洲特有的物流实体。这些企业拥有自己的资产,经营货车货运、仓储、报关等。这些公司的技术不高,并且资源有限,大多数业务起源于处理欧洲各国海关之间复杂的业务。

第三类是新兴的第三方物流公司。除大型跨国物流公司和较小的物流企业,一种完全新兴的欧洲第三方物流公司比其他的货运服务商发展更快。例如,欧罗凯集团,德国汉堡主要的集装箱经营者,除在欧洲拥有仓储和配送能力以外,还为零售商和制造商提供复杂的物流服务,最普遍的一种增值服务是加速接运分送,增加库存周转次数。被加速发运的货物用于紧急订货,同时较低成本的货物到达时正好可以与那些紧急订货的发出衔接。这样可以为零售商增加大约10%的存货投资回报。

第四类是大型国有机构的第三方物流。欧洲另一类快速增长的第三方物流企业是大型的国有机构,如国家铁路公司和港务局。

3. 日本第三方物流现状

在日本,物流发展的历史虽然不长,但其发展速度、规模经营、整体现代化程度都令世界瞩目。日本的物流网络遍布全国各地,20世纪80年代中期就有5万多家物流企业,货运量达到34亿多吨。日本的商业企业以及第三方物流企业之间的社会化配送是全世界做得最好的,在日本通过第三方物流企业完成的物资通量能够达到80%左右。生产企业与流通企业都不设置仓库等流通设施,而是将物流业务交给第三方物流企业去做,以努力达到减少非生产性投资,降低成本的目的。

二、中国第三方物流发展现状

我国的第三方物流多是在原来的大型仓储运输企业基础上发展起来的,涵盖了港口、仓储、管道运输、水运、铁路运输、汽车运输等物流业各个领域。但是,我国的第三方物流企业基本上是以旧有的物资流通企业为主体,仍带有计划经济的色彩,致使我国的第三方物流存在诸多不足,主要表现在以下几个方面:

1. 总体规模偏小,综合化程度较低

总体上讲,第三方物流在我国处于起步阶段,企业物流和公众物流服务仍然是社会物流的主要形式,而且大多数第三方物流企业是由计划经济时期商业、物资、粮食、运输等部门的储运企业转型而来。其条块分割严重,企业缺乏整合,集约化经营优势不明显,规模效益难以实现。

2. 需求的不平衡性较强

不同企业间的物流理念以及物流需求层次差异性很大,先进的与传统的物流模式并存。中国日趋成为全球制造业的中心,进入中国的先进制造业和分销业产生高端的物流需求,第三方物流需求主要集中在外资领域。这些企业物流理念先进、物流外包水平高、供应链管理要求严格且自主性较强,而国内企业与外资企业物流形式、形态存在明显的差异。这种先进与落后物流形态并存的现象造成我国物流需求的多元化和社会物流结构的不均衡性。

3. 功能单一,增值服务薄弱,物流渠道不畅

我国的大多数物流企业只能提供单项或多段的物流服务,物流功能主要停留在储存、运输和市场配送商,相关的包装、加工、配货等增值服务不多,物流服务商收益的85%来自基础性服务,而增值服务及物流信息服务和支持物流的财务服务的收益只占15%。而且多数企业对第三方物流服务不满意。究其原因,一方面,经营网络不合理,有点无网,第三方物流企业之间、企业与客户之间缺乏合作,资源不足,传统仓储业、运输业能力过剩,造成浪费;另一方面,信息技术落后,互联网、条形码、EDI等信息技术未能广泛应用,物流企业和客户不能充分共享信息资源,没有结成相互依赖的伙伴关系。

4. 人才缺乏,设备陈旧,管理水平较低

我国物流业处在起步阶段,高等教育和职业教育尚未跟上,人才缺乏,素质不高,没有建立较为完善的现代企业制度,企业管理水平较低;物流设施设备落后、老化,机械化程度不高,不符合客户特定要求。

5. 行业集中度较低

我国物流行业尚未实现充分的整合。在竞争模式上主要体现在成本与价格竞争,而对第三方物流所带来的供应链增值效应关注不够,低水平的过度竞争成为我国第三方物流发展的瓶颈问题。

三、第三方物流的发展趋势

1. 第三方物流服务地域全球化

物流服务的全球化是今后发展的又一重要趋势。目前许多大型制造企业正在朝着国际化、全球化方向发展,这就要求企业把全球供应链条上所有的服务商统一起来,并利用最新的计算机系统加以控制。与此同时,制造部门需要物流的同步进行。这样,第三方物流企业也就顺应市场需求,纷纷进军海外,提供更大范围的物流服务。

2. 不断采用新的科学技术,改造物流装备和提高管理水平

经济的全球化对物流服务提出更高的要求,也就第三方物流企业的技术装备要达到高的水平。目前国际上已经形成了以系统技术为核心,以信息技术、运输技术、配送技术、装卸搬运技术、自动化仓储技术、库存控制技术、包装技术等专业技术为支撑的现代化物流装备技术格局。

3. 物流提供商和分销商之间的协作增加

随着全球第三方物流服务的增长,物流服务提供商发现客户变得越来越挑剔。为客户提供个性化服务、承诺IT投资和与其客户协同合作成为物流服务提供商赢得市场的关键。客户越来越高的要求使曾经的竞争对手的物流提供商和电子分销商结为合作伙伴。例如,安富利电子行销公司的供应链服务事业部与物流提供商DHL、Exel结为联盟,使用后者的仓库和配送中心来为亚洲和东欧地区的客户提供服务。

4. 服务内容日趋丰富

客户对供应链和物流服务的要求越来越高。例如在电子行业,他们不仅希望第三方物流服务提供商能开发出先进软件,部署全球的ERP和EDI系统,还能创建简单标准的IT接口,自动提交海关和出口申报单证,并能对全球各地的仓库实行JIT交货。第三方物

流也在努力从管理、技术等方面不断创新,不断出台新的物流和供应链服务,力争为客户提供满意的服务。

第四节 第四方物流

电子商务以及信息技术的发展给不断变革的物流模式提供了保障与活力。当业界刚刚认同第三方物流的同时,一种基于提供综合的供应链解决方案的物流理念——第四方物流又悄然出现。由于一些客户发现自己的物流服务商缺乏综合技能、集成技术、战略和全球扩展能力,难以满足要求,外包业务时不得不将业务外包给多个单独的第三方物流服务商,因而难以获得整体效益的最大。市场的变化对物流和供应链管理提出了更高的要求,也促使第三方物流服务商与咨询机构和技术开发商进行协作,设计、评估、制订以及运作全面的供应链集成方案,以提高物流服务的质量与效率,由此产生第四方物流(Forth-Party Logistics ,4PL),第四方物流起到了功能整合的更大作用。

一、第四方物流的概念

第四方物流(Fourth Party Logistics ,4PL)的概念是由美国埃森哲咨询公司率先提出的,并且它将"第四方物流"作为专有服务的商标进行了注册,定义为"一个调配和管理组织自身的及其具有互补性的服务供应商的资源、能力和技术,来提供全面的供应链解决方案的供应链集成商"。

关于第四方物流的定义,说法不一,目前存在的其他几种定义如下:

定义一:第四方物流指集成商们利用分包商来控制与管理客户企业的点到点式供应链运作。

定义二:第四方物流是为了综合供应链解决方案的整合和作业的组织者,它负责传统的第三方物流之外的职责,即第四方物流负责传统的第三方物流安排之外的功能整合。

定义三:第四方物流是一个集中管理自身资源、能力和技术并提供互补服务的供应链综合解决方案的供应者。

第四方物流需要对客户的需求和社会的物力资源有深刻的理解,同时更重要的是,要具有调动社会资源实现所谓最佳供应链方案的能力,所提供的供应链解决方案具有很好的系统性和完整性。第四方物流能进行供应链的重新优化整合,这一点是第三方物流不能及的。从宏观角度看,第四方物流的发展满足了整个社会物流系统的要求,最大限度地整合了社会资源,减少了物流时间,节约了资源,提高了物流效率,也减少了环境污染。第三方物流与第四方物流的关系如图8.1所示。

二、第四方物流的功能特征

第四方物流虽然处于萌芽阶段,但其基本功能特征已渐趋明朗,正是这些特征使第四方物流呈现出旺盛的生命力。

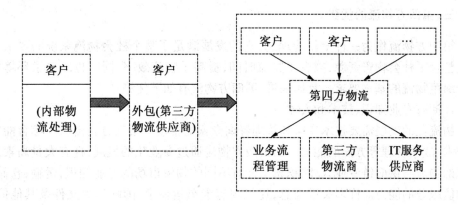

图 8.1　第三方物流与第四方物流的关系

1. 第四方物流提供了一套完善的供应链解决方案

第四方物流集成了管理咨询和第三方物流服务的能力,并通过优秀的第三方物流、技术专家和管理顾问之间的联盟,为客户提供最佳的供应链解决方案,而这种方案仅仅通过上述联盟中的一方是难以解决的。

2. 体现供应链过程协作和供应链过程再设计的功能

第四方物流最高层次的方案是再造。供应链过程中真正的显著改善,要么是通过各个环节计划和运作的协调一致来实现,要么是通过各个参与方的通力协作来实现。再造过程就是基于传统的供应链管理咨询,使得公司的业务策略和供应链策略协调一致;同时,技术在这一过程中又起到了催化剂的作用,整合和优化了供应链内部和与之交叉的供应链的运作。

3. 通过信息技术实现各个供应链职能的加强

变革的努力集中在改善某一具体的供应链职能,包括销售和运作计划、分销管理、采购管理和客户支持。在这一层次上,供应链管理技术对成败变得至关重要。先进的技术,加上战略思维、流程再造和卓越的组织变革管理,共同组成最佳方案,对供应链活动和流程进行整合和改善。

4. 执行、承担多个供应链职能和流程的运作

第四方物流承担多个供应链职能和流程的运作责任,其工作范围远远超出了传统的第三方物流的运输管理和仓储管理的运作,还包括制造、采购、库存管理、供应链信息技术、需求预测、网络管理、客户服务管理和行政管理。第四方物流通常从事的是供应链功能和流程的一些关键部分。

5. 第四方物流通过对整个供应链产生影响的能力来增加价值

第四方物流服务供应商不仅能提供一个全方位的供应链解决方案来满足企业的复杂需求,同时又能控制这些物流运作环节。第四方物流服务提供商充分利用了一批服务提供商的能力,包括第三方物流服务提供商、信息技术供应商、合同物流供应商、电信增值服务等,再加上客户的能力和第四方物流提供商自身的能力,为客户带来可观的利益。

三、第四方物流的优势

第四方物流作为一种全新的理念,它的发展满足了整个社会物流系统的要求,最大限度整合了社会物资资源,减少了物流时间,提高了物流效率,同时也减少了环境污染,符合绿色物流的基本要求。具体来讲,第四方物流有如下优势:

1. 拥有专业知识、技术和人才

物流业的发展需要技术专家和管理咨询专家的推动。第三方物流缺乏综合能力、集成技术、战略管理等方面的能力。而第四方物流通过专业化的发展,拥有大量高素质、国际化的物流与供应链专业人才,积累了针对不同的物流市场的专业知识,运输、仓储和其他增值服务的能力。许多关键信息,比如现有卡车运输量、国际清关文件及其他信息等通常是第四方物流收集和处理的。

2. 拥有强大的信息技术和服务网络

许多第四方物流与独立的软件供应商结盟开发了内部的信息系统,这使得他们能够最大限度地利用运输和分销网络,有效进行跨运输方式的货物追踪,进行电子交易,生成提高供应链管理效率所必需的报表和进行其他相关的增值服务。与合适的第四方物流合作可以使得企业以最低的投入充分享用更好的信息技术。

3. 能够提供服务的最佳整合

第四方物流可以不受约束地去寻找每个领域的"行业最佳"提供商,把这些不同的物流服务整合以形成最优方案。第四方物流成功的关键是以"行业最佳"方案为客户提供服务与技术。而第三方物流要么单独,要么通过与自己有密切关系的转包商来为顾客提供服务,它不太可能提供技术、仓储与运输服务的最佳整合。第四方物流通过对第三方物流提供商、技术服务提供商和业务流程管理者的能力进行平衡,通过几个集中的接触点,提供全面的供应链解决方案。

4. 拥有第三方物流的灵活性

通常,把物流业务外包给第四方物流可以使得企业的固定成本转化为可变成本。企业通常向第三方支付服务费用,而不需要自己内部维持物流基础设施来满足这些需求。尤其对于那些业务量呈现季节性变化的企业,若要年复一年地在旺季聘用更多的物流和运输管理人员,到淡季再开除他们是很困难和低效的,若通过与第四方物流结成伙伴关系,这些企业就不必担心业务的季节性变化。

5. 能够降低运营成本

第三方物流缺乏跨越整个供应链运作以及真正整合供应链流程所需的专业技术。第四方物流可以不受约束地将供应链上的最佳物流提供商组合起来,实现最大范围的资源整合,真正做到低成本运作,并为客户提供最佳物流服务。

四、第四方物流的运作模式

第四方物流结合自身的特点,可以采用以下 3 种运作模式:

1. 协同运作模式

这种运作模式下,第四方物流只与第三方物流有内部合作关系,即第四方物流服务供应商不直接与企业客户接触,而是通过第三方物流服务供应商实施其提出的供应链解决方案、物流运作流程的再造等。这就意味着,第四方物流与第三方物流共同开发市场,在开发过程中,第四方物流向第三方物流提供技术支持、供应链管理决策、市场准入能力以及项目管理能力等,他们之间的合作关系可以采用合同方式绑定或采用战略联盟方式形成。

2. 方案集成商模式

方案集成商模式是指第四方物流作为企业客户与第三方物流的纽带,将企业客户与第三方物流连接起来,这样企业客户就不需要与众多第三方物流服务供应商进行接触,而是直接通过第四方物流服务供应商来实现复杂的物流运作管理。在这种模式下,第四方物流作为方案集成商,除了提出供应链管理的可行性解决方案外,还要对第三方物流资源进行整合、统一规划,为企业客户服务。

3. 行业创新者模式

行业创新者模式与方案集成商模式有相似之处,都是作为第三方物流和顾客沟通的桥梁,将物流运作的两个端点连接起来。两者的不同之处在于,行业创新者模式的客户是同一行业的多个企业,而方案集成商模式只针对一个企业客户进行物流管理。这种模式下,第四方物流提供行业整体物流的解决方案,这样可以使第四方物流运作的规模更大限度地得到扩展,使整个行业在物流运作上都能获得收益。

第四方物流无论采取哪一种模式,都突破了单纯发展第三方物流的局限性,能真正达到低成本运作,实现最大范围的资源整合。因为第三方物流缺乏跨越整个供应链运作以及真正整合供应链流程所需的战略专业技术,第四方物流则可以不受约束地将每一个领域的最佳物流供应商组合起来,为客户提供最佳物流服务,进而形成最优物流方案或供应链管理方案。而第三方物流要么独自,要么通过与自己有密切关系的转包商来为客户提供服务,所以它不太可能提供技术、仓储与运输服务的最佳组合。

五、第三方物流与第四方物流的比较分析

第四方物流强调依靠业内最优秀的第三方物流供应商、技术供应商、管理咨询顾问和其他增值服务商,为客户提供独特的和广泛的供应链解决方案的资源整合和最优化思想。在物流服务日益全球化的趋势下是可行的,也是必要的,它代表着第三方物流未来的发展方向。第三方物流与第四方物流的对比分析见表8.1。

表8.1 第三方物流与第四方物流的比较分析

项目	第三方物流	第四方物流
服务目的	降低单个企业的物流运作成本	降低整个供应链的物流运作成本,提高物流服务能力
服务范围	主要是单个企业的采购物流或者销售物流的全部或部分物流功能	提供基于供应链的物流规划方案,负责实施与监控

续表 8.1

项目	第三方物流	第四方物流
服务内容	单个企业的采购或销售系统的设计、运作,比如物流信息系统、运输管理、仓储管理以及其他增值物流服务	企业的战略分析,业务流程重组,物流战略规划,衔接上下游企业的综合化物流方案,包含物流信息系统模块的企业信息系统
与客户的合作关系	合同关系、契约关系,一般在一年以上,长的达三五年	长期的战略合作关系,一般有长期的合作协议,这也是第四方物流成功的关键之一
运作特点	单一功能的专业化程度高,多功能集成化程度低	多功能的集成化,物流单一功能运作专业化程度低
物流方案设计	单个企业	企业供应链
服务对象	大、中、小型企业	大、中型企业
服务支撑	第三方物流运作技能,主要是运输、仓储、配送、流通加工、信息传递等增值服务技能	涉及管理咨询技能、企业信息系统搭建技能、物流业务运作技能、企业变革管理能力

但是,第四方物流发展的一个瓶颈就是与第三方物流的合作关系。两者之间很容易由信任关系转化为竞争关系。作为第三方物流,出于商业机密的考虑,无法接受第四方物流与自己共享所有信息,特别是物流服务的价格和服务特色。另一方面,第四方物流不但要为顾客设计一个价位合理的供应链解决方案,更重要的是在这个价位基础上,实现整个供应链各个节点的正常运转。但是,第四方物流的"虚拟运作模式"就有可能无法实现以上承诺,这也是第四方物流最大的难点,即客户难以很放心的将其对供应链物流的控制权交给第四方物流服务商。

本章小结

1. 所谓第三方物流,是指由供方与需方以外的物流企业提供物流服务的业务模式。随着物流业的发展,第三方物流是物流专业化的重要形式,第三方物流是物流业发展到一定阶段的必然产物,而且第三方物流的市场占有率与物流业的发展水平有非常密切的关系。

2. 我国第三方物流发展比较晚,相对美国、日本、欧洲等国而言,我国的第三方物流发展还很落后,仍然存在许多问题。积极采取措施促进我国第三方物流健康快速发展是当务之急。

3. 第四方物流是建立在电子信息技术和第三方物流基础上的一种物流形式,是物流发展从低级形态到高级形态的进化形态。它将自身的资源、能力和技术同来自补充服务提供者的资源、能力和技术整合起来。第四方物流以整合供应链为己任,向企业提供完整的物流解决方案。

【案例分析】

飞利浦第四方物流案例——第四者插足第三者

案例背景:

作为一个选择第三方、第四方物流服务的公司,飞利浦消费电子(以下简称飞利浦)在选择第三方物流商时最关心的是成本和所得到的服务——性价比,第三方物流的IT能力,第三方物流的网络覆盖能力。对于第四方物流商,飞利浦看中的是实力、技术领先度,能保证解决方案,可以提高工作效率,帮助完成飞利浦设计的方案,实现和供应商的对接。从运输商直接承运到完全引入"第三者"——第三方物流公司,飞利浦经历了10多年,而"第三者"和飞利浦只合作了2年,飞利浦又迫不及待地引入了"第四者"——第四方物流公司。当然,这些"第三者"和"第四者"都不是取而代之,他们充当的是在飞利浦和"第二者""第三者"之间的交流平台,通过引入"第四者",飞利浦精简了自己的流程和队伍——将飞利浦非核心业务外包的策略进行到底。

一、飞利浦的物流初始化:分拣第三方

2000年,飞利浦在全国有40多家物流供应商,这其中有一些相对专业的第三方物流商,有些只是车队。飞利浦供应链和IT总监张俊回忆,当时市场上有品牌的第三方物流供应商不超过20家,当时还没有EDI(电子数据交换)。40多个供应商,所有的东西靠"人海战术"——传真、电话,张俊的部门队伍也很庞大,60多个人,一共18台传真机超负荷运转,处理着几百个品种、上百万张的单据。

2001年开始,飞利浦和物流供应商之间进行电子数据交换,并对物流供应商进行淘汰和精简。当时,飞利浦约有15家物流供应商在飞利浦和近千家经销商之间运作物流业务,而在2002年这个数字变成5家。IT能力比较弱的物流公司退出了飞利浦的供应商行列。

通过EDI,飞利浦从接单中心接受顾客的订单,然后在ERP系统中处理之后将数据传输到第三方物流公司,第三方物流公司利用内部的仓储、运输等系统,对社会车队进行调度、运筹,然后将回单回传到飞利浦,进而反馈到飞利浦的ERP系统中,体现销售和库存的变化。

2000年,有一家国内知名的第三方物流商和飞利浦合作了一段时间,飞利浦给这个供应商很大的区域和份额,但是由于成本上无法承受,第二年,这个供应商要求飞利浦涨价,而涨价的幅度超过了飞利浦可以承受的幅度,双方只好分手。而由于期间双方一起搭建了EDI,分手给飞利浦带来的刺激很大。之前投入的IT成本,包括时间和金钱,由于这家供应商的退出而打了水漂。而对方也扔了很多在IT行业的投入,根本没有赚到钱。双方都损失惨重。

飞利浦能否在将来避免这样的风险就成了需要考虑的关键问题。

刚开始能想到的是,将来选择第三方物流商时一定要慎重,不要以成本为唯一考量点,要保证第三方物流商有合理的利润,能够赚到钱。但是,这种想法对于飞利浦来说有很多局限。第三方物流商赚不到钱有很多自身因素,包括管理成本能不能控制得好,能不能在市场上拿到比较有竞争力的价格等,这些都是飞利浦无法控制的。

当时，所有的供应商都在跟飞利浦做EDI，飞利浦接到客户订单后，还要对货物进行分拣，确定货物是从哪个仓库装卸、走哪条线路、哪个供应商负责发运。而EDI数据回来之后，还要确定这些单据是从哪个供应商传来的。而飞利浦一直考虑的是，能不能每单货一个文件就可以解决，避免烦琐的分拣工作。2001年下半年、2002年上半年飞利浦开始寻找解决之道。他们需要的实际上是一个平台，飞利浦只要把数据扔给它，这个平台就会和各家物流供应商进行数据处理，并进行统一反馈，无须逐个进行。

二、飞利浦的物流阶段：引入第四方

华夏媒体与飞利浦的缘分始于华夏帮飞利浦做计划系统。系统实施期间，张俊和华夏老总林亮几番交流，启发了林亮建立平台的想法。林亮迅速搭建新的业务架构并很快开发出各种系统，搭建了NET-X平台，X意味着无限和不确定，基本思路是充当制造企业和物流企业之间的商流、信息流平台。

飞利浦为什么不自建平台？

这是因为飞利浦的主要竞争能力在产品技术、设计和市场营销等方面，IT和供应链不是飞利浦主要竞争力的体现，而飞利浦的一贯策略——尽可能将非核心业务外包，自建平台要耗费额外的人力、物力、财力，这显然不符合飞利浦的发展策略。

也有第三方物流公司上门找飞利浦，希望建立平台，让飞利浦在上面运行。但是张俊认为，第三方物流商平台的作用非常有限，通常客户希望平台有公正性或者独立性，为所有的客户和物流供应商来服务。举例来说，如果这个平台为华运通拥有，宝供就会拒绝它的数据从华运通的平台走，因为双方是竞争对手，数据在上面走就能知道运输量和运输目的地，就无法保证商业机密。

而作为第四方的物流平台，华夏媒体要向飞利浦收费。华夏媒体的收费模式是：对于大企业，月租+单据收费；对于中小企业，包月收费，虽然增加了额外成本，但是相比较而言，第四方物流却节约了以下几个方面的成本：

首先，降低了跟供应商之间的风险和成本，如前所述的物流供应商，跟飞利浦中止合作，前期做的IT开发等投入都打了水漂。

其次，通过统一平台，可以提高效率，节约成本，形成规模效应。有了平台后，飞利浦只要维护一个标准，把数据扔到平台上，就无须重复投入，对供应商来讲，只需要用系统平台完成数据的耦合和匹配，而不会受对方系统升级等影响。通过这种方式可以提高第三方物流的效率，进而提高飞利浦的效率。

比如第三方物流商宝供，假如有50个主要客户都要与其签EDI，通过同一个平台形成规模效应，厂商和第三方物流公司都不用因为供应商或客户的增加而增加IT投入。

此外，飞利浦按照供应商划分进行数据维护的IT人员和供应链管理人员，因为只需要平台维护数据而节省了人力成本。

飞利浦在维护EDI方面也无须再进行额外的投入，飞利浦现在的平台，基本是由华夏开发的，按照项目进行平衡，第一次投入非常少。

2003年1月1日，飞利浦的SAP系统正式运行，作为信息技术总监的张俊和他的同事庆幸的是，系统只要和平台对接即可，无须与各个物流商对接，没有影响到项目的实施。

供应链管理部门的18台传真机只剩下2台用于处理应急事务,在飞利浦,已经见不到任何和物流供应商之间往来的货单。以往每个月底需要两三个人花3天时间与物流供应商对账、结账的任务,现在半个小时即可解决。

在采访中,张俊始终强调,电视机行业竞争残酷,成本观念非常重要。而在系列变革中,飞利浦每年的物流成本一直下降。前几年降幅达到10%,这两年由于行业的原因仍然每年下降5%。

三、飞利浦的物流成熟:管理第三方和第四方

然而,毕竟华夏是一个年轻的公司,系统能否承受得了飞利浦巨大的业务流?飞利浦在系统调研时就和华夏谈过,希望对方用国际标准,华夏用的是国际上两大标准之一的ROSETTANET,本身飞利浦就是这套标准成员组织之一,所以技术上风险较小,此外,虽然飞利浦通过这个平台运作,但是仍然保留了一套流程,万一平台出事,依靠自身仍能渡过难关(虽然在效率上有所下降)。

至于数据运行的安全性,张俊认为系统本身安全性的级别要高于第三方物流商,因为对第三方来说,IT只是他们的一项服务,跟华夏媒体这样的IT专业公司有本质差别。飞利浦引进平台的时候做了很多测评,包括服务期、防火墙的设计等细节问题。在信息上保密,在技术上支持,不仅是双方长期合作的必要条件,同时也是第四方物流公司继续成长并发展的核心。

日常工作中,飞利浦对平台重点考核的是系统不能工作的频率。系统不能工作、不能传输数据的次数必须低于0.02%,除非是因国家的光缆、光纤施工等不可抗力出现的问题。

在数据安全方面,飞利浦还要求华夏配置备份服务器,提供双重安全保障。此外,如果平台数据出现问题,第四方物流的响应时间也很关键,比如一级的问题2小时解决,二级的问题24小时解决。此外,还有严格的规定,只要飞利浦的业务在做,华夏一个星期的7天,每天24小时都要为飞利浦服务,比如说春节和晚上都要有人值班。

回单准时率、回单出错率、货物损坏率等是飞利浦考核第三方物流的通用指标。飞利浦考核供应商一共有15条标准,每个权重不一样,平时最关注准时到达率——因为客户把钱给飞利浦,非常希望货物准时到达。另外,只有快速把货物送到客户手中,库存维持相当低的水平才能正常周转。飞利浦目前的到达率是98.5%以上。除了这些关键指标(KPI),飞利浦自己还有一套供应商管理系统,每个月对自己的供应商根据指标打分,列出排行榜。根据这些排行,一年或者一个季度,与供应商谈哪些做得好,哪些做得不满意,提出整改要求。

(资料来源:72EC全程电子商务平台.http://info.72ec.com/article/2008-11-28-160648-2.html,2008.11)

问题分析:

1. 企业决定物流外包的因素有哪些?
2. 分析企业采用第三方物流或第四方物流的利弊。

【思考与练习】

1. 简述第三方物流兴起的原因及其主要特征。

2. 结合我国的现状,谈谈我国第三方物流发展存在的主要问题。
3. 讨论第三方物流服务内容及常见的运作模式。
4. 谈谈第三方物流与第四方物流的异同。
5. 简述第四方物流兴起的原因及其主要特征。

第九章 物流信息管理

【学习目标】
通过这一章内容的学习,要达到以下几个目的:
- 了解物流信息系统的概念及其分类;
- 了解物流信息的功能;
- 掌握物流信息系统的主要技术;
- 了解物流信息系统的开发和设计方法。

第一节 物流信息概述

互联网技术所推动的信息革命使得物流现代化的发展产生了巨大的飞跃。物流信息化受到空前的重视。物流信息化表现为物流信息的商品化、物流信息收集的数据库化、物流信息处理的电子化和计算机化、物流信息传递的标准化和实时化、物流信息存储的数字化等。没有物流的信息化,物流的现代化也不可能实现。因此,物流的信息化在物流的整体发展过程中起到了非常重要的推动作用。

一、物流信息的概念

物流信息(Logistics Information)是反映物流各种活动内容的知识、资料、图像、数据、文件的总称。从狭义范围来看,物流信息是指与物流活动(如运输、保管、包装、装卸、流通加工等)有关的信息,对运输管理、库存管理、订单管理、仓库作业管理等物流活动具有支持保证功能。例如运输工具的选择、运输路线的确定、每次运送批量的确定、在途货物的跟踪、仓库的有效利用、最佳库存数量的确定、库存时间的确定、订单管理、如何提高顾客服务水平等,都需要详细和准确的物流信息。从广义范围来看,物流信息不仅指与物流活动有关的信息,而且包含与其他流通活动有关的信息,如商品交易信息和市场信息等。商品交易信息是指与买卖双方的交易过程有关的信息,而市场信息则是指与市场活动有关的信息。在现代经营管理活动中,物流信息与商品交易信息、市场信息相互交叉、融合,有着密切的联系。例如,零售商根据对消费者需求的预测以及库存状况制订订货计划,向批发商或直接向生产厂家发出订货信息。批发商在接到零售商的订货信息后,在确认现有库存水平能满足订单要求的基础上,向物流部门发出发货配送信息。如果发现现有的库存水平不能满足订单的要求,则应马上向生产厂家发出订单。生产厂家在接到订单之后,如果发现现有库存不能满足订单要求,则要马上组织生产,再按订单上的数量和时间要求向物流部门发出发货配送信息。由于物流信息与商品交易信息和市场信息相互交融、密切联系,所以广义的物流信息还包含与其他流通活动有关的信息。

总之,物流信息不仅对物流活动具有支持保证的功能,而且具有联结、整合整个供应链和使整个供应链活动效率化的功能。正是由于物流信息具有这些功能,使得物流信息在现代企业经营战略中占有越来越重要的地位。建立物流信息系统,提供迅速、准确、及时、全面的物流信息是现代企业获得竞争优势的必要条件。

二、物流信息的分类及特征

1. 物流信息的分类

物流信息的分类是对物流信息进行有效管理的基础。通过科学的分类,人们可以从不同的角度来观察和利用物流信息,同时信息分类也是建立物流信息系统的前提。一般物流信息可以按以下角度进行分类:

(1)按信息载体的类型分类。

①物流单据(凭证)。发生在企业的操作层,一般记录物流工作实际发生情况。根据单据的编制者,单据分为企业内部和外部的单据。凡是由企业外部编制和开出的单据属于外部单据,而由企业自身编制和开出的单据则为内部单据,如货物采购时由供应商开出的发票是外部单据,企业为客户开出的销售发票则为内部单据。

②物流台账。物流单据按一定的要求(如时间次序、某种分类等)积累则形成物流台账。物资管理工作中的商品明细台账就是按照物资类别,将某种物资的入库、出库按时间次序记载的流水账。

③物流报表。是按照一定的统计要求,将一定时期内的物流单据或者物流台账进行计算、汇总、排序、分类汇总等形成的信息载体。其作用是通过对一定时期生产经营的统计,检查生产经营情况,发现存在的问题,为制订相关决策提供依据。

④物流计划。物流计划对于企业物流管理是一种非常重要的职能,它是企业物流管理决策的具体体现。从管理职能来说,企业有不同的计划,如需求计划、采购计划、项目预算计划、财务计划等。企业领导者靠它向下传达企业下一个计划和企业生产经营的意图,用以统一指挥各部门的行动,而企业的业绩通过报表反映计划的实际实施情况。

⑤文件。文件一般分为企业内部和外部文件。外部文件的编制者是企业的外部单位、组织,而内部文件又可分为企业级的、企业各部门的,文件多为非数值型数据。

单据(凭证)、台账和报表是有确定性的,是对现实的反映,而计划具有可变性,是实现过程控制和评价的标准之一。

(2)按信息来源分类。

①外部信息。是在企业外部发生的与物流活动相关的各种信息,具体包括供货人信息、顾客信息、竞争对手信息、交通信息、市场信息和政策信息等。

外部信息的搜集、加工和利用是实现危机管理、风险管理的基础和保证。对企业来说,重要的外部信息有很多。例如,市场情况的监测信息、竞争对手的情况、与本企业涉及相关领域的最新科技成果信息、国家的政策法规等宏观信息、国际国内资本市场信息等。这些信息又是企业制订战略决策的重要依据。

②内部信息。指在企业内部发生的与物流有关的信息,具体包括订发货信息、物流计划、物流作业信息等。

外部信息与内部信息相比,其不确定程度与不准确程度高、信息搜集困难,而且不可控制。企业经常遇到不确定的信息,从而导致企业物流成本上升率高,计划赶不上变化,无法很好的安排采购、运输。在市场竞争趋于白热化的今天,谁能更快、更及时、更全面地掌握外部信息,谁就能更好地占有市场。

(3)按物流信息作用的不同分类。

①计划信息。指的是尚未实现但已当作目标确认的一类信息,这类信息的特点是相对稳定,但信息更新速度较慢。计划信息对物流活动有着非常重要的战略性指导意义。如物流量计划、仓库吞吐量计划、车皮计划、与物流活动有关的国民经济计划、工农业产品产量计划等,许多具体工作的计划安排,甚至是带有作业性质的,如协议、合同、投资等信息。

②控制及作业信息。指的是物流活动中发生的信息,带有很强的动态性,是掌握物流现实活动状态不可缺少的信息。这类信息的特点是动态性非常强,更新速度快,信息的时效性强。它是物流管理工作中不可缺少的信息。如库存种类、库存量、载运量、运输工具状况、运价、运费、收发货等情况。

③统计信息。指的是物流活动结束,对整个物流活动的一种终结性、归纳性的信息。这类信息是一种恒定不变的信息,具有很强的资料性。统计信息具有很强的战略价值。它的作用是用于正确地掌握以往的物流活动规律,以指导物流战略发展和制订计划。如物流种类、运输方式、运输工具使用量、装卸量以及与物流有关的工农业产品数量等都属于这类信息。

④支持信息。是指能对物流计划、业务、操作产生影响或有关的文化、科技、产品、法律、教育、民俗等方面的信息。例如物流技术的革新、物流人才的需求等。这些信息不仅对物流战略发展有价值,也对控制、操作起到了指导、启发作用,是可以从整体上提高物流水平的一类信息。

(4)按物流活动的领域分类。

物流的各个不同应用领域的信息是具体指导物流各个领域活动,使物流管理细化必不可少的信息。物流各个分系统、各个不同的功能要素领域,由于物流活动的性质不同,信息也有所不同,按这些领域分类,有运输信息、储存信息、配送信息等,甚至可更细化成集装箱信息、托盘交换信息、库存量信息、汽车运输信息等。

(5)按信息的加工程度不同分类。

①原始信息。指尚未加工的信息,它是信息工作的基础,也是最权威的原始凭证性信息,一旦有需要,可从原始信息中找到真正的依据,它是加工信息可靠性的保证。

②加工信息。指对原始信息进行各种方式、手段(如分类、汇总、精选、制档、制表、制文献资料、制数据库等),各个层次处理之后的信息。它是原始信息的提炼、简化和综合,可大大缩小信息量,并将信息梳理成有规律性的东西,便于使用。

2.物流信息的特征

(1)信息量大,信息种类多。

物流是一个集中和产生大量信息的领域,从采购到生产直至产品销售,既有资源信息和过程信息,也有历史信息。信息的处理活动,都涉及大量的信息输入和输出问题,这些信息产生、加工和应用在形式、时间、地点上经常是不一致的,这就使物流信息的分类、研究、筛选等难度增加。

(2)物流信息分布广。

物流所及之处就是信息所至之处,信息所及之处有时甚至超过物流的范围,不仅生产系统内部各个环节有不同种类的物流信息,而且在本厂外乃至社会,都产生了大量的纷繁复杂的物流信息。

(3)物流信息动态性强。

物流信息动态性强,是指一方面物流信息价值的衰减速度快,这是对物流信息管理的及时性提出较高的要求;另一方面,有些物流信息的传递路径很长(如订货信息),而这些具有传递性的物流信息也正是要求共享的物流信息,且共享程度与传递路径成正比。

三、物流信息的功能

物流信息的一大特点是信息量大、覆盖面广。物流系统中的各节点之间相互衔接是通过信息进行沟通的,基本资源的调度也是通过信息的传递来实现的。所以,物流信息对提高经济效益起着非常重要的作用。

1. 支持业务促进

物流业务促进方面的信息主要用于处理物流的日常活动,它反映的是基层物流活动的记录,主要强调物流系统的运行效率。业务促进方面的信息包括记录订货内容、安排存货任务、选择作业程序、装船、用户调查等内容。这类信息反映了基层物流活动的特征,即格式规则化、通信交互化、交易批量化和作业逐日化。结构上的各种过程和大批量交易相结合主要强调了信息系统的效率。

2. 支持管理控制

管理控制方面的信息要求物流活动把主要精力集中在功能衡量和报告上。它主要包括成本控制、资本管理、顾客服务质量的衡量、生产力水平衡量以及管理质量衡量等内容。功能衡量对于提供有关服务水平和资源利用等管理反馈来说是必要的。因此,管理控制层次上的物流信息功能应以可判断和衡量的问题为特征,能评价过去的物流活动和鉴别各种可选的物流方案。当物流信息系统有必要报告过去的物流系统功能时,则物流系统是否能够在其被处理的过程中鉴别出异常情况也是相当重要的。

3. 支持决策分析

决策分析主要是集中精力在决策应用上,协助管理人员鉴别、评估、比较各种物流可选方案。决策分析层次上的物流信息主要涉及存货水平管理、物流网络或设施的选择和配置等。它也以策略上可判断和衡量的问题为特征,但它与管理控制层次不同的是,决策分析层次上的物流信息,其主要精力集中在评估未来策略上的可选物流方案,并在相对松散的组织结构和更加灵活的条件下,作范围更广的选择。

4. 支持制订战略计划

物流战略计划层次的物流信息包括企业战略联盟的形成、以利润为基础的顾客服务分析能力的开发等内容。物流战略计划往往是决策分析层次的延伸,它更抽象、更松散,并且注重于长期。它的作用主要集中在信息支持中,为开发和提炼物流战略提供依据。

四、物流信息的标准化

物流信息标准化是指以物流为一个大系统,制定系统内部设施、机械装备、专用工具等的技术标准,包装、仓储、装卸、运输等各类作业标准及作为现代物流突出特征的物流信息标准,并形成全国及与国际接轨的标准化体系。物流信息标准分为基础性标准和应用性标准。

1. 基础性标准

物流基础性标准主要是物流实体的编码(即标识代码)技术标准及这些编码的数据库结构标准,包括托盘编码技术标准、集装箱编码技术标准、商品编码技术标准及其数据库结构标准等。标识代码的编码规则须保证其在全球范围内的唯一性,即物流管理对象与其标识代码的一一对应。

国际物品编码协会(European Article EAN)和美国统一代码委员会(Uniform Code UCC)及其地区编码组织开发了对货物、运输、服务和位置等进行唯一有效编码的方案,即国际 EAN – UCC 系统。EAN – UCC 包括对商品的统一标识、统一分类、统一属性描述及全球同步对整个数据的维护工作。为全球行业的供应链进行有效管理提供了一整套开放式的国际标准。整个 EAN – UCC 系统是公认的国际标准。

中国物品编码中心也参考 EAN – UCC 系统技术规范制定了我国相应的国家标准。主要包括以下几种:

(1)消费单元条码(贸易项目标识代码)。

消费单元条码也称为商品条码,采用 EAN – 13 和 UPC – A 码,主要用于零售业,对应的国家标准是(商品条码)GB 12904—2003。在我国的超市里应用广泛,企业申请使用得比较多一些。

(2)储运单元条码(非零售贸易项目代码)。

储运单元条码一般采用 ITF – 14 条码标准,对应的国家标准是 GB/T16830—1997。主要用于产品纸质大包装上,目前在我国部分超市的配送中心已开始使用。

(3)货运单元条码(系列货运包装箱代码 SSCC、EAN/UCC 系列、128 条码)。

货运单元条码采用 EAN/UCC – 128 条码标准,对应的国家标准是 GB/T 15425—2002。主要用于运输、仓储等物流环节的标签上,是供应链中用于标识物流单元的唯一代码,货运单元条码是物流条码最常用的形式,也是国际物流业中普遍推广使用的全球通用物流条码,在我国的物流企业和生产企业中也受到高度的重视。

(4)其他相对应的国家标准。

其他相对应的国家标准还有物流单元的编码与符号标记(GB/T 18127—2000)、条码应用标识(GB/T 16986—1997)、位置码(GB/T 16928—1997)等。

2. 应用性标准

应用性标准主要是指自动标识与分拣跟踪技术标准和电子数据交换标准。

(1)自动识别与分拣跟踪技术标准。

自动标识技术主要有条码技术、扫描技术和射频技术。条码技术标准主要包括码制标准和条码识别标准。码制标准主要有 128 码制、交叉 25 码制、39 码制等。条码识别标准主要有商品条码标准、18 条码标准、贸易单元 128 条码标准、交叉 25 条码标准、39 条码标准、库德巴条码标准等一维条码标准及 PDF417 条码、QR 矩阵码等二维条码标准。在物流管理中与射频相关的标准或规范有物流射频标签技术规范、物流射频识别读写器应用规范和射频识别过程通信规范等。

(2) 电子数据交换标准。

电子数据交换标准主要包括电子数据交换语法标准和电子数据交换报文标准。国际物品编码协会(EAN)制定的流通领域电子数据交换规范(EANCOM)是以 EAN 标识代码体系和条码标准体系为基础,为 EAN 贸易单元编码、物流单元编码、位置码等在 EDI 中的应用提供了一整套解决方案。到目前,EANCOM 共有 47 个报文,分为主数据类、商业交易类、报告和计划类、运输类、财务类和通用报文类。

第二节 物流信息系统

一、物流信息系统的概念及特点

1. 物流信息系统的含义

物流信息系统是一种由人、计算机(包括网络)和物流管理规则组成的集成化系统。它将硬件和软件结合在一起,对物流活动进行管理、控制和衡量。其中硬件部分包括计算机、输入/输出设备、网络设备和储存媒体等;软件部分包括用于处理交易、管理控制、决策分析和制订战略计划的系统和应用程序。

物流信息系统是计算机管理信息系统在物流领域的应用。广义而言,物流信息系统应包括物流过程中各个领域的信息系统,包括运输、仓储、配送、其他物流活动等,它是一个由计算机、应用软件及其他高科技的设备通过网络连接起来的动态互动系统。狭义而言,物流信息系统只是管理信息系统在某一涉及物流的企业中的应用。

物流信息系统是根据物流管理运作的需要,在管理信息系统(MIS)基础上形成的物流系统信息资源管理、协调系统,是通过对与物流相关信息的加工处理来达到对物流、资金流的有效控制和管理,并为企业提供信息分析和决策支持的人机系统。随着社会经济的发展,科技的进步,物流信息系统要具有实时化、网络化、系统化、规模化、专业化、集成化、智能化等特点。它来源于物流系统,反过来作用于物流系统,使物流高效率化、高效益化运作。

总之,物流信息系统作为企业信息系统中的一类,可以理解为通过对与物流相关信息的收集、加工、处理、储存和传递来达到对物流活动的有效控制和管理,并为企业提供信息分析和决策支持的人机系统。它具有实时化、网络化、系统化、规模化、专业化、集成化、智能化等特点。

2. 物流信息系统的特点

(1) 集成化。

集成化是把物流信息系统业务逻辑上互相关联的部分连接在一起,为企业物流活动中的集成化信息处理工作提供基础。在系统开发过程中,数据库的设计、系统结构以及功能的设计等都应该遵循统一的标准、规范和规程(即集成化),以避免出现"信息孤岛"现象。

(2)模块化。

模块化指把物流信息系统划分为各个功能模块的子系统,各子系统通过统一的标准来进行功能模块开发,然后再集成,组合起来使用,这样既满足了物流企业中不同管理部门的需要,也保证了各个子系统的使用和访问权限。

(3)整体化。

许多企业应用物流信息系统之所以失败,是因为其在进行系统开发与设计时,往往片面地解决某一物流作业环节或局部的问题,而不是从整个物流系统的角度来考虑解决问题的办法,结果开发出来的软件模块之间互不兼容,无法实现系统的统一和衔接。结果造成整个企业的物流网络平台和各节点间无法实现信息畅通,信息化并没有促进全局自动化程度的提高,使得经营效益也大打折扣。

(4)实时化。

实时化借助于编码技术、自动识别技术、GPS技术、GIS技术等现代物流技术,对物流活动进行准确实时的信息采集,并采用先进的计算机与通信技术,实时地进行数据处理和传送物流信息。通过Internet/Intranet的应用将供应商、分销商和客户按业务关系连接起来,使整个物流信息系统能够即时地掌握和分享属于供应商、分销商或客户的信息。

(5)网络化。

网络化通过Internet将分散在不同地理位置的物流分支机构、供应商、客户连接起来,形成了一个复杂但又密切联系的信息网络,从而通过物流信息系统这个联系方式实时地了解各地业务的运作情况。

(6)智能化。

智能化物流信息系统现在虽然尚缺乏十分成功的案例,但物流信息系统正在往这个方向的发展努力。比如在物流企业决策支持系统中的知识子系统,它就负责搜集、存储和智能化处理在决策过程中所需要的物流领域知识、专家的决策知识和经验知识。

二、物流信息系统的构成要素

从系统的观点来看,物流企业的信息系统的主要构成要素包括硬件、软件、数据库和数据仓库、相关人员以及企业管理制度与规范等。

1. 硬件

硬件包括计算机、必要的通信设施等,如计算机主机、外存、打印机、服务器、通信电缆、通信设施,硬件设施是物流信息系统的物理设备,是实现物流信息系统的基础,它构成系统运行的硬件平台。

2. 软件

在物流信息系统中,软件一般包括系统软件、实用软件和应用软件。

系统软件主要有操作系统和网络操作系统。它控制、协调硬件资源,使物流信息系统必不可少的软件。

实用软件的种类很多,主要有数据库管理系统、计算机语言、各种开发工具、国际互联网上的浏览器和邮件等。主要用于开发应用软件、管理数据资源和实现通信等。

应用软件则是面向问题的软件,与物流业务运作相关,实现辅助物流管理的功能,不同的企业可以根据应用的要求来开发或购买软件。

3. 数据库与数据仓库

数据库与数据仓库主要用来存放与应用相关的数据,是实现辅助企业管理和支持决策的数据基础,目前大量的数据存放在数据库和数据仓库中。

4. 人力资源

系统的开发涉及专业人员、领导及终端用户等多方面的人员。如企业高层领导、信息主管、中层管理人员、业务主管、业务人员和系统分析员等都是物流信息系统的工作人员。不同的人员在物流信息系统开发过程中起着不同的作用。对企业来说,应该配备什么样的专业队伍,取决于企业对物流信息系统的认识,取决于企业对物流信息系统开发的管理模式。

5. 企业管理理念、管理制度与规范

企业与客户能接受和贯穿什么样的管理思想和理念将决定物流信息系统的结构。企业管理制度与规范通常包括组织机构、部门职责、业务规范和流程、岗位制度等。它是物流信息系统成功开发和运行的管理基础和保障,也是构造物流信息系统模型的主要参考依据,制约着系统硬件平台的结构、系统计算模式、应用软件的功能。企业的管理理念与管理制度不同,其物流信息系统的应用软件也不同。以生产制造业为例,当管理理念由库存控制、制造资源管理发展到企业资源管理时,其业务层的企业信息系统应用软件也由 MRP、MRP Ⅱ 发展到 ERP;当企业管理理念由注重内部效率的提高到注重客户服务,其业务层的企业信息系统应用软件会从以财务为中心发展到以客户为中心。

三、物流信息系统的功能与层次

1. 物流信息系统的功能

物流信息系统作为整个物流系统的指挥和控制系统,可以有多种子系统或者多种基本功能,通常其基本功能可以归纳为以下几个方面:

(1)信息输入。

通过运用条码技术、射频识别技术、GIS(地理信息系统)技术、GPS(全球定位系统)技术等现代物流技术,物流信息系统能够对物流活动进行准确、实时的信息搜集并整理成为系统要求的格式和形式,然后再通过输入子系统输入到物流信息系统中,以供使用。

(2)信息存储。

物流信息进入系统中之后,在得到处理之前,必须在系统中存储下来。当得到处理之后,如果没有完全丧失信息价值,往往也要讲结果保存下来,以供使用。物流信息系统的存储功能就是保证已得到的信息能够不丢失、不走样、不外泄、整理得当、随时可用。

无论哪种物流信息系统,在涉及信息的存储问题时,都要考虑存储量、信息格式、存储方式、使用方式、存储时间、安全保密等问题。数据的存储必须要考虑数据的组织形式,目的是数据的处理和检索。

物流信息系统的不同层次对信息存储的要求是不同的。在作业层中,需要存储的信息格式往往比较简单,存储时间比较短,但是数量往往很大。控制层与管理层的信息格式比较复杂,要求存储比较灵活,存储的时间也较长。

(3)信息传输。

物流信息的传输可以消除空间的阻隔,特别是通过 EDI 传输的信息,是结构化的标准信息,可以极大地提高信息种类、数量、频率、可靠性要求等因素,物流信息传输可以通过通信线路与近程终端相连,形成联机系统;或者通过通信线路将中、小、微型计算机联网,形成分布式系统。

(4)信息处理。

信息处理是物流信息系统最基本的功能,也是衡量物流信息系统能力一个极其重要的方面。物流信息系统通过对信息的加工处理,发现规律和联系,从而可以对物流活动进行预测和决策。物流信息系统处理信息的方式既可是简单的查询、排序,也可以是复杂的模型求解和预测,如数据仓库、数据挖掘、联机分析、专家系统等。

(5)信息输出。

信息输出必须采用便于人或计算机理解的形式,在输出形式上力求易读易懂、直观醒目。这是评价物流信息系统的主要标准之一。当前物流信息系统正在向数据采集的在线化、数据存储的大型化、信息传输的网络化、信息处理的智能化以及信息输出的多媒体化方向发展。

2. 物流信息系统的功能层次

物流企业对信息的要求是无止境的,随着网络计算机技术的发展、市场需求和客户需求的增加,物流信息系统的功能和内涵也将随之增加。目前,对物流信息系统的功能层次比较一致的观点认为,可将其分为 4 个功能层次:交易系统、管理控制、决策分析以及战略规划。物流信息系统的功能层次可以分为 4 个部分,见表 9.1,说明了信息功能各层次上的物流活动和决策内容,物流信息管理系统管理控制、决策分析以及战略规划制订的强化需要以强大的交易系统为基础。

表 9.1 物流信息系统的功能层次

功能层次	内容
制订战略计划功能	战略联盟形成、能力和机会的开发和提炼、集中的/以利润为基础的顾客服务分析
决策分析功能	车辆生产日期安排、存货水平和管理、网络/设施选址配置、与第三方/外源的垂直一体化
管理控制功能	金融衡量、成本、资产管理、顾客服务衡量、生产率衡量、质量衡量
交易系统功能	记录订单内容、安排存货任务、作业程序选择、装船、定价和开发票、消费者询问

(1)交易系统功能。

交易系统就是用于启动和记录物流活动。是接受客户指令或接受交易指令的系统。

交易系统功能是物流信息系统中最基础的部分,用于启动和记录个别的物流活动的最基本的层次。交易活动包括记录订货内容、安排存货任务、作业程序选择、装船、定价、开发票以及消费者查询等。

(2) 管理控制功能。

管理控制功能要求把主要精力集中在功能衡量报告上。管理控制以可估价的、策略的、中期的焦点问题为特征,它涉及评价过去的功能和鉴别各种可选择方案。普通功能的评估包括财务、顾客服务、生产率,以及质量指标有等。特殊功能的评估包括单位重量的运输和仓储成本(成本衡量)、存货周转(资产衡量)、供应比率(顾客服务衡量)、每工时生产量(生产能力衡量),以及顾客的感觉(质量衡量)等。

(3) 决策分析功能。

物流信息系统可以用来协助管理人员鉴别、评价、比较物流战略和策略的可选方案。决策分析也以策略上和可估价的问题为特征。与管理控制不同的是,决策分析的主要精力集中在评估未来策略的可选方案上,并且它需要相对松散的结构和灵活性,以便作范围很广的选择。因此,用户需要有更多的专业知识和培训去利用它的能力。既然决策分析的应用要比交易应用少,那么物流信息系统的决策分析趋向于更多地强调有效,而不是强调效率。

(4) 制订战略计划功能。

制订战略计划主要精力集中在信息支持上,以期开发和提炼物流战略,强调物流信息管理系统对战略定位所起的作用。这类决策往往是决策分析层次的延伸,但是,通常更加抽象、松散,并且注重长期性。

四、物流信息系统的重要性

在世界信息化高度发展的新时代,物流与信息流的相互配合体现得越来越重要,在物流管理中必然要用到越来越多的信息技术。信息技术对传统产业的注入,改变了传统产业结构、企业结构、社会经济结构及其运行模式,促进了全球经济的快速增长和全球经济一体化的形成。

可以预见,在未来的几年里,只有少数物流公司最终会从目前方兴未艾的物流外包业务中受益。能够提供最大客户价值,即在保持服务水平不变的基础上提供最低成本的公司,将会是物流市场上的最终赢家。建立一个高速畅通、动态互联的标准化信息系统,是企业物流部门及专业化物流企业保证其各项职能相互协调并保持高效,实现与其他企业联盟使得物流服务整体化的必要条件。信息系统将成为决定企业物流成功的关键因素。

1. 物流信息系统是形成企业核心能力的关键

在物流供应链中,至少拥有一个关键环节并且展示出其强大的核心能力,将成为物流服务提供者生存与发展的重要前提。拥有内部专有信息技术可以使企业获得规模经济效益并能够向顾客提供价格低廉的物流服务。同样,强大的信息处理能力也可以给专业化的物流企业提供一个获利的战略平台,它可以在此基础上开发或者收购相关的物流服务能力。

2. 物流信息系统是供应链管理的需要

目前的市场竞争不再是企业间的单兵作战,已升级成为企业所在的供应链间的竞争。而使用信息技术是建立世界级供应链企业的关键。若想帮助客户管理供应链的大部分物流业务,企业物流部门或专业化的物流企业必须在相关的信息技术领域拥有强大的管理、设计和开发能力。那些可以提供整个供应链管理软件解决方案,并在实施和运作这些系统上展示出能力的企业,将会在市场上享有竞争优势。

3. 物流信息系统有利于拓宽服务范围

客户为减少与之合作的物流供应商数量而做出的努力,会给那些可以提供广泛物流服务的企业带来更多的机会。而能够向物流价值链上方移动,提供传统的运输和仓储以外的增值服务的企业,会更加紧密地和客户的业务整合在一起,从而优化客户的"转移成本"。目前市场上具备广泛的物流服务能力的企业凤毛麟角。然而,在未来的几年里,利用信息系统对现有资源进行整合和集中,会使更多的专业化物流企业拥有这方面的能力。

4. 物流信息系统有利于扩大服务地域

随着企业和供应链全球化的发展,企业的物流业务也将走向全球化。尤其是对专业化的物流企业来讲,拓展国外业务变得越来越重要。因为它们的客户正在持续开发国外市场上的销售和采购渠道。随着国外企业的大举进入,这方面的能力将变得越来越重要。而 EDI 等信息技术的应用可以增强第三方物流企业的控制能力,节约管理成本。

5. 物流信息系统可以应对互联网管理的变化

基于互联网的管理除了革命性地改变了供应链上各个环节成员之间相互沟通的方式以外,互联网在物流市场上的作用也日益重要。一些企业已经或正在开发基于互联网的物流信息系统,用来交换和传递关键的物流信息。其中,快步公司和宝供物流集团联合开发的基于 Internet/Intranet 的物流信息系统已经成功运作,为支持宝供物流的发展和客户在华业务的拓展起到了有力的推动作用。

第三节 物流信息系统的主要技术

信息技术的飞速发展为实施新的物流管理模式提供了更有效的手段,人们正把信息技术视为提高生产率和竞争能力的主要来源。与其他资源不同,信息技术正在不断地提高速度和能力,同时又在降低成本。这些信息技术广泛应用在物流方面,对物流作业已经并将继续产生全面而深刻的影响。这些技术包括条码技术、EDI 以及新兴的网络 GPS 等。

一、条码技术

1. 条形码的含义

条形码(Bar Code)是由一组规则的、不同宽度的条和空组成的标记。"条"指对光线反射率较低的部分,"空"指对光线反射率较高的部分,这些条和空组成的数据表达一定的信息,并能够用特定的设备识别,转换成与计算机兼容的二进制或十进制信息。在应用中,符号是被以一种红外线或可见光源照射:黑色的条吸收光,"空"则将光反射回扫射器中。扫描器将光波转译成模仿条码中的条与空的电子脉冲,一个解码器用数学程序将电子脉冲译成一种二进制码并将译码后的资料信息传到个人电脑、控制器或电脑主机中。通过数据库中已建立的条码与商品信息的对应关系,当条码数据传到计算机上时,由计算机上的应用程序对条码数据进行转换操作和处理。条形码是用一组数字来表示商品的信息。

2. 条形码的分类

(1)按条形码在物流管理中的应用分类。

①类别管理。类别管理是一维条形码成功应用的典型之一,其管理单位是一类别,它适合的是诸如超市之类的整进零出,并且只关心数量的场所。

②批次管理。批次管理不仅可以得到数量信息,同时还可以实现一些批次应用,例如,食品的保质期处理或关心商品数量的场所。批次管理的管理单位是某个商品的某个批次,一般也由一维条形码实行先进先出的策略。

③单品管理。单品管理在批次管理上又更加先进了一步,它保存了更多的管理信息,这些信息可以根据具体的业务需求来定制。可以看出这3类管理的差别在于货品信息的精细程度越来越高,从而可以引出更多的可管理特性。

(2)按码制分类。

①UPC码。1973年,美国率先在国内的商业系统中应用UPC码,之后加拿大也在商业系统中采用UPC码。UPC码是一种长度固定的连续型数字式码制,其字符集为数字0~9,它采用4种元素宽度,每个条或空是1倍、2倍、3倍或4倍单位元素宽度。UPC码有两种类型,即UPC-A码和UPC-E码。

②EAN码。1977年,欧洲经济共同体各国按照UPC码的标准制定了欧洲物品编码EAN码,与UPC码兼容,并且两者具有相同的符合体系。EAN码的字符编号结构与UPC码相同,也是长度固定的、连续型的数字式码制,其字符集是数字0-9。它采用4种元素宽度,每个条或空是1倍、2倍、3倍或4倍单位元素宽度。EAN码由两种类型,即EAN-13码和EAN-8码。

③交叉25码(Interleaved 2 of 5 Code)。交叉25码是一种长度可变的连续型自校验数字式码制,其字符集为数字0-9。采用两种元素宽度,每个条和空是宽或窄元素。编码字符个数为偶数,所有奇数位置上的数据以条编码,偶数位置上的数据以空编码。如果为奇数个数据编码,则在数据前补一位0,以使数据为偶数个数位。

④39码(Code 3 of 9)。39码是第一个字母数字式码制。1974年由Intermec公司推出。它是长度可比的离散型自校验字母数字式码制。

⑤库德巴码(Code Bar)。库德巴码出现于1972年,是一种长度可变的连续型自校验数字码制。其字符集为数字0~9和6个特殊字符(-、:、/、。、+、$),共16个字符。常用于仓库、血库和航空快递包裹中。

⑥128码。128码出现于1981年,是一种长度可变的连续型自校验数字式码制。它采用4种元素宽度,每个字符有3个条和3个空,共11个单元元素宽度,又称(11,3)码。

⑦93 码。93 码是一种长度可变的连续型字母数字式码制。其字符集组成为数字 0~9、26 个大写字母和 7 个特殊字符（-、。、Space、/、+、、%、$）及 4 个控制字符。每个字符有 3 个条和 3 个空，共 9 个与元素宽度。

⑧49 码。49 码是一种多行的连续型、长度可变的字母数字式码制。出现于 1987 年，主要用于小物品标签上的符号。采用多种元素宽度。其字符集为数字 0~9、26 个大写字母和 7 个特殊字符（-、。、Space、/、+、、%、$）、3 个功能键（F1、F2、F3）和 3 个变换字符，共 49 个字符。

⑨其他码制。除上述码制外，还有其他的码制，例如，25 码出现于 1977 年，主要用于电子元器件标签；矩阵 25 码是 11 码的变形；Nixdorf 码已被 EAN 码所取代；Plessey 码出现于 1971 年 5 月，主要用于图书馆等。

（3）按维数分类。

①普通的一维条码。普通的一维条码自问世以来，很快得到了普及。但是由于一维条码的信息容量很小，如商品上的条码仅容 13 位的阿拉伯数字，更多的描述商品的信息只能依赖数据库的支持，离开了预先建立的数据库，这种条码就变成了无缘之水、无本之木，因而条码的应用范围受到了一定的限制。

②二维条码。除具有普通条码的优点外，二维条码还具有信息容量大、可靠性高、保密防伪性强、易于制作、成本低等优点。美国 Symbol 公司于 1991 年正式推出名为 PDF417 的二维条码，简称为 PDF417 条码，即"便携式数据文件"。PDF417 条码是一种高密度、高信息含量的便携式数据文件，是实现证件及卡片等大容量、高可靠性信息自动存储、携带并可用机器自动识读的理想手段。

3. 条码系统的工作原理

条形码系统是由条形码系统符号设计、制作及扫描识读组成的自动识别系统。条形码识读装置是条形码系统的基本设备，它的功能是译读条形码符号，即把条形码条符宽度、间隔等信号转换成不同时间长短的输出信号，并将该信号转化为计算机可识别的二进制编码，然后输入计算机。识读装置由扫描器和译码器组成。扫描器又称光电读入器，它装有照亮被读条形码的光束检测器件，接收条形码的反射光，产生模拟信号，经放大、量化后送译码器处理。扫描器可以是一支光笔或激光枪，由人工手持作业，也可以是一种安装在某部位的自动扫描器，典型的有固定光束扫描器、直线扫描器、逐行扫描器和全方位扫描器。译码器存储有需译读的条形码编码方案的数据库译码算法。早期的识别设备，扫描器和译码器是分开的，近年推出的设备大多已合成一体，整个设备完整、方便、灵巧。当计算机配置了网络控制器之类的接口软、硬件时，这个条形码系统就能同时处理多个条形码识读装置输入的条形码信息。条形码系统的识读性能，即条形码系统能否成功地应用，在技术上主要取决于系统的适度能力和条形码标签的印制质量，两者密不可分。

4. 条码系统的应用

目前在我国，条形码技术在加工制造和仓储配送业中的应用已经有了良好的开端，红河卷烟厂就是一例。成箱的烟纸从生产线下来，汇总到一条运输线。在运往仓库之前，先用扫描器识别其条码，登记完成生产的情况，纸箱随即进入仓库，运到自动分拣机。

另一台扫描器识读纸箱上的条码,如果这种品牌的烟正要发运,则该纸箱被拨入相应的装车线。如果需要入库,则由第三台扫描器识别其品牌,然后拨入相应的自动码托盘机,码成整托盘后通过运输机系统入库储存。条码的功能不仅极大地提高了产品流通的效率,而且提高了库存管理的及时性和准确性。

二维码技术应用在物流管理过程中,通常是把条码印制或粘贴在物品的外包装、物品本身上,通过应用二维码识读器和计算机网络设备对物流全过程进行实时跟踪、识别、认证、控制、反馈,避免数据的重复录入。自条形码技术出现以来,因其独有的自动识别功能、与管理对象唯一对应并可分级管理对象等特点,已经广泛应用在各行业的物流管理中。尤其二维码技术具有信息容量大、纠错性能好等特点,就可以把条码技术在物流管理中的优点完全展现出来。通过一个二维码就可以表示物品的相关信息和其他附属信息,如价格、名称、制造厂、生产日期、重量、有效期、检验员等。

而在不远的将来,彩色三维码也会普遍出现在我们的生活中。彩色三维码是建立在传统黑白二维码基础之上发展而来的一种全新图像信息矩阵产品,由红、绿、黑、蓝四色矩阵而构成的独特彩色图像三维矩阵产品。彩色三维码的应用范围极其广泛,可用于商品溯源防伪、品牌传播推广、公共信息服务、票务验证服务、会务展览服务、会员管理服务、电商延伸服务、物流渠道管理、广告传媒服务、用户消费导航、商品电子标志、出版物延伸服务、企业商务管理、社区互动服务等之上。

二、EDI 技术

1. EDI 的定义及发展

EDI 技术是指不同的企业之间,为了提高经营活动的效率,在标准化的基础上通过计算机联网进行数据传输和交换的方法。EDI 的目的是通过建立企业间的数据交换网来实现票据处理、数据加工等事务作业的自动化、省力化、及时化和正确化,同时通过有关的销售信息和库存信息的共享来实现经营活动的效率化。需要指出的是,企业在应用 EDI 时,不仅应关注在供应链参与各方之间传送信息的及时性和有效性,更重要的是要利用这些信息来实现企业各自的经营目标和实现整个供应链活动的效率化。EDI 的主要功能表现在电子数据传输和交换、传输数据的存证、文书数据标准格式的转换、安全保密、提供信息查询、提供技术咨询服务、提供信息增值服务等,FORTUNE 杂志评选出的全球 500 家大企业都应用 EDI 系统与它们的主要顾客和供应商交换商业信息。

EDI 的发展经历了以下 3 个阶段:

在 EDI 的最初发展阶段,一般由大企业以自己独自设计的数据格式和系统构造建立以本企业为中心的 EDI 系统,通过在业务往来频繁的企业设置 EDI 终端来处理和交换有关订货、库存、销售时点数据、需求预测以及运输日程通知等方面的信息。对于大企业来说,为了获得和维持竞争优势地位,需要建立自己的 EDI 系统,对于有频繁业务关系的企业来说,利用 EDI 系统不仅可以减轻票据处理、数据输入、输出等事务性作业,而且可以减少库存、缩短订货时间。

在 EDI 发展的第二阶段,随着业务范围的扩大和竞争的需要,主导 EDI 系统的大企业扩大 EDI 的使用对象,同时许多企业由于与多个大企业有频繁的业务关系,必须利用不同的 EDI 系统。这一阶段,EDI 使用范围的扩大使更多的企业通过 EDI 交换信息、共享资源,但使用者必须对应多个不同数据格式和不同代码的 EDI 系统,不得不增加投资添置计算机终端,同时必须对应不同 EDI 系统进行重复的数据输入,增加事务作业成本。

在 EDI 发展的第三个阶段,为了克服 EDI 标准不统一所带来的问题,需要 EDI 的各方达成广泛的共识,建立统一的 EDI 标准,避免重复投资,节约成本,提高 EDI 运用效率。特别是对物流行业来说,由于它的业务涉及许多其他行业,在建立本行业统一的 EDI 标准(如与计算机终端的接续方法、数据格式、系统结构等)时,必须考虑兼容其他行业的 EDI 标准。为了推进 EDI 的标准化工作,联合国欧洲经济委员会(UN/ECE)在 1987 年公布了一套名为 UN/EDIFACT 的 EDI 国际标准。UN/EDIFACT 是一种用于行政、商务和运输业的电子数据交换的标准文书数据格式,国际标准化组织 ISO 为该标准配套制定了一套程序规则(SYNTAX RULES,ISO 9735),目前,该标准已占据全球 EDI 标准的主导地位。

2. 物流 EDI 的特点

(1)EDI 是企业之间传输商业文件数据的一种形式,其使用对象仅仅局限于有经常性业务联系的单位。

(2)处理对象为物流业务资料报文(单证、发票等),而不是一般性的通知。

(3)传输的文件数据为标准化的、具有固定格式的数据,信息标准执行联合国 EDIFACT 标准。

(4)传输的数据通过双方的物流 EDI 系统直接、自动传送、不需要人工处理与干预。

(5)通信网络使用增值网或者是专用网。

3. EDI 应用的意义

(1)简化工作程序和信息流,大量消减纸质单证、单据工作量,实现无纸化贸易。运用 EDI 已成为发展对外贸易、国际物流的关键内容。据调查,在用纸质文件处理业务的条件下,一笔国际贸易业务中有 46 种不同的单证,连同正副本一共有 360 份以上,它们要在 20 多个部门间进行流转,制备和处理这些文件所需的人力和时间是可想而知的。

(2)消除重复和交接作业中可能造成的错误,提高单证、单据作业质量。EDI 通过把商务文件的数据标准化,使它具有统一的格式和规定的顺序,从而使各个单位的计算机都能识别和处理。外贸企业可以用 EDI 来发出订单、接受订单、询问有关信息、办理海关手续等,也可以通过 EDI 来办理货物运输和银行结算等事项。

(3)使物流业务程序与贸易、运输和后勤保障等方面更加紧密地联系起来,满足便利性、快捷性、可靠性等要求。

(4)将信息需求限制到基本数据,减少不必要的冗余操作,满足低成本、高效率运作要求。

(5)将不可避免的政府机关监控措施,如"一关三检"和其他间隔所造成的延误尽可能地降低到最小。美国商务部和海关明确规定对于使用 EDI 办理进出口手续许可证和提供报关文件,将给予优先审批办理,采用传统纸质文件申报办理的将推迟受理。欧洲大陆的一些过境货车运输采用 EDI 技术,将通关时间减少到十几分钟到几分钟。在远洋运输中,一些集装箱运输船尚未到港,相关的清关手续已经结束。

(6)降低物流全过程文件及作业成本。从国外企业运用 EDI 的有关数据分析,大型企业处理一份单证的相关成本平均降低5美元,中型企业处理一份单据的相关成本平均降低约2.5美元,即使小企业降低相关成本也可达到1.8美元左右。美国一家机构对200家公司的研究表明,在处理一份订购单时,包括打印、审核、修改、邮寄等操作费用的文件成本高达49美元,而一份EDI订购单的费用不超过5美元。

三、RFID 技术

在相当长的一段时间内,条形码起到了重要的作用。但是 RFID 技术的普及将大幅度的提高条形码原来的功能,且有替代条形码之势。

1. RFID 的含义及特征

RFID 是 Radio Frequency Identification System 的简称,译为无线射频识别,是非接触式自动识别技术的一种。其主要核心部件是一个电子标签,直径不到2毫米,通过相距几厘米到几米距离内传感器发射的无线电波,可以读取电子标签内储存的信息,识别电子标签代表的物品、人和器具的身份。

(1) RFID 的组成

最简单的 RFID 系统由电子标签(Tag)、解读器(Reader)、和天线(Antenna)3部分组成。

① 电子标签(Tag,即射频卡)由耦合元件及芯片组成,标签含有内置天线,用于和射频天线间进行通信。

② 阅读器(Reader)读取(在读写卡中还可以写入)标签信息的设备。

③ 天线(Antenna)在标签和读取器间传递射频信号,即标签的数据信息。

(2) RFID 的特征

RFID 在本质上是物品标识的手段,它被认为将最终取代现今应用非常广泛的传统条形码,成为物品标识的最有效方式,同条形技术相比,它具有一些非常明显的优点。

① 读取方便快捷。数据的读取无须光源,甚至可以透过外包装来进行。有效识别距离更大,采用自带电池的主动标签时,有效识别距离可以达到30米以上。

② 识别速度快。标签一进入磁场,解读器就可以即时读取其中的信息,而且能够同时处理多个标签,实现批量识别。

③ 数据容量大。数据容量最大的二维条形码(PDF417),最多也只能存储2 725个数字;若包含字母,则存储量会更少;而 RFID 标签则可以根据用户的需求扩充到数十千比特。

④ 使用寿命长,应用范围广。其无线电通信方式,使其可以应用于粉尘、油污等高污染环境和放射性环境,并且其封闭式包装使得其寿命大大超过印刷的条形码。

⑤ 标签数据可动态更改。利用编程器可以写入数据,从而赋予 RFID 标签交互式便携数据文件的功能,并且写入时间相比打印条形码更少。

⑥ 更好的安全性。不仅可以嵌入或附着在不同形状、类型的产品上,并且可以为标签数据的读写设置密码保护,从而具有更高的安全性。

⑦ 动态实时通信。标签以每秒50~100次的频率与解读器进行通信,所以只要 RFID 标签所附着的物体出现在解读器的有效识别范围内,就可以对其位置进行动态的追踪和

监控。

2. RFID 的工作原理

当装有电子标签的物体在距离 0~10 米范围内接近读写器时,读写器受控发出微波查询信号,安装在物体表面的电子标签收到读写器的查询信号后,将此信号与标签中的数据信息合成一体反射回电子标签读出装置。反射回的微波合成信号,已携带有电子标签数据信息。读写器接收到电子标签反射回的微波合成信号后,经读写器内部微处理器处理后即可将电子标签贮存的识别代码等信息分离读取出来。

3. RFID 的应用

RFID 的应用非常广泛,目前许多行业都运用了射频识别技术。例如将标签附着在一辆正在生产的汽车上,厂方便可以追踪此车在生产线上的进度;射频标签页可以附于牲畜与宠物上,方便对牲畜与宠物的识别;射频识别的身份识别卡可以使员工得以进入特定的办公该区域;汽车上的射频应答器也可以用来征收收费路段与停车场的费用。目前电子标签的应用领域主要包括物流业、零售业、制造业、图书馆、医疗行业、身份识别、资产管理、食品、交通运输、航空、军事等等。

四、GPS 技术

全球定位系统(Global Position System,GPS)是具有全方位、实时进行陆、海、空三维导航与定位的新一代卫星导航与定位系统,具有全天候、高精度、自动化、高效益等显著特点,在现代物流中主要应用于货物跟踪、车辆定位、调拨调度、应急处理等方面,由此引发了物流业深刻的技术革命。

全球定位系统由 3 部分构成:①地面控制部分,由主控站(负责管理、协调整个地面控制系统的工作)、地面天线(在主控站的控制下,向卫星注入寻电文)、监测站(数据自动收集中心)和通信辅助系统(数据传输)组成;②空间部分,由 24 颗卫星组成,分布在 6 个轨道平面上;③用户装置部分,主要由 GPS 接收机和卫星天线组成。

GPS 系统的定位原理是:GPS 接收器利用卫星发送的信号确定卫星在太空中的位置,并根据无线电波传送的时间来计算它们之间的距离。计算出至少 3~4 颗卫星的相对位置后,GPS 接收器可利用几何原理来确定自己的位置。每个 GPS 卫星都带有 4 个高精度的原子钟,同时还有一个实时更新的数据库,记载着其他卫星的现在位置和运行轨道。当 GPS 接收器确定了 1 颗卫星的位置时,它可以下载其他所有卫星的位置信息,这有助于它更快得到所需要的其他卫星的信息。

全球定位系统的主要特点有:全天候;全球覆盖;三维定速定时精度高;快速省时效率高;应用广泛功能多。

GPS 的应用范围非常广泛,在物流领域中最常用的是车辆在途的动态监控系统。该系统将 GPS、地理信息系统和现代通信技术(通常使用的是 GSM)综合在一起。整个 GPS 车辆监控系统分成 3 部分:移动单元、通信控制单元、中心监控平台。移动单元分布在各个移动车辆上,负责接受 GPS 卫星定位信号,解算出其定位信息,然后在通信控制单元的控制下,通过通信链路的建立把信息编码发往中心控制平台;通信控制单元负责控制整个无线通信网的运行,接收移动单元传来的信息,并把信息送进中心控制平台;中心监控平台则是一个主要以电子地图为基础的数据库的监视和控制操作平台,具有很方便的信息数据库和强大的电子地图操作功能。

车辆和监控平台的通信联系往往是借助于覆盖广阔的 GSM 网络,利用移动电话短信息传送 GPS 定位信息和相关的信息。GSM 网覆盖面积大,可以实现全国甚至全球范围内的调度、管理。基于 GPS 应用的物流配送系统要有以下几个功能:

1. 车辆跟踪

利用 GPS 和电子地图可实时显示出车辆的实际位置,对配送车辆和货物进行有效的跟踪。

2. 路线的规划和导航

分为自动和手动两种方式。自动路线规划是由驾驶员确定起点和终点,由计算机软件按照要求自动设计最佳行驶路线,包括最快的路线、最简单的路线、通过高速公路路段次数最少的路线等等。手工路线规划是驾驶员根据自己的目的地设计起点、终点和途经点等,自己建立路线库,路线规划完毕后,系统能够在电子地图上设计路线,同时显示车辆运行途径和方向。

3. 指挥调度

指挥中心可监测区域内车辆的运行状况,对被测车辆进行合理调度。指挥中心还可随时与被跟踪目标通话,实行远程管理。

4. 信息查询

在电子地图上根据需要进行查询,被查询目标在电子地图上显示其位置。指挥中心可利用监测控制台对区域内任何目标的所在位置进行查询,车辆信息以数字形式在控制中心的电子地图上显示。

5. 紧急救援

通过 GPS 定位和监控管理系统对遇有险情或发生事故的配送车辆进行紧急援助,监控台的电子地图可显示求助信息和报警目标,规划处最优援助方案,通过声、光提示值班员实施紧急处理。

五、GIS 技术

地理信息系统(Geographic Information System, GIS)的一般定义是:面向空间相关信息、采集、存储、检查、操作、分析和显示地理数据的系统。地理信息系统是以地理信息研究和决策服务为目的的计算机网络系统,其主要功能是即时地提供多种空间的和动态的地理信息。其主要由两部分组成:一部分是桌面地图系统;另一部分是数据库,用来存放地图上与特定点、线、面所相关的数据。通过点取地图上的相关的部分,可以立即得到相关的数据;反之,通过已知的相关数据,也可以在地图上查询到相关的位置和其他信息。借助这个信息系统,可以进行路线的选择和优化,可以对运输车辆进行监控,可以向司机提供有关的地理信息等。

根据应用领域的不同,地理信息系统又有各种不同的应用系统,如土地信息系统、城市信息系统、交通信息系统、仓库规划信息系统等,它们的共同点是用计算机处理与空间相关的信息。地理信息系统的主要应用领域有以下几方面:

1. 电子地图

借助于计算机和数据库应用,电子地图可以比一般地图多几百、几千倍的信息容量,通过电子地图可以提供一种新的按地理位置进行检索的方法,以获得相关的社会、经济、文化等各方面的信息。

2. 辅助规划

地理信息系统可以辅助仓库、站场等基础设施进行情况等,从而支撑有效的交通管理。

3. 交通管理

和全球卫星定位系统相结合,地理信息系统可以及时反映车辆运行情况、交通路段情况、交通设施运行情况等,从而支撑有效的交通管理。

4. 军事应用

地理信息系统对于军事后勤仓库的分布、库存物资的分布、仓库物资的调用、储备的分布规划等领域的决策,都有提供信息、进行分析和辅助决策作用。

第四节 物流信息技术开发与设计

一、物流信息技术开发与设计的原则

1. 物流信息系统开发的基本条件

物流信息系统的开发,不仅要有资金支持、技术支持,还要有很好的人员配备,总的来说,要具备以下3个基本条件。

(1) 资金支持。

企业要有一定的资金实力,并且有决心为了提高物流管理效率,提高企业管理水平,投入一定的资金做好物流信息系统的建设。

(2) 技术条件。

要建立并使用有效的数据库,统一规范的信息标准化、业务流程标准化,确定信息发布方式,建立基础设施。

(3) 物流信息人才的培养。

建立完善人才的培养机制,为物流信息发展培养专门人才。

2. 物流信息系统开发、设计的基本原则

系统的开发策略是指包括识别问题,明确系统开发的指导思想,选定适当的开发方法,确定系统开发过程、方式、原则等各个方面在内的一种系统开发总体方案。主要涉及以下几个问题。

(1) 识别问题。

根据用户的需求状况、实际组织的管理现状及具体的信息处理技术来分析和识别问题的性质、特点,以便确定应采用什么样的方式来加以解决。需要解决的问题有以下5个方面。

①信息和信息系统需求的确定程度。即考察用户对系统的需求状况,以及信息系统在未来组织中的作用和地位。

②信息和信息处理过程的确定性程度。即考察现有的信息(或数据)是否准确、真实;统计渠道是否可靠;现有的信息处理过程是否规范化、科学化。

③体制和管理模式的确定性程度。即考察现有的组织机构、管理体制是否确定,会不会发生较大(或根本)的变化;管理模式是否合理,是否能满足生产经营和战略发展的要求等。

④用户的理解程度。即用户是否真正认识了系统开发的必要性和开发工作的艰巨性;用户对自己的工作和以后将在信息中担当的工作是否有清醒的认识;组织的领导能否挂帅并参与系统的开发工作。

⑤现有的条件和环境状况。

(2)可行性研究。

①经济的可行性。进行系统的投资/效益分析。系统的投资包括硬件、系统软件、辅助设备费、机房建设和环境设施、系统开发费、人员培训费、运行费等。系统的效益包括直接经济效益和间接经济效益。将系统的投资与效益进行比较,估算出投资效益系数和投资回收期,评价系统经济上的可行性。

②技术的可行性。评价所提供的技术条件如硬件性能、通信设备性能、系统软件配置等能否达到系统目标要求,并对建立系统的技术难点和解决方案进行评价。

③管理的可行性。物流管理信息系统建立后,将引起管理体制、管理思想和管理方法的变更。因此,系统的建立要考虑社会的、人为的因素影响,要考虑改革不适合系统运行的管理体制和方法的可行性,实施各种有利于系统运行建议的可行性、人员的适应性及法律上的可行性。可行性研究报告的主要内容:现行系统概况(即企业目标、规模、组织结构、人员、设备、效益等);现行系统存在的主要问题和主要信息要求;拟建系统的总体方案,包括系统目标与范围的描述、系统运行环境的描述、确定计算机系统选型要求和系统开发计划;经济可行性分析;技术可行性分析;管理的可行性分析;结论,即对可行性研究结果的简要总结。

(3)物流信息技术开发方法。

目前常用的系统开发方法有:结构化系统分析与设计方法、原型方法、面向对象的方法、计算机辅助软件工程方法等,下面对这4种方法进行简单的介绍。

①结构化系统开发方法。结构化系统开发方法亦称 SSA&D(Structured System Analysis and Design)或 SADT(Structured Analysis and Design Technology),是目前自顶向下结构化方法、工程化的系统开发方法和生命周期方法的结合,是迄今为止,系统开发方法中应用最普遍、最成熟的一种。

结构化系统开发方法的基本思路是:用系统工程的思想和工程化的方法,按用户至上的原则,结构化、模块化、自顶向下地对系统进行分析与设计。具体来说,就是先将整个信息系统开发过程划分出若干个相对独立的阶段,如系统规划、系统分析、系统设计、系统实施等。在前3个阶段坚持自顶向下地对系统进行结构化划分,在系统调查或理顺管理业务时,应从最顶层的管理业务入手,逐层深入至最基层。在系统分析、提出新系统方案和系统设计时,应选整体入手,先考虑系统自底向上地逐步实施。也就是说,组织力量从最基层的模块做起(编程),然后按照系统设计的结构,将模块一个个拼接到一起进行调试,自底向上、逐渐地构成整体系统。

结构化系统开发的方法的突出优点就是它强调系统开发过程的整体性和全局性,强调在整体优化的前提下来考虑具体的分析设计问题。另外,它强调严格地区分开发阶段,一步步进行系统分析和设计,每一部工作都及时地总结,发现问题及时地反馈和纠正,避免开发过程的混乱状态。而它最突出的缺点则是起点太低,使用的工具落后,主要是手工绘制各种各样的分析设计图表,因而使得系统的开发周期过长。

②原型方法。原型方法是20世纪80年代随着计算机软件技术的发展,特别是在关系数据库系统、第四代程序生产语言和各种系统开发环境产生的基础上,提出的一种从设计思想、工具、手段都全新的系统开发方法。

原型方法的基本思想是:它试图克服结构化开发方法的缺点,在短时间内先定义用户的基本需求,通过强有力的软件环境支持,开发出了一个功能并不十分完善的、实验性的、简易的信息系统原型。运用这个原型,与用户一起反复进行补充、修改、完善、发展,直至得到用户满意的系统。所以,原型方法依据的基本模型是循环或迭代模型。

原型方法的优点是开发周期短,见效快,开发成本低,可逐步投资,当需求或设计不正确时可及时修改,用户始终参与开发,能及时纠正错误。而缺点在于系统的开发管理较困难,系统的许多方面没有明确目标,而处在不断修改的状态,开发人员控制较难,容易造成混乱。同时,原型方法必须要有一个强有力的软件支持作为背景,否则开发难以成功。

③面向对象方法。面向对象的系统开发方法(Object Oriented,简称OO方法)是随着20世纪80年代各种面向对象的程序设计方法(如C++等)而逐步发展起来的。

面向对象的方法的基本思路是:该方法认为,客观世界是由各种各样的对象组成的,每种对象都有各自的内部状态和运动规律,不同的对象之间的相互作用和联系就构成了各种不同的系统。当我们设计和实现一个客观系统时,如能在满足需求的条件下,把系统设计成由一些不可变的(相对固定)部分组成的最小集合,这个设计就是最好的。而这些不可变的部分就是所谓的对象。这种方法的主要思路是所有开发工作都围绕对象展开,在分析中抽象地确定出对象以及其他相关属性,在设计中将对象严格地规范,在实现时严格按照对象的需要来研制软件工具,并由这个工具按设计的内容,直接地产生出应用软件系统。面向对象方法是一种基于问题对象的自底向上的开发方法论。

④OO方法的应用解决了传统结构化开发方法中客观世界描述工具与软件结构的不一致性问题,缩短了开发周期,解决了从分析和设计到软件模块结构之间多次转换映射的繁杂过程,是一种很有发展前途的系统开发方法。但是同原型方法一样,OO方法也需要一定的软件基础支持才可以应用。

⑤计算机辅助软件工程方法。在前面所介绍的任何一种系统开发方法中,如果自对象系统调查后,系统开发过程中的每一步都可以在一定程度上形成对应关系的话,那么就可以借助专门研制的软件工具来完成上述一个个的系统开发过程。这种系统开发方法就是集图形处理技术、程序生成技术、关系数据库技术和各类开发工具于一身的计算机辅助开

发方法,即 CASE 方法,严格地说,CASE 方法并不是一门真正独立意义上的系统开发方法,而只是一种辅助的开发方法,它必须依赖于一种具体的开发方法,如结构化方法、原型方法、面向对象的方法。但这种辅助方法能帮助开发者更方便、快捷地产生系统开发过程中的各类图表、程序和说明性文档,从而加快了系统开发的速度,完善了系统的功能。

(4)物流信息技术设计的功能与技术要求。

①物流信息系统开发、设计的功能。一个全新的物流信息系统在设计和实施过程中要考虑的功能要求有以下 5 个方面:

a. 数据交换。信息可以由人工输入计算机,但更好的方法是通过扫描条码获取数据,速度快、准确性高。物流技术中的条码包含了物流过程所需的多种信息,与 EDI 相结合,方能确保物流信息的及时可得性。

b. 数据控制。信息技术的迅速发展,使数据资源日益丰富。但是,"数据丰富而知识贫乏"的问题至今还很重要。数据挖掘(DM,Data Mining)也随之产生。DM 是一个从大型数据库浩瀚的数据中,抽取隐含的、从前未知的、潜在有用的信息或关系的过程。

c. 范围。主要针对什么样的功能展开设计,要清晰明了。

d. 算法。采用科学的算法,进行数据挖掘,保证有效数据的可得性。

e. 演示。能够很好地进行演示,确保人员的使用及决策者的正确使用。

②物流信息系统开发的技术要求。一个全新的物流信息系统在设计和实施过程中要考虑的技术要求有以下 3 个方面:

a. 运行要求。物流信息系统要以客户为中心进行建设,建设的优劣是能否赢得客户的重要因素。在进行物流信息系统建设时,系统还应具有开放性的特点,在现代物流管理中,信息起着主导作用,集约化经营正是通过对信息的共享和使用来减少交易成本和企业管理成本,从而产生经济效益的。因此,物流管理信息系统必须是一个借助互联网和信息技术,与合作企业或上下游企业进行信息共享和无缝连接的开放性的信息系统。

b. 设计质量。要求物流信息系统在设计上具备抵御黑客攻击、预防信息泄露功能,应当具备可靠的安全性,使安全控制充分融入系统的设计之中,构建出一个具有安全保障功能的现代物流管理信息系统。

c. 技术复杂性。物流信息系统具有一定的复杂性,因为物流信息系统在设计上具备人性化与智能化的特点,能够通过物流信息系统快速准确地反馈顾客对服务的要求和反应。

本章小结

1. 利用物流信息可以对供应链上各个企业的计划、协调、顾客服务和控制活动进行更有效的管理。物流信息系统具有的这些功能,使得物流信息在现代企业经营战略中占有越来越重要的地位。建立物流信息系统,提供迅速、准确、及时、全面的物流信息,是现代企业获得竞争优势的必要条件。

2. 物流信息系统具有收集、储存、传输、处理和分析信息的功能。当前信息技术正以非凡的速度向前发展,它使物流系统能够更有效、更迅速地用电子手段交流各种信息,从而大大降低物流费用,提高为客户服务的水平。

【案例分析】

货运信息超市——如何一手托两家？

案例背景：

传化公路港·苏州基地是苏州市现代物流业发展的重要项目之一,坐落在312国道与京杭大运河交叉处。

对传统的货运市场来说,货源、货代企业、物流企业和货车司机大量聚集,如何实现其相互之间的高效信息匹配一致是难题。而在传化公路港·苏州基地,一个"货运信息超市"的出现,让这一难题迎刃而解。每天上午9~11点,苏州基地内的物流信息交易中心非常热闹。这里每天至少要发布2 500条信息;极具特色的"回"字形物流信息交易中心中分布着300多家物流企业的交易门市;经过诚信认证的司机能通过信息屏幕迅速找到自己需要的货运信息,大大缩短了配货时间,这个交易中心被称为"货运信息超市"。

(1)交易中心"捉对",匹配车辆、货源信息。因为在该物流信息交易中心大厅里分布着300多家物流企业门面,火车司机可以打电话或者直接上门来确认货源,使得配货周期由原来的两三天降低到现在的几个小时。该基地工作人员介绍说,按照传化公路港的运营经验,待"货源"与"车源"聚集到一定程度后,基地平均停车配货时间可以降低到6小时左右。

(2)一条短信及时沟通上下家,回程空载率下降,为运输成本减负。作为苏州市民最大的"菜篮子",南环桥农副产品批发市场每天聚集了大量来自全国各地的长途货运车辆,这些车辆卸下货物后,因为没有找到合适的配货交易场所,往往空载回去或者到无锡进行配货,使车辆回城空载率居高不下。

为方便司机配货,经过前期调研,在苏州市有关部门的大力支持下,传化公路港·苏州基地把"货运信息超市"搬到了南环桥市场,专门成立了货运信息服务站。该货运信息服务站一共设置了3个LED显示屏供司机查询信息,其中,往来南环桥市场较多的华东、华北、东北等区域的货运信息更被醒目标示。

从传化公路港·苏州基地与南环桥市场开展合作以来,进场配货的山东车辆数量整体排名从第五位增长到第三位,基地山东方向的物流企业发货效率稳步提高。这一模式正在向周边逐步推广,"货运信息超市"的信息将延伸到每一个车辆聚集的地方。

为了进一步提升配货效率,前不久,传化公路港·苏州基地又推出了货运信息短信。所有车辆进入基地停车场后,只要登记车辆信息、司机身份,并通过诚信系统认证,货车司机就会在短时间内收到和自己车型、货源、运输方向相匹配的货运信息短信。便捷的信息系统在物流企业和火车司机之间搭建了一个信息对称平台,大大缩短了交易周期。

问题分析：

1. 传化公路港·苏州基地的物流信息交易中心提供了哪些服务？
2. 传化公路港·苏州基地"货运信息超市"的作用是什么？
3. 传化公路港·苏州基地的物流信息交易中心利用了哪些物流信息技术？以后还可以通过引进哪些新技术提高增值服务能力？

【思考与练习】

1. 什么是物流信息？它具有哪些特点？
2. 简述物流信息的分类情况。
3. 什么是物流信息系统？它有哪些特点？
4. 物流信息系统功能分为哪几个层次？它对物流企业有什么作用？
5. 简述物流信息系统的构成要素。
6. 物流信息系统中应用了哪些信息技术？各自的特点如何？

第十章 供应链管理

【学习目标】
- 了解供应链管理的概念；
- 了解供应链管理与物流管理的区别；
- 掌握供应链管理的方法；
- 了解供应链管理的绩效评价。

第一节 供应链的产生与价值

目前,供应链和供应链管理的观念在企业管理领域中越来越深入人心,只有了解供应链和供应链管理才能更好地了解物流。

一、供应链管理的概念与产生动因

1. 供应链的概念

供应链的概念在20世纪80年代末被提出,至今时间虽不长,但已引起人们的广泛关注。自供应链的概念提出开始,随着经济环境的不断变化和信息技术的不断推动,供应链的内涵也不断深入。

供应链概念的发展主要经历了3个阶段:物流管理阶段、价值增值链阶段和网链阶段。

(1)物流管理阶段。

早期的观点认为,供应链是制造企业中的一个内部过程,它是指把从企业外部采购的原材料和零部件,通过生产转换和销售等活动,再传递到零售商和用户的一个过程。传统的供应链概念局限于企业的内部操作层面,注重企业自身的资源利用。忽略了与外部供应链成员企业的联系,往往造成企业间的目标冲突。

(2)价值增值链阶段。

这一阶段的供应链是指由产品生产和流通过程中所涉及的原材料供应商、生产商、批发商、零售商以及最终消费者组成的供需网络。这一阶段供应链的概念注意了与其他企业的联系,注意了供应链的外部环境,认为它应是一个"通过链中不同企业的制造、组装、分销、零售等过程将原材料转换成产品,再到最终用户的转换过程",这是更大范围、更为系统的概念。

(3) 网链阶段。

现在的供应链是指围绕核心企业,通过对信息流、物流、资金流的控制,将产品生产和流通中涉及的原材料供应商、生产商、分销商、零售商以及最终消费者连成一体的功能网链结构模式。现在供应链的概念更加注重围绕核心企业的网链关系,如核心企业与供应商、供应商的供应商乃至于一切前向的关系,与用户、用户的用户及一切后向的关系。此时对供应链的认识形成了一个网链的概念。可以看到,随着社会环境的逐渐变化,供应链内涵的范围不断拓展,新的内容不断增加。

综上所述,供应链是指从采购原材料开始,制成中间产品(如零部件)以及最终产品,最后由销售网络把产品送到消费者手中的将供应商、制造商、分销商、零售商直到最终用户连成一个整体的功能网链结构。

2. 供应链管理的概念

供应链管理就是使围绕核心企业建立的供应链最优化,能以最低的成本使供应链从采购开始直到满足最终顾客的所有过程,包括其中的工作流(Work Flow)、实物流(Physical Flow)、资金流(Funds Flow)和信息流(Information Flow)均能有效地操作,把合适的产品以合理的价格及时送到消费者手中。

因此,供应链管理是一种集成化的管理理念,其核心意义在于使企业充分了解客户及市场需求,与供应商及其他合作伙伴在经营上保持步调一致,实现资源共享与集成,协调支持供应链上的所有企业协同运作,从而取得整体最优的绩效水平,以达到提高供应链整体竞争力的目的。

3. 供应链管理思想的产生

鉴于"纵向一体化"管理模式的种种弊端,从20世纪80年代后期开始,国际上越来越多的企业放弃了这种经营模式,随之"横向一体化"(Horizontal Integration)思想广泛兴起,即利用企业外部资源快速响应市场需求,本企业只抓最核心的东西,即产品方向和市场。至于生产环节,只抓关键零部件的制造,甚至全部委托其他企业加工。例如,福特汽车公司的千禧版汽车由美国人设计,发动机的生产在日本的马自达,其他零件的生产和装配则在韩国的制造厂,最后再运回到美国市场上销售。制造商把零部件生产和整车装配都放在了企业外部,这样做的目的是利用其他企业的资源促使产品快速上马,避免自己投资带来的基建周期长等问题,进而赢得产品在低成本、高质量、早上市诸方面的竞争优势。"横向一体化"形成了一条从供应商到制造商再到分销商的贯穿所有企业的"链"。

归纳起来,供应链管理思想的产生有以下几方面:

(1) 竞争环境与消费需求的变化。

在短缺经济时代,数量供给不足是主要矛盾,所以企业的管理模式主要以提高效率、最大限度地从数量上满足用户的需求为主要特征。

(2) 传统管理模式不适应新环境的要求。

传统管理模式是以规模化需求和区域性的卖方市场为决策背景,通过规模效应降低成本,获得效益,在此模式下采用的是大批量、少品种的生产方式。虽然这种生产方式可以最大限度地提高效率,取得良好的经济效益,但这种生产方式适应品种变化的能力很差。另外,其组织结构是一种多级递阶控制,即管理的跨度小,层次多,且采用集权式管理,这将导致企业不能快速响应用户的要求。

(3)交易成本变动形成的动力。

20世纪90年代,企业要想生存和发展,必须采用以尽可能快的速度、尽可能低的成本、尽可能多的产品品种为特征的主要战略,同时尽可能地利用外部资源,将主要精力集中与其核心竞争力上。利用外部资源毫无疑问将带来大量的交易成本,这就需要企业间建立长期的合作关系,协同运作,以减少成本。

(4)纵向一体化的压力。

纵向一体化增加了企业的投资负担。当企业发现一个新的市场机会时,企业必须自己筹集资金进行建设。而要进行扩建或改建,必然将延长企业响应市场的时间。同时,企业还要承担丧失市场机会的风险。"纵向一体化"还迫使企业去从事自己并不擅长的业务。这样的管理体制虽然不适应瞬息万变的市场需求。在这样的外部压力下,企业寻求彼此间的合作,以整合各自的核心竞争力,供应链管理思想便应运而生。

二、供应链管理与物流管理

供应链是物流、信息流和资金流的统一。物流管理是供应链管理体系的一个重要组成部分,也是供应链管理的起源。供应链管理是在高层次上,提高物流过程的效益与效率。同时,供应链管理为物流管理带来新的理念和方法。

1. 供应链与物流之间的联系

物流是物质以物理形态在供应链中的流动,因此物流是供应链的载体、具体形态或表现形式,载体或表现形态不只是物流,还有信息流和资金流,只不过物流的有形流动更外在一些。现代物流由于现代科技进步和信息化的作用,使得物流的流速、流量、流向、流通规模、范围和效益等方面发生了质的变化,感觉上,物流更具体、更明显,实质上供应链及其管理的巨大效应恰恰由物流这种外在表现而体现出来,使供应链的构成具有了现代意义,在经济社会中体现出十分重大的影响。

没有供应链的生产环节就没有物流,生产是物流的前提与条件。反过来,没有物流,供应链中生产的产品的使用价值就不能得以实现。物流强调的是过程,物流活动及其管理的控制作用是由供应链中的信息流来完成的,信息使高效率供应链和物流活动成为可能。

2. 供应链管理与物流管理间的联系

人们最初提出"供应链管理"一词,是用来强调物流管理过程中,在减少企业内部库存的同时也应考虑减少企业之间的库存。随着供应链管理思想越来越受到欢迎和重视,其视野早已拓宽,不仅仅着眼于降低库存,其管理触角也伸展到企业内外的各个环节、各个角落。从某些场合下人们对供应链管理的描述来看,它类似于穿越不同组织界限的、一体化的物流管理。实质上,供应链管理战略的成功实施必然以成功的企业内物流管理为基础。能够真正认识并率先提出供应链管理概念的正是一些具有丰富物流管理经验和先进物流管理水平的世界级顶尖企业,这些企业在研究企业发展战略的过程中发现,面临日益激化的市场竞争,仅靠一个企业和一种产品的力量,已不足以占据优势,企业必须与它的原料供应商、产品分销商、第三方物流服务商等结成持久、紧密的联盟,共同建设高效率低成本的供应链,才可以从容应对市场竞争,并取得最终胜利。

3. 物流管理在供应链管理中的作用

从传统的观点看,物流部门对制造企业的生产起一种支持作用,被视为辅助的功能部门。但是,由于现代企业的生产方式的转变,即从大批量生产转向精细的准时化生产,这时的物流,包括采购与供应,都需要跟着转变运作方式,实行准时供应和准时采购等。另一方面,顾客需求的瞬时化,要求企业能以最快的速度把产品送达用户的手中,以提高企业的快速响应的市场的能力。所有的这一切,都要求企业的物流系统具有和制造系统协调运作的能力,以提高供应链的敏捷性和适应性。因此,物流管理不再是传统的保证生产过程连续性的问题,而是要在供应链管理中发挥重要作用,即:①创造用户价值,降低用户成本;②协调制造活动,提高企业的敏捷性;③提供用户服务,塑造企业形象;④提供信息反馈,协调供需矛盾。

要实现以上4个目标,物流系统应做到准时交货、提高交货可靠性、增强响应性、降低库存费用等。现代市场环境的变化,要求企业加速资金周转,快速传递与反馈市场信息,不断沟通生产与消费的联系,提供低成本的优质产品,生产出满足顾客需求的个性化的产品,提高用户满意度。因此,只有建立敏捷而高效的供应链物流系统才能达到提高企业竞争力的要求。先进的供应链将成为21世纪企业的核心竞争力,而物流管理又将成为供应链管理的核心。

4. 供应链管理环境下物流管理的特点

供应链管理条件下物流环境的改变,使新的物流管理和传统的物流管理相比有许多不同的特点。这些特点反映了供应链管理思想的要求和企业竞争的新策略。

首先我们来考察一下传统的物流管理的情况。在传统的物流系统中,需求信息和反馈信息(供应信息)都是逐级传递的,因此上级供应商不能及时地掌握市场信息,对市场的信息反馈速度比较慢,从而导致需求信息的扭曲。

另外,传统的物流系统没有从整体角度进行物流规划,常常导致一方面库存不断增加,另一方面当需求出现时又无法满足。这样,企业就会因为物流系统管理不善而丧失市场机会。

简言之,传统物流管理的主要特点表现在以下几方面:

①纵向一体化的物流系统。
②不稳定的供需关系,缺乏合作。
③资源的利用率低,没有充分利用企业的有用资源。
④信息的利用率低,没有共享有关的需求资源,需求信息扭曲现象严重。

供应链管理环境的物流系统和传统的纵向一体化的物流模型相比,信息流量大大增加,需求信息和反馈信息不是逐级传递,而是网络式传递,企业通过EDI、Internet可以很快掌握供应链上不同环节的供求信息和市场信息。

共享信息的增加对供应链管理是非常重要的。由于可以做到信息共享,供应链上任何节点的企业都能及时地掌握市场的需求信息和整个供应链的运行情况,每个环节的物流信息都能透明地与其他环节进行交流与共享,从而避免了需求信息的失真现象。

对物流网络规划能力的增强,也反映了供应链管理环境下的物流特征。它充分利用第三方物流系统、代理运输等多种形式的运输和交货手段,降低了库存的压力。

作业流程的快速重组能力极大地提高了物流系统的敏捷性。通过消除了不增加价值的过程和时间,使供应链的物流系统进一步降低成本,为实现供应链的敏捷化、精细化运作提供了基础性保障。

对信息跟踪能力的提高,使供应链物流过程更加透明化,也为实时控制物流过程提供了条件。在传统的物流系统中,许多企业有能力跟踪企业内部的物流过程,但没有能力跟踪企业之外的物流过程,这是因为缺乏共享的信息系统和信息反馈机制。

合作性与协调性是供应链管理的一个重要特点,但如果没有物流系统的无缝连接,运输的货物逾期未到,顾客的需要不能得到及时满足,采购的物资常常在途受阻,供应链的合作性都将大打折扣。因此,无缝连接的供应链物流系统是使供应链获得协调运作的前提条件。

灵活多样的物流服务,提高了用户的满意度。通过制造商和运输部门的实时信息交换,及时地把用户关于运输、包装和装卸方面的要求反映给相关部门,提高了供应链管理系统对用户个性化需求的响应能力。

归纳起来,供应链环境下的物流管理的特点可以用如下几个术语做简要概括:信息—共享;过程—同步;合作—互利;交货—准时;反应—敏捷;服务—满意。

5. 供应链环境下物流管理面临的主要问题

在供应链环境下的物流管理和传统企业的物流管理的意义和方法不同。由于企业的经营思想的转变,为保证供应链的企业之间运作的同步化、并行化,实现快速响应市场的能力,供应链环境下的物流系统管理将面临一系列的转变和以下5个方面的问题。

(1)实现快速准时交货的措施问题。
(2)低成本准时的物资采购供应策略问题。
(3)物流信息的准确输送,信息反馈与共享问题。
(4)物流系统的敏捷性和灵活性问题。
(5)供需协调实现无缝供应链连接问题。

第二节 供应链管理的内容与设计

一、供应链管理的内容

供应链管理涉及4个主要领域,包括供应(Supply)、生产计划(Schedule Plan)、物流(Logistics)和需求(Demand)。如图10.1所示,供应链管理是以同步化、集成化特征的生产计划为指导,以各种技术为支持,尤其以Internet/Intranet为依托,围绕供应、生产作业、物流(主要指制造过程)、满足需求来实施的。供应链管理的目标在于提高用户服务水平和降低总的交易成本,并且寻求两个目标之间的平衡(这两个目标往往有冲突)。

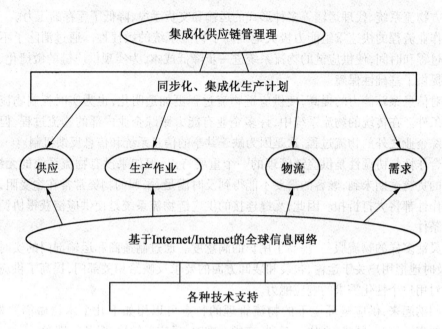

图 10.1　供应链管理领域

在以上 4 个领域的基础上，可以将供应链管理细分为职能领域和辅助领域。职能领域主要包括产品工程、产品技术保证、采购、生产控制、库存控制、仓储管理、分销管理；而辅助领域主要包括客户服务、制造、设计工程、会计核算、人力资源、市场营销。

由此可见，供应链管理关心的并不仅仅是物料实体在供应链中的流动。除了企业内部与企业之间的运输和实物分销活动以外，供应链管理还包括以下主要内容。

1. 战略性合作伙伴关系管理

建立战略性合作伙伴关系是供应链战略管理的重点，也是供应链管理的核心。供应链管理的关键就在于供应链各节点企业间的联结与合作。以及相互之间在设计、生产、竞争策略等方面良好的协调。当企业以动态联盟的形式加入供应链时，即展开了战略合作的过程，企业之间通过协商机制谋求双赢的目标。

供应链管理研究和实践表明，增加供应链节点企业间的联系与合作，提高信息共享程度，用覆盖整个供应链的决策系统代替缺乏柔性和集成度差的决策体系，使整个供应链各个环节能够清楚地观察物流、资金流、信息流和工作流，以便更好地协调，降低供应链成本，降低各个环节的延长时间，消除信息扭曲的放大效应，是实施供应链管理的关键。

战略性合作伙伴关系管理的具体内容包括：
(1) 合作伙伴的评价选择（是供应链合作伙伴关系运行的基础）。
(2) 合作伙伴间信任机制的建立。
(3) 供应链企业间的合作对策及委托实现机制。
(4) 战略伙伴关系企业间质量保证体系的建设。
(5) 战略伙伴关系企业间的技术扩散与服务协作关系管理。

(6)合作过程中交易成本的管理。

2. 供应链产品需求预测与计划

供应链是一个跨越多企业、多厂家、多部门的网络化组织,一个有效的供应链企业计划必须保证企业能够快速响应市场需求。供应链需求计划在整个供应链系统中处于核心位置,是连接企业内部制造系统与外部市场供销的枢纽,是供应链管理中最关键的要素之一。有效的供应链计划系统集成企业所有的计划和决策业务,包括需求预测、库存计划、资源配置、设备管理、渠道优化、生产作业计划、物料需求与采购计划等。

供应链计划系统包括需求预测和补货。客户需求引发订单沿着供应链传递直至原材料供应商,然后导致产品沿着供应链反向流回到零售商那里。制造业根据需求信息制订生产计划并进行原材料采购,只有当整个供应链以客户的购买为动力时,才能消除商品在流通中产生的库存。在此,计划系统需要有效地收集客户需求信息,适应需求变动,并且使需求信息服务于包括安全库存、库存周转和补货频率在内的库存投资。

供应链产品需求预测和计划的具体内容包括:

(1)定义供应链,选择供应链计划的方法与工具。

(2)规划供应链,包括供应链的承诺能力、多组织物流计划、分销需求计划、集中与分散规划和缩短周期时间。

(3)制订具体实施计划,包括需求和预测管理、主生产时间表、混合式制造支持、减少库存投资、联机交互规划、图形化供应链需求反查功能、项目制造支持等。

供应链计划发出指令,整个供应链按照它的指令运行。它优化整个供应链,设计从原材料资源获取直到产成品交货及发送到最终顾客的全过程。

3. 供应链设计

为了提高供应链管理的绩效,除了必须有一个高效的运行机制外,建立一个高效精简的供应链及其管理系统也是极为重要的。供应链管理系统设计要解决的主要问题就是怎样将制造商、供应商和分销商有机地集成起来,使之成为相互关联的整体。因而供应链管理系统设计是构造企业系统的一个重要方面。

供应链设计内容具体包括:

(1)全球节点企业、资源、设备等的评价、选择和定位。

(2)供应链各节点企业的关系。

(3)供应链整体结构设计。

(4)供应链对外部环境的适应性设计。

(5)供应链内企业部门的动态性规划。

(6)节点企业业务流程重构。

4. 物料供应与需求管理

物料供应与需求管理是供应链企业之间在生产合作方面的具体实施者,是在制造商与供应商之间架起的一座桥梁,它沟通生产需求与物料之间的联系。站在制造的角度上看,是保证生产物流和客户订单交货期的关键环节。为了使供应链系统能够实现无缝连接,并提高供应链企业的同步化运作效率,就必须加强对物料供应与需求的管理。

物料供应与需求管理的具体内容包括:

(1)需求的确定或重新估计。
(2)定义和评估用户需求。
(3)自制与外购决策。
(4)确定采购的类型,包括直接按过去采购、修正采购和全新采购。
(5)进行市场分析。
(6)确定所有可能的供应商,并对所有可能的资源进行初步评估。
(7)供应商的选择。
(8)服务质量评估。

5. 客户服务管理

供应链管理的产生就是为了应对当今社会高新技术迅猛发展、市场竞争日益激烈、产品寿命周期缩短、产品结构越来越复杂、用户需求的不确定性和个性化增加的复杂环境,因此供应链管理必须以客户服务为导向。

为了提高客户满意度,企业应当将潜在客户和现有客户作为管理的中心,将企业的运营围绕着客户来进行,企业必须要完整地掌握客户信息,准确把握客户需求,快速响应个性化需求,提供便捷的购买渠道、良好的售后服务与经常性的客户关怀等。

6. 库存与运输管理

供应链管理环境下的库存控制问题是供应链管理的重要内容之一。供应链中的库存功能,是通过维持一定量的库存来克服市场需求的变化和风险带给供应链的影响。供应链的库存管理不是简单的需求预测与补给,而是要通过库存管理获得用户服务于利润的优化。其主要内容:包括采用先进的商业建模技术来评价库存策略、提前期和运输变化的准确效果;决定经济订货量时考虑供应链企业各方面的影响;在充分了解库存状态的前提下确定适当的服务水平。

运输是把供应链中的库存从一点移到另一点。运输可以采取多种模式和途径的组合形式,每一种形式都有自己的性能特点。运输的一个基本决策就是要在运送指定产品的成本和速度之间做出选择。运输管理对供应链来讲是十分重要的,这种关键作用体现在对供应链成本、响应速度一致性的影响上。运输的功能是通过供应链物理链路——物流网络,借助于运输工具把产品、物料高速送到客户手中,如果供应链物理链路出现中断,那么整个供应链系统将会发生瘫痪,根本无法运作。因此,保证供应链物理链路运输状况良好是供应链运作的关键。

7. 供应链的绩效评价与激励

供应链的绩效评价与激励是供应链管理中的一项综合性活动,涉及供应链各个方面。供应链绩效评价的目的主要有两个:一是判断各方案是否达到了各项预定的性能指标,能否在满足各种内外约束条件下实现系统的预定目标;二是按照预定的评价指标体系评出参评方案的优劣,做好决策支持,为进行最优决策、选择系统实施方案服务。供应链激励的目标主要是通过某些激励手段,调动委托人和代理人的积极性,兼顾合作双方的共同利益,消除由于信息不对称和败德行为带来的风险,使供应链的运作更加顺畅,实现供应链企业共赢的目标。

通过建立供应链绩效评价与激励机制,围绕供应链管理的目标对整个供应链整体、各环节运营状况及各环节之间的营运关系等进行事前、事中和事后的分析评价。如果供应链绩效评价与激励机制设置不当,那么会造成系统无法正确判断供应链运行状况,以及不利于各成员合作关系的协调。

8. 供应链信息流管理

信息流是供应链计划发出的指令和其他关键要素相互之间传递的数据流,包含了整个供应链中有关库存、运输、绩效评价与激励、风险防范、合作关系、设施和顾客的所有数据和分析。信息流的管理为供应链企业实现响应更快、效率更高提供了保证。

供应链管理注重对总的物流成本与用户服务水平之间的权衡,为此要把供应链各个职能部门有机地结合在一起,从而最大限度地发挥出供应链整体的力量,达到供应链企业群体获益的目的。

二、供应链管理的设计

1. 供应链设计的原则

供应链的设计应遵循一些基本的原则,以保证供应链的设计和重建能满足供应链管理思想得以实施和贯彻。

(1) 自顶向下和自底向上相结合的设计原则。

自顶向下是系统分解的过程,而自底而上则是一种集成的过程。在设计一个供应链系统时,往往是先由主管高层做出战略规划与决策,规划与决策的依据来自市场需求和企业发展规划,然后由下层部门实施决策,供应链的设计是自顶向下和自底向上的综合。

(2) 简洁性原则。

为了使供应链具有灵活性和快速响应市场的能力,供应链的每个节点都应是简捷的、具有活力的、能实现业务流程的快速组合。比如,供应商的选择就应以少而精的原则,通过和少数的供应商建立战略伙伴关系,有利于减少采购成本,推动实施即时采购和准时生产。

(3) 集优原则。

供应链的各个节点的选择应遵循强强联合、优势互补、取长补短的原则,达到实现资源外用的目的。每个企业只集中精力致力于各自核心业务,能够实现供应链业务的快速重组。

(4) 协调性原则。

建立战略伙伴关系的合作企业关系是实现供应链最佳效能的保证,只有和谐而协调的系统才能发挥最佳的效能。

(5) 动态性原则。

由于供应链不确定性的存在,导致需求信息的扭曲。因此,要预见各种不确定因素对供应链运作的影响,及时调整以减少信息传递过程中的信息延迟和失真。降低安全库存总是和服务水平的提高相矛盾。增加透明性,减少不必要的中间环节,提高预测的精度和时效性对减低不确定性的影响都是极为重要的。

(6) 创新性原则。

创新就要敢于打破各种陈旧的思维框框,用新的角度、新的视野审视原有的管理模式和体系,进行大胆的创新设计。不过要注意,首先创新必须在企业总体目标和战略的指导下进行,并与战略目标保持一致;其次创新要从市场需求的角度出发,综合运用企业的能力和优势;再次要发挥企业各类人员的创造性,集思广益,并与其他企业共同协作,发挥供应链整体优势;最后是建立科学的供应链和项目评价体系及组织管理系统,进行技术经济分析和可行性论证。

(7)战略性原则。

供应链设计的战略性原则除了减少供应链不确定性以外,还在于供应链发展的长远规划和预见性,供应链的系统结构发展应和企业的战略规划保持一致,并在企业战略指导下进行。

2. 供应链设计步骤

当企业管理层在考虑引进新产品时,或者当现有供应链达不到绩效目标时,管理层必须参与供应链的设计过程。供应链设计过程包含以下步骤:

(1)建立供应链目标。
(2)制订一个供应链策略。
(3)决定供应链结构的候选方案。
(4)评价供应链结构的候选方案。
(5)选择供应链结构。
(6)决定单个供应链成员的候选企业。
(7)评价并选择单个供应链成员。
(8)衡量和评价供应链的绩效。
(9)当绩效目标未达到或存在新的具有吸引力的选择时,评价供应链的候选方案。

3. 基于产品的供应链设计的步骤

基于产品的供应链设计步骤模型如图10.2所示。

(1)分析市场竞争环境。

分析市场竞争环境目的在于找到针对哪些产品的市场开发才能使供应链有效。为此,必须知道现在的产品需求是什么,产品的类型和特征是什么。分析市场特征的过程要向卖主、用户和竞争者进行调查,提出诸如"用户想要什么?""他们在市场中的分量有多大?"之类的问题,以确认用户的需求和因卖主、用户、竞争者产生的压力。这一步骤的输出是基于对每一种产品的按重量排列的市场特征的基础之上,同时对于市场的不确定性要有分析和评价。

(2)总结、分析企业现状。

总结、分析企业现状主要分析企业供需管理的现状(如果企业已经有供应链管理,则分析供应链的现状),这一个步骤的目的不在于评价供应链设计策略的重要性和合适性,而是着重于研究供应链开发的方向,分析、找到、总结企业存在的问题及影响供应链设计的阻力等因素。

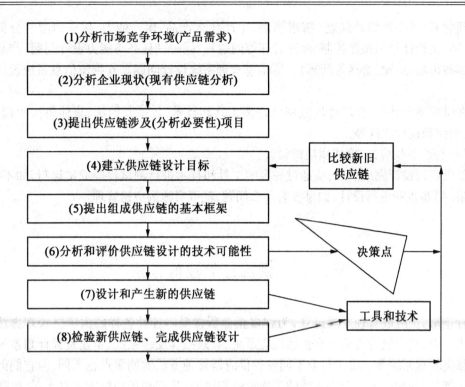

图 10.2 供应链设计步骤

(3) 提出供应链设计项目。

针对存在的问题提出供应链设计项目,分析其必要性。

(4) 提出供应链设计的目标。

基于产品的供应链设计策略提出供应链设计的目标,注意主要目标在于获得用户服务水平和低库存投资、低单位成本两个目标之间的平衡(这两个目标往往有冲突),同时还包括以下目标:①进入新市场;②开发新产品;③开发新分销渠道;④改善售后服务水平;⑤提高用户满意程度;⑥降低成本;⑦通过降低库存提高工作效率等。

(5) 提出组成供应链的基本框架。

分析供应链的组成,提出组成供应链的基本框架。供应链中的成员组成分析主要包括制造工厂、设备、工艺和供应商、制造商、分销商、零售商及用户的选择及其定位,以及确定选择与评价的标准。

(6) 分析和评价供应链设计的技术可能性。

这不仅仅是某种策略或改善技术的推荐清单,也是开发和实现供应链管理的第一步,在可行性分析的基础上,要结合本企业的实际情况为开发供应链提出技术选择建议和支持。这也是一个决策的过程,如果认为方案可行,就可进行下面的设计;如果不行,就要进行更新设计。

(7) 设计和产生新的供应链。

这一步骤主要解决以下问题:①供应链的成员组成问题(供应商、设备、工厂、分销中心的选择与定位、计划与控制的问题)。②原材料的来源问题(包括供应商、流量、价格运输等问题)。③生产设计问题(需求预测、生产什么产品、生产能力、供应给哪些分销中心、价格、生产计划和跟踪控制、库存管理等问题)。④分销任务与能力设计问题(产品服务于哪些市场、运输、价格等问题)。⑤信息管理系统设计问题。⑥物流信息系统设计等问题。

在供应链设计中,会广泛地应用到许多工具和技术,包括归纳法、集体解决问题、流程图、模拟和设计软件等。

(8)检验新供应链,完成供应链设计。

新供应链设计完成以后,应通过一定的工具和技术进行测试检验或试运行,如不行,返回第(4)步重新进行设计;如果没有什么问题,就可实施供应链管理。

第三节 供应链管理的方法

近年来,供应链管理发展迅猛,为许多企业所接受。各种各样的供应链管理方法更是层出不穷,其中较为典型的有快速反应系统、有效顾客反应系统、企业资源计划系统和商品品类管理系统等。由于行业不同各种供应链管理方法的侧重点也不同,但它们的实施目标都是相同的,即减少供应链的不确定性和风险,从而积极地影响库存水平、生产周期和生产过程,并最终影响对顾客的服务水平。其核心内容是系统优化,常用的供应链管理方法主要有以下几种。

一、快速反应系统(Quick Response,QR)

1. 快速反应系统产生的背景与定义

20世纪六七十年代,美国的杂货行业面临着国外进口商品的激烈竞争。80年代早期,美国国产的鞋、玩具以及家用电器的市场占有率下降到20%,而国外进口的服装占据了美国市场的40%。面对与国外商品的激烈竞争,纺织与服装行业在70年代和80年代采取的主要对策是在寻找法律保护。1984年,美国服装、纺织以及化纤行业的先驱们成立了"用国货为荣委员会"(Crafted with Pride in USA Council),该委员会的任务是为购买美国生产的纺织品和服装的消费者提供更大的利益。1985~1986年,Kurt Salmon协会进行了供应链分析,结果发现,尽管系统的各个部分具有高运作效率,但整个系统的效率却十分低。于是纤维、纺织、服装以及零售业开始寻找那些在供应链上导致高成本的活动。结果发现,供应链的长度是影响其高效运作的主要因素。

这项研究导致了快速反应策略的应用和发展。这里需要指出的是,虽然应用QR的初衷是为了对抗进口商品,但是实际上并没有出现这样的结果。相反,QR随着竞争的全球化和企业经营的全球化,QR系统管理迅速在各国企业界扩展。现在,QR方法成为零售商实现竞争优势的工具。同时随着零售商和供应商结成战略联盟,竞争方式也从与企业间的竞争转变为战略联盟与战略联盟之间的竞争。

《物流术语》(GB/T 18354—2006)给QR下了定义:QR是快速反应供应链成员企业

之间建立战略合作伙伴关系,利用 EDI 等信息技术进行信息交换与信息共享,用高频率小批量配送方式补货,以实现缩短交货周期,减少库存,提高顾客服务水平和企业竞争力为目的的一种供应链管理策略。

2. 成功实施 QR 的条件

成功实施 QR 必须具备以下 5 个条件:

(1)改变传统的经营方式、企业经营意识和组织结构。

改变传统的经营方式和革新企业经营意识与组织结构主要表现在以下 5 个方面:一是企业不能局限于依靠本企业独自的力量来提高经营效率的传统经营意识。要树立通过与供应链各方建立合作伙伴关系,努力利用各方资源来提高经营效率的现代经营意识。二是零售商在垂直型 QR 系统中起主导作用,零售店铺是垂直型 QR 系统的起始点。三是在垂直型 QR 系统内部,通过 POS 数据等销售信息和成本信息的相互公开和交换,来提高各个企业的经营效率。四是明确垂直型 QR 系统内部各个企业之间的分工协作范围和形式,消除重复作业,建立有效的分工协作框架。五是必须改变传统的作业方式,通过利用信息技术实现无纸化和自动化。

(2)开发和应用现代信息处理技术。

这些信息技术有条码技术、电子订货系统(EOS)、POS 系统、EDI 技术、电子资金转账(EFT)、卖方管理库存(VMI)、连续补货(CRP)等。

首先对供应链上所有的物品进行单元条码化,零售商必须安装通用产品代码(UPC 码)、POS 扫描和 EDI 等技术设备,以支持加快收款、获取销售数据并保证信息沟通顺畅。

EDI 是在计算机间交换商业单证的标准数据格式,要求公司将自己的业务单证转换成行业标准格式后,传输到某个增值网(VAN),商业伙伴在 VAN 上接受单证,再将其从标准格式转化成自身的系统可识别的格式。利用 EDI 传输订单、存货、订单确认、发货通知、收货通知、发票等单证。

(3)与供应链各方建立战略伙伴关系。

其具体内容包括以下两个方面:一是积极寻找和发现战略合作伙伴;二是在合作伙伴之间建立分工和协作关系。合作的目标定位削减库存,避免缺货现象的发生,降低商品风险,避免大幅度降价现象发生,减少作业人员和简化事务性作业等。

(4)充分的信息共享。

将销售信息、库存信息、生产信息、成本信息等与合作伙伴交流共享,并在此基础上,要求各方在一起发现问题、分析问题和解决问题。

(5)供应方必须缩短生产周期,降低商品库存。

具体来说,供应方应努力做到:缩短生产周期;进行多品种少批量生产和多频度少数量配送,降低售商的库存水平,提高顾客服务水平;在商品实际需要将要发生时采用 JIT 方式组织生产,减少供应商自身的库存水平。

3. 实施 QR 的收益

(1)销售额的大幅度增加。

应用 QR 系统有以下作用:

①可以降低经营成本,从而能降低销售价格,增加销售。

②伴随着商品库存风险的减少,商品以低价位定价,增加销售。
③能避免缺货现象,从而避免销售的机会损失。
④确定畅销商品,能保证畅销商品的品种齐全,连续供应,增加销售。

(2)商品周转率的大幅度提高。

应用 QR 系统可以减少商品库存量,并保证畅销商品的正常库存量,加快商品周转。

(3)需求预测误差大幅度减少。

根据库存周期长短和预测误差的关系,如果在季节开始之前的 26 周进货(即基于预测提前 26 周进货),则需求预测误差(缺货或积压)达 40% 左右。如果在季节开始之前的 16 周进货,则需求预测误差为 20% 左右。如果在很靠近季节开始的时候进货,需求预测误差只有 10% 左右。应用 QR 系统可以及时获得销售信息,把握畅销商品和滞销商品,同时通过多频度小数量送货方式,实现实需型进货(零售店需要的时候才进货),这样可以使需求预测误差减少到 10% 左右。

二、有效客户反应(Efficient Customer Response,ECR)

1. ECR 产生的背景与意义

在 20 世纪 60 年代和 70 年代,美国日杂百货的竞争主要是在生产厂商之间展开。竞争的重心是品牌、商品、经销渠道和大量的广告和促销,在零售商和生产厂家的交易关系中,生产厂家占据支配地位。进入 20 世纪 80 年代特别是到了 90 年代以后,在零售商和生产厂家的交易关系中,零售商开始占据主导地位,竞争的重心转向流通中心、商家自有品牌、供应链效率和 POS 系统。在此期间,从零售商角度来看,随着新的零售业态如仓储商店、折扣店的大量涌现,使得他们能以相当低的价格销售商品,从而使日杂百货业的竞争更趋激烈。在这种情况下,许多传统超市业者开始寻找对应这种竞争方式的新管理方法。从生产厂家角度来看,由于日杂百货商品的技术含量不高,大量新商品被投入市场,使生产厂家之间的竞争趋同化。生产厂家为了获得销售渠道,通常采用直接或间接的降价方式作为向零售商促销的主要手段,这种方式往往会大量牺牲厂家自身的利益。所以,如果生产商能与供应链中的零售商结成紧密的联盟,将不仅有利于零售业的发展,同时也符合生产厂家自身的利益。另外,从消费者的角度来看,过度竞争往往会是企业在竞争时忽视消费者的需求(通常消费者要求的是商品的高质量、新鲜、服务好和在合理价格基础上的多种选择)。而是通过大量的诱导性广告和广泛的促销活动来吸引消费者转换品牌,同时通过提供大量非实质性变化的商品供消费者选择。

在上述背景下,美国食品市场营销协会(Food Marketing Institute,FMI)联合 COCA-COLA,P&C,Safeway Store 等 6 家企业与流通咨询企业 Kurt Salmon Associates 公司一起组成研究小组,对食品业的供应链进行调查和分析,于 1993 年 1 月提出了改进行业供应链管理的详细报告。在该报告中系地提出高效客户反应(ECR)的概念体系。经过美国食品市场营销协会的大力宣传,ECR 概念被零售商和制造商所接纳并被广泛地应用于实践。

《物流术语》(GB/T 18354—2006)将 ECR 定义为:有效客户反应(Efficient Customer Response,ECR)以满足顾客要求和最大限度降低物流过程费用为原则,能及时做出准确反应,使提供的物品供应或服务流程最佳化的一种供应链管理策略。

2. 实施 ECR 的原则

(1)以较低的成本,不断致力于向食品杂货供应链客户提供更优的产品、更高的质量、更优的分类、更好的库存服务以及更多的便利服务。

(2)ECR 必须由相关的商业人员带头启动。该商业带头人应决心通过代表共同利益的商业联盟取代旧式的贸易关系,从而达到获利的目的。

(3)必须利用准确、适时的信息以支持有效的市场、生产及后勤决策。这些信息将以 EDI 的方式在贸易伙伴间自由流动,它将影响以计算机信息为基础的系统信息的有效利用。

(4)产品必须随其不断增值的过程,从生产至包装,直至流动到最终客户的购物篮中,以确保客户随时能获得所需产品。

(5)必须建立共同遵循的成果评价体系。该体系注重整个系统的有效性(即通过降低成本与库存以及更好的资产利用,实现更优价值),清晰地标识出潜在的回报(即增加的总值和利润),促进回报的公平分享。

3. ECR 的四大要素

ECR 提出供应链的 4 个核心要素:有效的店铺空间安排(Efficient Assortment)、有效的商品补货(Efficient Replenishment)、有效的商品促销(Efficient Promotion)、有效的新产品导入(Efficient New Product Introduction)。

(1)有效的店铺空间安排。

实施这一战略,其目的是通过有效地利用店铺的空间和店内布局以达到最大限度地提高商品的获利能力。利用计算机化的管理系统,零售商可以提高货架的利用率。有效地进行商品分类要求店铺储存消费者需要的商品,把商品范围限制在高销售率的商品上,从而提高所有商品的销售业绩。

企业经常检测店内空间分配以确定产品的销售业绩。优秀的零售商至少每月检查一次商品的空间分配状况,甚至每周检查一次。这样能够使品种经理对新产品的导入、老产品的撤换、促销措施及季节性商品的摆放制订及时准确的决策。同时分析各种商品的投资回报率,有助于企业了解商品的销售趋势,据此可以使企业对商品的空间分配进行适当的调整,从而保证商品的销售,实现事先确定的投资收益水平。

(2)有效的商品补货。

该战略是通过努力降低系统的成本,从而降低商品售价。其目的是将正确的产品在正确的时间和正确的地点以正确的数量和最有效的方式送给消费者。有效补货的构成要素主要包括:

①POS 机扫描。

②店铺的电子售货系统。

③商品的价格和促销数据库。

④店铺商品预测。

⑤动态的计算机辅助订货系统。

⑥集成的采购订单管理。

⑦厂商订单履行系统。
⑧动态的配送系统。
⑨仓库电子收货。
⑩直接出货。
⑪自动化的会计系统。

通过EDI，以需求为导向的自动连续补货和计算机辅助订货等技术手段，使补货系统的时间和成本最优化，从而降低商品的售价。

(3) 有效的商品促销。

其主要内容是简化贸易关系，将经营重点从采购转移到销售。快速转型的消费品行业现在把更多的时间和金钱用于对促销活动的影响进行评价。消费者可以从这些新型的促销活动所带来的低成本中获利。促销活动一般有3种：广告、消费者促销和贸易促销。

近年来，促销费用的重点从广告(优惠券、货架上标明促销)转到贸易促销(远期购买、转移购买)。

(4) 有效的新产品导入。

无论对于哪一个行业，新产品的导入都是一项重要的创造价值的业务。它能够为消费者带来新的兴趣和快乐，为企业创造新的业务机会。特别是食品工业在这个方面表现得更加活跃。有效的产品导入包括让消费者和零售商尽早接触到这种产品。首要的策略就是零售商和厂商应为了双方的利益而密切合作。这个业务包括把新产品放在一些店铺内进行试销，然后再按照消费者的类型分析试销的结果。根据这个信息决定怎样处理这种新产品，处理方法包括：淘汰该产品、改进该产品、改进营销技术、采用不同的分销策略。

4. ECR的实施方法

要实施高效客户反应，首先，应联合整个供应链所涉及的供应商、分销商以及零售商，改善供应链中的业务流程，使其最合理有效；然后，以较低的成本，使这些业务流程自动化，以进一步降低供应链的成本和时间。具体来说，实施ECR需要将条码、扫描技术、POS系统和EDI集成起来，在供应链(由生产线直至付款柜台)之间建立一个无纸系统，以确保产品能不间断地由供应商流向最终客户，同时信息流能够在开放的供应链中循环流动。这样才能满足客户对产品和信息的需求，即给客户提供最优质的产品和适时准确的信息。

5. 实施ECR的效益

ECR战略的实施，可以减少多余的活动和节约相应的成本。

(1) 节约直接成本，即通过减少额外活动和费用直接降低成本。

(2) 节约财务成本，即间接的成本节约，主要是为了实现单位销售额。具体来说，节约的成本包括商品的成本、营销费用、销售和采购费用、管理费用和店铺的经营费用等。根据欧洲供应链管理委员会的调查报告，接受调查的392家公司，其中制造商实施ECR后，预期销售额增加5.3%，制造费用减少2.3%，销售费用减少1.1%，货仓费用减少1.3%，总盈利增加5.5%。而批发商及零售商也有相似的获利，销售额增加5.4%，毛利增加3.4%，由于在流通环节中缩减了不必要的成本，零售商和批发商之间的价格差异也随之降低,这些节约了的成本最终将使消费者受益,各贸易商也将在激烈的市场竞争中赢得一定的市场份额。

ECR 的导入可能会导致营业额下降。所谓营业利润指去掉所有的经营费用后的净收益,它主要是用来支付税收、利息、红利,剩下的钱用于继续发展留存盈余。尽管营业利润下降了,但实际上制造商和零售商并没有损失,这是因为随着固定资产和流动资金(存货)的降低,投资效益率增加了。

三、其他供应链管理方法

(1) 准时制生产(JIT)和全面质量管理(TQC)。

JIT(Just In Time)即及时服务,又称及时制。它的目标之一是减少甚至消除从原材料的投入到产成品的产出全过程中的存货,建立起平滑而更有效的生产流程。JIT 已在日本、美国等发达国家得到了广泛应用,被视为那些具有世界领先地位的企业成功的关键。实施 JIT 过程中采用的方法主要是拉动作业,只有下道工序有需求时才开始按需求量生产,不考虑安全库存,采购也是小批量的。TQC 和 JIT 在管理思想上是紧密关联的,JIT 实施的前提就是同时要推行 TQC。TQC 把下道工序视为上道工序的客户,客户满意才是真正的质量标准。这样就把产品的质量与市场关联起来,变事后验为事前、事中控制。

(2) 精益生产(LP)和敏捷制造(AM)。

精益生产是日本丰田汽车公司 JIT(准时制生产)的延续,它以产、供、销三方紧密协作的一种相对固定的关系为实施背景,是供应链上最基本、最简单的设置。敏捷制造是企业为了更有效、合理地利用外部资源,根据市场需求个性化的发展趋势,把供应及协作组织看成是虚拟企业的一部分而形成的一次性或短期的供应链关系。在 AM 里通常还用到并行工程的思想,以便加快新产品的上市。

(3) 企业资源计划(ERP)。

ERP 是由 MRPⅡ(制造资源计划)发展而来的。ERP 是一种基于企业内部供应链的管理思想,它把企业的内部业务流程看作一个紧密连接的供应链,并将企业划分成几个相互协同作业的支持子系统,如财务、市场营销、生产制造等,可对企业内部供应链上的所有环节,如订单、采购、库存、生产制造、质量控制、运输、分销、人力资源等,进行有效的管理。

第四节　供应链绩效评价

一、供应链绩效评价原则

1. 供应链绩效评价应遵循的原则

随着供应链管理理论的不断发展和供应链实践的不断深入,为了科学客观地反映供应链的运营情况,应该考虑建立与之相适应的供应链绩效评价方法,并确定相应的绩效评价指标体系。在实际操作中,为了建立能有效评价供应链绩效的指标体系,应遵循以下原则:

(1)应突出重点,对关键绩效指标进行重点分析。

(2)应采用能反映供应链业务流程的绩效指标体系。

(3)评价指标要能反映整个供应链的运营情况,而不是仅仅反映单个节点企业的运营情况。

(4)应尽可能采用实时分析与评价的方法,把绩效度量范围扩大到能反映供应链实时运营的信息上去,因为这要比仅做事后分析有价值得多。

(5)在衡量供应链绩效时,要采用能反映供应商、制造商及用户之间关系的绩效评价指标,把评价的对象扩大到供应链上的相关企业。

2. 供应链评价指标的作用

为了能评价供应链的实施给企业群体带来的效益,方法之一就是对供应链的运行状况进行必要的度量,并根据度量结果对供应链的运营绩效进行评价。因此,供应链绩效评价主要有以下4个方面的作用:

(1)对整个供应链的运行效果做出评价。主要考虑供应链与供应链之间的竞争,为供应链在市场中的存在(生存)组建运营和撤销的决策提供必要的客观依据。目的是通过绩效评价而获得对整个供应链运营状况的了解,找出供应链运作方面的不足,及时采取措施予以纠正。

(2)对供应链上各个成员企业做出评价。主要考虑供应链对其成员企业的激励,吸引企业加盟,剔除不良企业。

(3)对供应链内企业与企业之间的合作关系做出评价。主要考虑供应链的上游企业(如供应商)对下游企业(如制造商)提供的产品和服务的质量,从用户满意度的角度评价上、下游企业之间的合作伙伴关系的好坏。

(4)除对供应链企业运作绩效的评价外,这些指标还可起到对企业的激励作用,包括核心企业的激励,也包括供应商、制造商和销售商之间的相互激励。

二、供应链绩效评价指标体系

1. 反映整个供应链业务流程的绩效评价指标

整个供应链是指从最初供应商开始直至最终用户为止的整条供应链。反映整个供应链运营的绩效评价指标有以下几种:

(1)产销率指标。

产销率是指在一定时间内已销售出去的产品与已生产的产品数量的比值。产销率指标又可分成以下具体的指标:

①供应链节点企业的产销率。该指标反映供应链节点企业在一定时间内的产销经营状况。

②供应链核心企业的产销率。该指标反映供应链核心企业在一定时间内的产销经营状况。

③供应链产销率。该指标反映供应链在一定时间内的产销经营状况,其时间单位可以是年、月、日。随着供应链管理水平的提高,时间单位可以越来越小,甚至可以以天为单位。该指标也反映供应链资源(包括人、财、物、信息等)的有效利用程度,产销率越接

近"1",说明资源利用程度越高。同时,供应链成品库存量越小。

(2)平均产销绝对偏差指标。

该指标反映在一定时间内供应链总体库存水平,其值越大,说明供应链成品库存量越大,库存费用越高;反之,说明供应链成品库存量越小,库存费用越低。

(3)产需率指标。

产需率是指在一定时间内,节点企业以生产的产品数量与其上层节点企业(或用户)对该产品的需求量的比值。具体分为以下两个指标:

①供应链节点企业产需率。该指标反映上、下层节点企业之间的供需关系。产需率越接近"1",说明上、下层节点企业之间的供需关系越协调,准时交货率越高;反之,则说明下层节点企业准时交货率低,或者企业的综合管理水平较低。

②供应链核心企业产需率。该指标反映供应链整体生产能力和快速响应市场能力。若该指标数值大于或等于"1",说明供应链整体生产能力较强,能快速响应市场需求,具有较强的市场竞争能力;若该指标数值小于"1",则说明供应链生产能力不足,不能快速响应市场需求。

(4)供应链总运营成本指标。

供应链总运营成本包括供应链通信成本、供应链库存费用及各节点企业外部运输总费用。

(5)供应链核心企业产品成本指标。

供应链核心企业的产品成本是供应商管理水平的综合体现。

(6)供应链产品质量指标。

供应链产品质量是指供应链各节点企业(包括核心企业)生产的产品或零部件的质量,主要包括合格率、废品率、退货率、破损率、破损物价值等指标。

2.反映供应链上、下节点企业之间关系绩效的评价指标

满意度指标包括以下几个方面:

(1)准时交货率。

准时交货率是指下层供应商在一定时间内准时交货的次数占其总交货次数的百分比。供应商准时交货率低,说明其协作配套的生产能力达不到要求,或者是对生产过程的组织管理跟不上供应链运行的要求;供应商准时交货率高,说明其生产能力强,生产管理水平高。

(2)成本利润率。

成本利润率是指单位产品净利润占单位产品总成本的百分比。在市场经济条件下,产品价格是由市场决定的,因此,在市场供需关系基本平衡的情况下,供应商生产的产品价格可以看成是一个不变的量。按成本加定价的基本思想,产品价格等于成本加利润,因此产品成本利润率越高,说明供应商的盈利能力越强,企业的综合管理水平越高。

(3)产品质量合格率。

产品质量合格率是指质量合格的产品数量占总产量的百分比,它反映了供应商提供货物的质量水平。质量不合格的产品数量越多,则产品质量合格率越低,说明供应商提供产品的质量不稳定或质量差,供应商必须承担对不合格的产品进行返修或报废的损

失,这样就增加了供应商的总成本,降低了其成本利润率。因此,产品质量合格率指标与产品成本利润率指标密切相关。

供应链最后一层为最终用户层,最终用户对供应链产品的满意度指标是供应链绩效评价的一个最终标准。

3. 反映内部、外部、综合3个方面的评价指标

供应链的绩效评价一般从3个方面考虑:一是内部绩效度量;二是外部绩效度量;三是供应链综合绩效度量。

(1)内部绩效度量。

内部绩效度量主要是对供应链上的企业内部绩效进行评价。常见的指标有成本、客户服务、管理、质量等。

(2)外部绩效度量。

外部绩效度量主要是对供应链上的企业之间运行状况的评价。外部绩效度量的主要指标有用户满意度、最佳实施基准等。

(3)供应链综合绩效度量。

21世纪的物流竞争是供应链与供应链之间的竞争,这就引起人们对供应链总体绩效和效率的日益重视,要求提供能从总体上观察和透视供应链运作绩效的度量方法。这种透视方法必须是可以比较的。如果缺乏整体的绩效衡量,就可能出现制造商对用户服务的看法和决策与零售商的想法完全背道而驰的现象。供应链综合绩效的度量主要从用户满意度、时间、成本、资产等几个方面展开。

除一般性统计指标外,供应商的绩效还辅以一些综合性的指标,如供应链生产效率来度量,也可由某些由定性指标组成的评价体系来反映,如用户满意度、企业核心竞争力、核心能力等。

4. 供应链运作参考模式

供应链运作参考模式(Supply Chain Operation Reference Model ,SCOR)的绩效标准是由国际供应链委员会(Supply Chain Council International ,SCCI)所制定的。SCOR采用流程参考模式,包括分析公司目标和流程现状,使作业绩效量化,把其与目标瞄准数据相比。SCOR将组织最高层次的4个基本商业流程(计划、获取资源、制造、交付)逐层分解下去,一直到包含了成百个作业的第五个层次为止。一旦某个公司的数据被计算出来,它们将与行业中的最高水平和平均水平相比较。这可以帮助公司确定其优势以及寻找改善供应链的契机。表10.1列出了SOCR用于评估供应链绩效的一些衡量项目。

表10.1 SCOR第一水平的衡量

类别	衡量项目	衡量单位
供应链可靠性	按时交货	百分比
	订单完成提前期	天数
	完成率	百分比
	完好的订单履行	百分比

续表 10.1

类别	衡量项目	衡量单位
柔性和反应力	供应链的反应时间长度	天数
	上游生产柔性	天数
费用	供应链管理成本	百分比
	保证成本占收益的百分比	百分比
	每个员工增加的价值	现金
资产/利用	供应库存总天数	天数
	现金周转时间	天数
	净资产周转次数	次数

总之,绩效度量只是一种手段,目的是通过对企业绩效的衡量发现问题、解决问题,并借以激励各个企业。

本章小结

1. 供应链由所有加盟的节点企业组成,其中一般有一个核心企业(可以是产品制造企业,也可以是大型零售企业),节点企业在需求信息的驱动下,通过供应链的职能分工与合作(生产、分销、零售等),以资金流、物流或/和服务流为媒介实现整个供应链的不断增值。

2. 供应链管理主要涉及4个主要领域:供应、生产作业、物流和需求。

3. 物流是供应链管理的重要组成部分,在供应链管理中起重要作用。在供应链环境下,物流业得到扩展;信息量大大增加,透明度提高;物流网络规划能力增强,物流作业精细化程度提高;物流作业体现出高度协调性。

4. 供应链管理模式的特点是:以客户价值为导向的"需求动力"模式;以供应链各环节的信息集成与共享为条件;市场竞争不再被单纯地看作是企业与企业之间的竞争,而是供应链与供应链之间的竞争。

【案例分析】

沃尔玛的供应链管理

案例背景:

一、沃尔玛简介

沃尔玛由美国零售业的传奇人物山姆·沃尔顿于1962年在阿肯色州成立,经过几十年的发展,沃尔玛已经成为美国最大的私人雇主和世界上最大的连锁零售商。沃尔玛在全球开设了超过7 800家商场,员工总数200多万人,分布在全球16个国家及地区。

沃尔玛1996年进入中国,在深圳开设了第一家沃尔玛购物广场和山姆会员店,沃尔玛全球采购中心总部于2002年在深圳设立。经过十多年的发展,沃尔玛已经在全国90

多个城市开设了超过180家商场，包括沃尔玛购物广场、山姆会员商店、沃尔玛社区店3种业态。

与在世界其他地方一样，沃尔玛在中国始终坚持公司的优良传统，即专注于开好每一家店，服务好每一位顾客，始终为顾客提供优质廉价、品种齐全的商品和友善的服务。沃尔玛在中国每开设一家商场，均会引入先进的零售技术及创新的零售观念。

沃尔玛在中国的经营始终坚持本地采购，提供更多的就业机会，支持当地制造业，促进当地经济的发展。沃尔玛中国销售的产品中本地产品达到95%以上，与近2万家供应商建立了合作关系。沃尔玛一贯视供应商为合作伙伴，与供应商共同发展。

二、沃尔玛供应链管理状况

沃尔玛作为全球零售业的巨头，一直是其他零售商的楷模。究其成功的原因，沃尔玛始终将高质量、高效的供应链管理作为自己的核心竞争力在努力经营。信息技术在沃尔玛供应链管理中的应用更是其他零售商所不能媲美的。沃尔玛的供应链管理主要由以下4部分组成：

(1) 顾客需求管理。沃尔玛一直强调商品零售成功的秘诀是满足顾客的需求——顾客至上。沃尔玛以满足顾客的需求为己任，一方面为顾客提供足够多的品种、一流的商品质量和低廉的价格；另一方面有完善的服务、方便的购物时间、免费的停车场及舒适的购物环境。沃尔玛的供应链管理最终以顾客的需求为驱动力。"让顾客满意"是沃尔玛的基本经营理念，排在沃尔玛目标的第一位。只要有关顾客利益，沃尔玛总是站在顾客一边，尽力维护顾客的利益。在满足顾客需求方面，沃尔玛一再告诫自己的员工"我们都是为顾客工作，你也许会想你是在为你的上司或经理工作，但事实上，我们公司最大的老板是顾客！"

(2) 供应商和合作伙伴管理。沃尔玛总是设法建立与供应商的良好合作关系，以降低供应商的运营成本。在美国，沃尔玛和宝洁公司的联盟被视为买家和供应商建立伙伴关系的典范，通过双方良好的合作，作为供应商的宝洁公司和作为买家的沃尔玛都能在实现产品存货几乎为零的同时，保证沃尔玛的货架上始终有商品销售的良好状态。

(3) 基于Internet的供应链交互信息管理。沃尔玛的科学管理是其成功的关键，其科学管理体现在其先进的信息管理上。沃尔玛领先于竞争对手，对零售信息系统进行非常积极的投资；最早使用计算机跟踪存货，最早使用条形码，最早使用EDI，最早使用无线扫描枪。这些投资都使沃尔玛可以显著降低成本，大幅提高资本生产率和劳动生产率。为适应巨大的零售商业的需求，沃尔玛建立了一个规模空前的计算机网络系统，计算机工作站有5 500多个，总站和全世界各地的计算机工作站保持联系。1987年，沃尔玛建立了全美最大的私人卫星通信系统，以便节省总部和分支机构的沟通费用，加快决策传达及信息反馈的速度，提高整个公司的运作效率。

沃尔玛与INFORMIX合作IN-FORMIX数据库系统，是世界上最大的民间数据库。沃尔玛的总裁，依靠信息系统，可随时调用任何一个地区、任何一家商场的营业情况数据，知道哪里需要什么商品，哪些商品畅销，从哪里进货成本最低，哪些商品的利润贡献最大，等等。沃尔玛就这样和众多消费者保持着密切的联系，也成为许多消费品制造商联系市场的重要渠道，这个巨大的销售网络决定着许多商品的生产消费过程。

(4) 物流配送系统管理。沃尔玛的物流配送中心一般设立在100多家零售店的中央位置,也就是配送中心设立在销售主市场。这使得一个配送中心可以满足100多个附近周边城市销售网点的需求;另外,运输的半径既比较短又比较均匀,基本上是以320千米为一个商圈建立一个配送中心。

沃尔玛各分店的订单信息通过公司的高速通信网络传递到配送中心,配送中心整合后正式向供应商订货。供应商可以把商品直接送到订货的商店,也可以送到配送中心。有人这样形容沃尔玛的配送中心:这些巨型建筑的平均面积超过11万平方米,相当于24个足球场那么大;里面装着人们所能想象的各种各样的商品,从牙膏到电视,从卫生巾到玩具,应有尽有,商品种类超过8万种。沃尔玛在美国拥有62个以上的配送中心,为4 000多家商场服务。这些中心按照各地的贸易区域精心部署,通常情况下,从任何一个中心出发,汽车可在一天内到达它所服务的商场。

在配送中心,计算机掌握着一切。供应商将商品送到配送中心后,先经过核对采购计划、商品检验等程序,分别送到货架的不同位置存放。当每一种商品储存进去的时候,计算机会把它们的位置和数量一一记录下来;一旦商店提出要货计划,计算机就会找出这些商品的存放位置,并打印出印有商店代号的标签,以供贴到商品上。整包装的商品将被直接送上传送带,零散的商品由工作人员取出后,也会被送上传送带。商品在长达几千米的传送带上进进出出,通过激光辨别上面的条码,把它们送到该送到的地方,传送带上一天输出的货物可达20万箱。对于零散的商品,传送带上有一些信号灯,有红的、黄的、绿的,员工可以根据信号灯的提示来确定商品应该被送往的商店,来收取这些商品,并将取到的商品放到一个箱子当中,以避免浪费空间。

配送中心的一端是装货平台,可供130辆卡车同时装货;另一端是卸货平台,可同时停放135辆卡车。配送中心24小时不停地运转,平均每天接待装卸货物的卡车超过200辆。沃尔玛用一种尽可能大的卡车运送货物,大约有16米加长的货柜,比集装箱运输卡车更长或者更高。在美国的公路上经常可以看到这样的车队。沃尔玛的卡车都是自己的,司机也是沃尔玛的员工,他们在美国的各个州之间的高速公路上运行,卡车的每立方米都被填得满满的,这样非常有助于节约成本。

沃尔玛6 000多辆卡车全部安装了卫星定位系统,对于每辆车在什么位置、装载什么货物、目的地是哪里,总部都一目了然。因此,在任何时候,调度中心都可以知道这些车辆在什么地方,离商店有多远,他们可以了解到某个商品运输到了什么地方,还有多长时间才能运输到商店。对此,沃尔玛精确到小时,如果员工知道车队由于天气、修路等原因耽误了到达时间,装卸工人就可以不用再等待,而可以安排别的工作。

问题分析:
1. 总结沃尔玛供应链管理的成功之处。
2. 信息共享在沃尔玛的供应链管理中起了什么作用?
3. 沃尔玛是如何强化供应链战略伙伴关系的?

【思考与练习】

1. 简述供应链管理的概念。

2. 如何理解商物分离?
3. 简述业务流程重组的三大障碍。
4. 简述现代绩效评价指标的特征。
5. 简述联合库存管理的优点。

参考文献

[1] 林勇.物流管理基础[M].武汉:华中科技大学出版社,2007.
[2] 张余华.现代物流管理[M].北京:清华大学出版社,2010.
[3] 王悦.企业物流管理[M].北京:中国人民大学出版社,2011.
[4] 马士华,林勇.供应链管理[M].北京:高等教育出版社,2003.
[5] 夏春玉.物流与供应链管理[M].大连:东北财经大学出版社,2006.
[6] 范丽君,王丽娟,郭淑红.物流基础[M].北京:清华大学出版社,2011.
[7] 李创,王丽萍.物流管理[M].北京:清华大学出版社,2008.
[8] 王燕.物流信息系统[M].北京:对外经济贸易大学出版社,2004.
[9] 刘伟.物流管理概论[M].北京:电子工业出版社,2004.
[10] 赵启兰.企业物流管理[M].北京:机械工业出版社,2011.
[11] 周盛世.现代物流学导论[M].北京:化学工业出版社,2005.
[12] 叶伟媛.物流基础[M].北京:知识产权出版社,2007.
[13] 伍蓓,王珊珊.采购与供应管理[M].杭州:浙江大学出版社,2010.
[14] 陈子侠.现代物流学理论与实践[M].杭州:浙江大学出版社,2003.
[15] 杨海荣.现代物流系统与管理[M].北京:北京邮电大学出版社,2003.
[16] 刘伟.物流管理概论[M].北京:电子工业出版社,2004.
[17] 吴隽.物流与供应链管理[M].哈尔滨:哈尔滨工业大学出版社,2007.
[18] 王建.现代物流概论[M].北京:北京大学出版社,2005.
[19] 曾剑,王景锋,邹敏.物流基础[M].北京:机械工业出版社,2012.
[20] 李波,王谦.物流信息系统[M].北京:清华大学出版社,2008.
[21] 李严峰,张丽娟.现代物流管理[M].大连:东北财经大学出版社,2009.
[22] 周启蕾.物流学概论[M].北京:清华大学出版社,2009.
[23] 刘胜春,李严峰.第三方物流[M].大连:东北财经大学出版社,2006.
[24] 陈水坤.第三方物流的组织与管理[M].苏州:苏州大学出版社,2004.
[25] 任晶,潘玥舟.物流管理新编[M].北京:清华大学出版社,2015.
[26] 赵旭,刘进平.物流战略管理[M].北京:中国人民大学出版社,2010.
[27] 杨帆,李巍巍,张丽婷.物流基础[M].哈尔滨:哈尔滨工程大学出版社,2012.
[28] 孔继利,冯爱兰,贾同柱.企业物流管理[M].北京:北京大学出版社,2012.
[29] 申纲领,李陶然.物流管理案例引导教程[M].北京:人民邮电出版社,2009.
[30] 董宏达,胡伟.生产企业物流[M].北京:清华大学出版社,2009.
[31] 叶怀珍.现代物流学[M].北京:高等教育出版社,2003.